Ninguém domina o Coração

Ninguém domina o Coração

Psicografia de
Maurício de Castro

Pelo espírito
Saulo

LÚMEN
EDITORIAL

Ninguém Domina o Coração
pelo espírito Saulo
psicografia de Maurício de Castro

1ª edição – maio de 2012

Direção editorial: *Celso Maiellari*
Coordenação editorial: *Fernanda Rizzo Sanchez*
Revisão: *Maria Aiko Nishijima*
Projeto gráfico e arte da capa: *Ricardo Brito / Estúdio Design do Livro*
Imagem da capa: *Nejron Photo / Fotolia*
Impressão e acabamento: *Bartira Gráfica*

Dados Internacionais de Catalogação na Publicação (CIP)
(Câmara Brasileira do Livro, SP, Brasil)

Saulo (Espírito).
Ninguém domina o coração / pelo espírito Saulo ; psicografia de Maurício de Castro. – São Paulo : Lúmen Editorial, 2012.

ISBN 978-85-7813-067-1

1. Espiritismo 2. Psicografia 3. Romance espírita I. Castro, Maurício de. II. Título.

12-04721 CDD-133.93

Índice para catálogo sistemático:
1. Romances espíritas psicografados : Espiritismo 133.93

LÚMEN EDITORIAL

Rua Javari, 668
São Paulo – SP
CEP 03112-100
Tel./Fax (0xx11) 3207-1353

visite nosso site: www.lumeneditorial.com.br
fale com a Lúmen: atendimento@lumeneditorial.com.br
departamento de vendas: comercial@lumeneditorial.com.br
contato editorial: editorial@lumeneditorial.com.br
siga-nos nas redes sociais:
@lumeneditorial
facebook.com/lumen.editorial1

2012

Impresso no Brasil – *Printed in Brazil*

Dedico este livro ao amigo Fabiano.

sumário

prefácio

Apresentando o novo amigo

Em janeiro de 2011, em meu horário habitual de psicografia, o amigo Hermes chegou acompanhado de um espírito até então desconhecido. Notei que em sua última encarnação ele havia sido cigano, pois vestia uma calça de linho preta, camisa de mangas vermelhas e um lenço de seda vermelho amarrado à cabeça, bem comum aos ciganos turcos.

Sua energia era suave e prazerosa. Ele me olhou com profundidade, mas manteve-se calado. Emocionei-me com sua presença e, em seguida, Hermes disse-me que aquele amigo era também escritor e gostaria de escrever um romance espírita por meu intermédio. Apresentou-me, dizendo-me que seu nome era Saulo e que em sua última vida na Terra vivera como cigano. Hermes perguntou se eu aceitaria a parceria e eu respondi positivamente.

Desde aquele mês comecei a psicografar este livro e me envolvi bastante com a história. O estilo de Saulo é diferente do de Hermes, mas sua proposta é a mesma: divulgar o Espiritismo por meio de romances com fundo moral.

O tempo em que passamos escrevendo esta obra foi gratificante. Agora, apresento-a ao público.

Espero que vocês, queridos leitores, que já apreciam meu trabalho com o mentor espiritual Hermes, possam também apreciar o trabalho do amigo Saulo, que, com muita simplicidade no coração, escreveu esta bonita, envolvente e instrutiva história de amor, mostrando que ninguém domina o coração e que devemos sempre nos colocar em posição de humildade sincera para que o mundo gire a nosso favor, proporcionando-nos muita paz, luz e felicidade.

Estes são os meus votos.

Maurício de Castro
13 DE FEVEREIRO DE 2012

um

Os Gouveia Brandão

O sol já estava se pondo naquele primeiro dia de primavera quando Luciana decidiu ir até o jardim da grande mansão da família Gouveia Brandão para aproveitar o frescor do fim de tarde. Era esse o momento em que ela mais gostava de estar a sós com seus pensamentos e suas emoções mais profundas, e o jardim, com sua natureza exuberante, era um convite sempre irresistível.

Luciana era uma bela jovem de 17 anos, alegre, cheia de vida e sonhos, mas ao mesmo tempo recatada e discreta, fruto da boa educação que recebeu de sua mãe Rita, que, embora de origem simples e sem muitos recursos, sempre primou por dar uma orientação à filha baseada nos bons costumes, na firmeza de caráter e na solidariedade.

Rita trabalhava para a família Gouveia Brandão havia muitos anos e quando chegou à mansão a filha ainda era um bebê rechonchudo de pele rosada. Agora, Luciana já estava moça, e sua beleza, como haviam previsto, manifestava-se de forma mais evidente. Sua altura era acima da média das meninas de sua idade, tinha o corpo esguio, cabelos compridos cor de mel e expressivos e brilhantes olhos castanho-esverdeados. Era uma aluna aplicada, dedicada e estava se preparando para seguir o caminho profissional que escolhera desde menina: ser uma estilista. Sempre estava com as revistas mais badaladas e conhecia com detalhes os trabalhos dos mais famosos estilistas do Brasil e do mundo. A mãe teve o cuidado de economizar boa parte do dinheiro recebido por seu trabalho para investir em sua educação; sendo assim, conseguiu também colocá-la para cursar inglês. Mas Luciana queria mais e, nas horas de folga, decidiu dedicar-se ao idioma francês, que aprendia de forma autodidata, pois as economias não tinham sido suficientes para arcar com as despesas de dois cursos. Luciana e Rita moravam em uma casa pequena, mas confortável, que ficava nos fundos da mansão, no bairro de classe média Campos Elísios.

A vida de Luciana era calma e tranquila e resumia-se aos estudos, a ajudar a mãe quando necessário e aos passeios que gostava de fazer com as amigas da escola, um grupo pequeno, mas bastante unido. Só uma coisa inquietava o sereno coração de Luciana: seu amor por Fabiano, filho de Arthur Gouveia Brandão, patrão de sua mãe.

Arthur perdera a esposa de forma trágica em um assalto quando Fabiano ainda era garotinho. Para compensar a ausência da esposa e nutrindo certa culpa por não ter conseguido salvá-la do ataque do bandido, Arthur seguiu seus dias de viúvo se dividindo entre o trabalho e a dedicação total ao filho, suprindo-lhe todas as necessidades e atendendo a todas as suas vontades e desejos, não havendo nada que ele quisesse que não fosse prontamente providenciado pelo pai amoroso. Isso acabou por fazer de Fabiano um menino muito mimado. Agora, com dezenove anos, ele era rico, bonito, mas um tanto irresponsável. Gostava de estar em todos os salões da alta sociedade, frequentava a Sociedade Hípica, onde praticava equitação e jogava tênis, mas seu estilo não era esportista, ele preferia as grandes noitadas com os amigos sempre acompanhadas de muita bebida e muitas mulheres.

Arthur era um grande empresário do ramo automotivo, possuía uma próspera montadora de automóveis que seria passada para seu único herdeiro no momento certo. Quando o filho já estava na adolescência, Arthur, que era ainda jovem quando perdera a esposa, começou a se sentir sozinho. Cada vez mais a ausência de uma companheira se fazia sentir em seu cotidiano. Mas ele relutava ao pensar em colocar uma nova pessoa na vida deles.

Em razão de seus inúmeros negócios, Arthur viajava constantemente e, para prestar o auxílio necessário, contratara Rita, que acabou se tornando uma pessoa de sua inteira confiança. Era ela quem cuidava de Fabiano nos períodos de ausência do pai.

Foi numa viagem que Arthur viu aquela mulher interessante pela primeira vez. O saguão estava lotado, os voos atrasados devido ao mau tempo e o aeroporto fechado para pousos e decolagens por tempo indeterminado, restando apenas aos passageiros aguardarem. Arthur então se dirigiu para o bar da sala VIP e assim que entrou a imagem daquela mulher magnífica lhe chamou a atenção. Ela era alta, magra, vestia-se elegantemente com um *tailleur* azul-marinho com delicados detalhes brancos na gola e nos punhos do paletó; os sapatos eram da mesma cor e tinham saltos altos e finos. Seus longos cabelos louros e lisos lhe emolduravam o rosto como raios de sol. Usava joias belíssimas e de muito bom gosto, o que lhe conferia um ar nobre e requintado. Arthur ficou muito impressionado com sua beleza e, sem pensar ou premeditar seus atos, sentou-se ao seu lado e deu início a uma conversa, aproveitando-se da agora providencial confusão iniciada pela chuva. Além de muito bonita, Laís também possuía uma boa conversa e sorriso avassalador. Era dez anos mais jovem que Arthur e demonstrava possuir boa cultura e conhecer muitos países. Não se aprofundaram nos detalhes da vida, porém ela logo lhe contou que havia cursado Direito para agradar aos pais, mas jamais exercera a profissão, preferindo viver com o dinheiro que ganhava de mesada e sob uma suposta vida de relações públicas, pois estava sempre em ambientes festivos e igualmente ricos. Sua ânsia por aventuras fez com que ela jamais tivesse pensado em se casar e construir uma família. Isso, a princípio, deixou Arthur um pouco decepcionado. Mas o magnetismo de Laís fez com que o detalhe fosse rapidamente esquecido.

Por coincidência, ambos embarcariam no mesmo voo e para o mesmo destino. Como o encontro havia sido muito agradável, no desembarque ambos trocaram números de telefone e combinaram um jantar depois dos compromissos daquele dia. E os jantares se repetiram ao longo dos três dias que permaneceram na cidade. Frequentavam sempre restaurantes caros e sofisticados porque Arthur de imediato captou as preferências de Laís. No último dia ela sugeriu que ele trocasse a passagem para que também voltassem no mesmo avião, sugestão que ele atendeu prontamente. Na véspera da viagem, tarde da noite, ele estava sozinho em sua suíte admirando pelas imensas janelas de vidro o parque à sua frente. Pensava que depois de tantos anos de vida solitária voltava a sentir atração por uma mulher; mas sabia que não devia apressar os acontecimentos, principalmente por causa de Fabiano e também porque, apesar dos bons momentos, não havia percebido o mesmo interesse da parte de Laís. Ainda divagava sobre sua vida quando ouviu leves batidas à porta. Ao abrir, ele ficou estático diante da deslumbrante figura de Laís, em um vestido branco leve e longo, quase transparente, com um grande decote, uma expressão convidativa no olhar e uma garrafa do melhor champanhe na mão direita. Com a proposta de um brinde de despedida pelos dias agradáveis que passaram, ela se convidou a entrar, deixando Arthur quase sem ação. Mas, levado pelos anos solitários, pela beleza estonteante da moça e por alguns goles da bebida, logo tinha Laís nos braços. Trocaram beijos ardentes, correspondidos por ela sem a menor resistência, e iniciaram uma noite de amor intensamente perfeita e, sem dúvida, a primeira de muitas.

Ao retornarem a São Paulo, continuaram se encontrando diariamente, mas Arthur mantinha seu romance em segredo. Fabiano estava sempre envolvido em suas festas e pouco parava em casa, não dava atenção ao que o pai fazia. Rita havia percebido a mudança de hábitos do patrão, mas se mantinha numa distância discreta e nada comentou.

Só depois de algum tempo juntos, Arthur marcou um jantar em sua casa para finalmente apresentá-la ao filho e falar dos planos já traçados para o casamento. Rita sentiu-se pouco à vontade com a novidade, e teve a intuição de que novos tempos não tão agradáveis estavam se aproximando; e seu pressentimento se confirmou na noite em que viu Laís pela primeira vez.

Ela estava usando um vestido curto e vermelho, os cabelos louros presos em um coque, um espetacular colar de pérolas e brincos formavam o jogo de joias. Ao passar por Rita, olhou-a com indiferença e mal a cumprimentou, indo direto para os braços de Arthur. Rita pediu que Luciana fosse até o quarto de Fabiano apressá-lo para descer. A moça estremeceu como sempre acontecia quando se aproximava do rapaz. Subiu e bateu na porta do quarto e do interior ouviu a voz animada de Fabiano convidando-a a entrar. Com timidez, ela abriu a porta, colocou a cabeça para dentro o suficiente para conseguir avistá-lo e deu o recado da mãe. Ele a olhou, aproximou-se, segurou seu queixo e disse com muita calma:

— Oi, bonitinha, tudo bem? Diga à Rita que já estou descendo, mas para o evento que me espera não tenho tanta pressa. É uma boa ocasião para testar se minha futura madrasta é uma pessoa paciente — falou dando risada. Ele realmente não estava levando a situação a sério.

Luciana virou as costas e se apressou em descer, sentindo o coração acelerado e as mãos transpirando. Fabiano ficou na porta entreaberta observando-a e pensando: "Hum, essa menina realmente cresceu e está muito bonita; como não reparei nisso antes?". Assim, fechou a porta atrás de si e voltou para o quarto.

Quando Fabiano resolveu aparecer no *living*, Arthur já estava ficando impaciente e aborrecido com o que considerou uma indelicadeza do filho. Quando Laís o viu, suas pupilas se dilataram, sua boca ficou levemente entreaberta e ela discretamente o examinou dos pés à cabeça. Ele ainda estava com o cabelo molhado do banho que acabara de tomar e seu perfume envolveu toda a sala de forma suave; a roupa que ele usava, embora social, deixava seu belo físico em destaque, os ombros eram largos e os braços fortes, mas sem muitos músculos. Fabiano e Arthur não perceberam a forma como ela reagiu diante do garoto, e a noite seguiu tranquila, sem nenhum incidente.

Apenas Rita continuou com a estranha sensação oprimindo seu peito.

*

A mesa do café da manhã já estava posta e Luciana ajudava a mãe a ajeitar os últimos detalhes quando ouviu Arthur e Fabiano descerem as escadas. Luciana tentou se apressar para sair, mas eles entraram na sala de jantar e o patrão logo lhe dirigiu a palavra:

— Bom dia, Luciana! Passou bem a noite?

— Bom dia, sr. Arthur. Passei sim, obrigada — respondeu timidamente com um sorriso.

Fabiano também a cumprimentou em seguida:

— Bom dia, Luciana. Que bom que está aqui; por que não se senta conosco e nos acompanha no café?

Arthur olhou intrigado para o filho, surpreso diante da atitude dele. Fabiano jamais tivera uma aproximação maior com Luciana e essa súbita demonstração de simpatia deixou o pai perplexo.

Criou-se um clima de certo constrangimento por parte de todos por alguns instantes, mas Arthur interveio rapidamente:

— Isso mesmo, Luciana, boa ideia. Venha, acompanhe-nos no café; faz tempo que não conversamos um pouco. Como vão os estudos?

— Não sei se devo — respondeu Luciana tentando disfarçar o nervosismo.

— Venha, menina — disse Arthur com um sorriso sincero, puxando uma cadeira e estendendo a mão para Luciana.

Ela se aproximou com passos hesitantes, agradeceu e se sentou no exato momento em que Rita entrava com uma bandeja de frutas, que quase caiu quando ela viu o patrão sentado ao lado da filha.

Ao contrário de Fabiano, que agia de forma educada, mas indiferente com Luciana, Arthur sempre a tratou com muito respeito e carinho, pensando muitas vezes que ela era a filha que poderia ter caso sua mulher não tivesse partido tão cedo. Procurava acompanhar o crescimento dela e sempre se prontificava a ajudá-la quando necessário, mas Rita costumava dizer que ele já fazia muito por elas e raramente aceitava que ele desse alguma ajuda, principalmente financeira.

Naquela manhã Arthur estava particularmente animado:

— E então, meu filho, Laís não é exatamente como lhe falei?

— Realmente, pai, ela é espetacular; inteligente, simpática, uma pessoa muito agradável. E, claro, muito bonita — concluiu dando uma piscadinha para o pai. — Mas me diga, depois de tantos anos vivendo sua vida sem compromisso, o senhor vai mesmo se adaptar novamente à vida de casado?

— Meu filho, ainda sou jovem — respondeu com uma risada —, o tempo vai passar e logo você estará cuidando de sua vida, quem sabe até morando em outro lugar, quem sabe até casado...

Fabiano engasgou com o café e respondeu com uma careta:

— Pai, nem pense nisso! Definitivamente casamento não está nos meus planos; olhe para mim! Se o senhor é jovem eu sou um menino — e ambos riram deixando Luciana envergonhada por estar participando daquela conversa.

Arthur então se virou para ela e perguntou:

— E você, Luciana, sei que ainda é pouco mais que uma menina, mas já tem planos para sua vida como todas as jovens da sua idade?

— Não, sr. Arthur, nem penso nisso — respondeu tão baixinho que mal conseguiram ouvi-la. — Quero terminar meus estudos, conseguir um bom trabalho e só depois pensar nessas coisas.

— E se o príncipe encantado aparecer de repente? — interrompeu Fabiano com um tom malicioso na voz.

Luciana foi salva pela entrada de Rita que carregava o telefone para Fabiano atender uma ligação. Ele se levantou deixando a sala de jantar e seguiu para outro aposento onde poderia falar com mais privacidade.

Arthur percebeu o desconcerto de Luciana e disse:

— Não se incomode, não dê importância para o que Fabiano fala e faz. Você sabe como ele gosta de provocar e não leva nada a sério. Desculpe, menina, vou ter de deixá-la agora. Foi um prazer ter sua companhia durante o café, mas o trabalho me aguarda.

Ele se levantou, vestiu o paletó e pegou sua pasta, que Rita já havia levado até ele. Quando estava saindo da sala, voltou-se para Rita e Luciana, que começavam a tirar a louça da mesa, e disse:

— E você, Rita? Gostou de Laís?

— Claro que sim, doutor. Ela já é muito especial por fazê-lo tão feliz! E quando será o casamento, se me permite perguntar?

— Em breve, Rita, muito em breve.

— Acredito que teremos de fazer algumas mudanças na rotina da casa... — disse Rita com certo desânimo, que passou despercebido.

— Não se preocupe com isso agora; quando Laís estiver aqui tudo vai se ajeitando aos poucos conforme as diretrizes dela — ele respondeu animado. —Fico feliz que tenha gostado dela. Tenho certeza de que se darão muito bem. Ela é um verdadeiro encanto.

Assim se despediu e saiu apressado, deixando Rita pensativa e apreensiva com o futuro. Percebendo a tensão no rosto da mãe, Luciana falou preocupada:

— O que houve, mamãe? Percebo que a ideia do casamento do sr. Arthur a deixa inquieta.

— Não é nada, minha filha, nada com que tenhamos de nos preocupar de fato. Apenas tenho a impressão de que talvez essa dona Laís não seja exatamente o que mostra.

— Mas o que a faz pensar assim? — perguntou Luciana com a curiosidade aguçada.

— Nada de concreto, apenas a minha intuição e anos de experiência com a vida. Mas vamos deixar esse assunto de lado, na verdade isso não nos diz respeito.

— Eu sei, mamãe, mas também sei que a senhora gosta muito do sr. Arthur e acho que está também preocupada com ele e Fabiano.

— Na verdade estou um pouco sim — comentou Rita com um olhar distante — mas como eu disse, isso não nos diz respeito. Venha, ajude-me a tirar a mesa e, por favor, depois você pode verificar para mim se o jardineiro arrumou aqueles vasos perto do portão de entrada?

— Claro, mamãe, vejo sim; deixe que a ajudo a levar tudo isso para a cozinha e depois vou lá fora. A senhora viu se o Fabiano saiu?

— Minha filha, já lhe falei para esquecer esse rapaz.

— Mas, mãe, só perguntei por perguntar, eu não...

Rita a interrompeu:

— Você nunca me confirmou nada, mas acho que não conheço minha única filha? Acha que não percebo o brilho nos seus olhos quando Fabiano aparece?

Luciana corou diante da mãe e ficou sem argumentos. Rita prosseguiu:

— Eu a amo muito e não quero vê-la sofrer. Se você sente alguma coisa por esse rapaz, trate de voltar sua atenção para outras coisas, ou quem sabe, até mesmo um colega seu da escola, mas não alimente nenhum sentimento por Fabiano. Eu gosto muito dele, cuidei desse menino como se fosse meu filho, mas você sabe que ele não tem lá muito juízo... sem falar das diferenças que existem entre vocês.

Luciana a olhou com um olhar doce e ingênuo:

— Como assim, mamãe? Diferenças? Ele só é dois anos mais velho que eu.

Rita segurou as mãos da filha, olhou-a profundamente nos olhos e disse contendo a emoção:

— Meu amor, ele é filho do patrão e você, da empregada. Não vamos mais falar disso. Venha comigo.

Luciana suspirou fundo e seguiu para a cozinha atrás da mãe. Quando tudo estava organizado, saiu para o jardim a fim de falar com o jardineiro. Quando caminhava em meio às árvores, sentiu alguém segurar seu braço com firmeza e levou um susto. Girou a cabeça de forma brusca, e Fabiano deu um pulo para trás simulando medo.

— Calma, Luciana, sou eu — falou rindo do olhar de espanto dela.

— Fabiano, você me assustou — respondeu passando as mãos pelos cabelos.

O rapaz ficou sério e se desculpou sinceramente por chegar até ela daquela maneira.

— Aonde está indo? Vai sair? — questionou mais relaxado.

— Não, estou indo apenas verificar uma coisa com o jardineiro. Está precisando de algo?

— Não. Apenas queria conversar um pouco. Eu a acompanho e depois que você falar com ele podemos nos sentar aqui ou perto da piscina. O que você acha?

Era a primeira vez que Fabiano a chamava para conversarem assim, e ela ficou em dúvida se deveria aceitar.

— Não sei se vai dar, preciso sair e passar na escola para resolver um trabalho que tenho de fazer e...

— Isso não é verdade, você está apenas se esquivando. Antes de vir procurá-la falei com Rita e ela disse que você ficaria em casa a manhã toda — e apertou os olhos para ela indicando que a havia deixado sem alternativa.

Luciana deu um sorriso pensando que não poderia desperdiçar aquele momento com ele e disse:

— Está bem, você me pegou! Vamos então e depois nos sentamos lá na piscina para conversar.

Ela estava exultante e se controlando para não demonstrar seus verdadeiros sentimentos, mas embora parecesse pouco, o fato de o moço lhe dar atenção já era motivo de felicidade.

Logo depois, sentaram-se na borda da piscina e Luciana disfarçou sua inibição brincando com a mão na água. Foi ele quem puxou a conversa:

— Você chegou a ver a Laís? — perguntou tentando fazer com que ela se sentisse à vontade.

— Só a vi de longe, no jantar. É muito bonita. Você gostou dela?

— Na verdade gostei, mas nada em especial. O importante é que papai goste dela e ela o faça feliz. Se ele está bem, então tudo está bem. Como ele disse hoje pela manhã... logo estarei seguindo meu caminho e é bom que ele tenha uma companheira.

— Você tem planos de se mudar daqui? — perguntou Luciana já temendo pela resposta.

— Não, claro que não. Pelo menos por enquanto. Dou-me bem com meu pai, tenho tudo e não preciso me preocupar com nada; por que iria querer sair de casa, não é?

— É verdade, não existe motivo para você deixar de morar aqui, a menos que queira se casar. Aí vai querer ter sua própria casa, formar sua família...

Fabiano soltou uma estrondosa gargalhada e, levantando-se, respondeu:

— Você parece meu pai falando em casamento! Eu não tenho o casamento como prioridade na minha vida. Tenho muito ainda o que aproveitar, muitas garotas ainda para conhecer e namorar — e voltou a rir caminhado em volta da piscina — eu tenho o mundo inteiro para conquistar — gritou de braços abertos e dando um giro com o corpo, que quase o fez cair na água.

Luciana olhou para o céu como se quisesse descobrir onde estava esse mundo ao qual ele se referia, mas nada falou.

Ele voltou a sentar-se ao lado dela e continuou:

— Acho que um dia vou me apaixonar sim; mas penso que vai demorar muito ainda para que apareça alguém que desperte esse sentimento em mim. E você?

— Eu? Bem, você sabe, também tenho outras prioridades antes de pensar em me casar, mas que são bem diferentes das suas — concluiu olhando-o profundamente.

— Por que você é sempre assim tão séria, menina? Tem de aprender a relaxar.

— Eu não sou séria, não assim como está falando. Apenas acho que a vida nos cobra responsabilidades e que não podemos nem devemos fugir delas.

Ele não estava interessado em dar a ela a chance de começar a querer passar-lhe algum tipo de lição de moral, então se levantou novamente, estendeu as mãos para que ela se levantasse também, e disse:

— Tudo bem que temos responsabilidades, mas isso não nos impede de nos divertirmos.

E antes que ela pudesse esboçar qualquer reação, ele a pegou no colo e pulou com ela para dentro da piscina. Submergiram até o fundo e só então ele a soltou deixando que ela nadasse apressadamente em busca do ar, subindo em seguida logo atrás. Quando já estavam na superfície, os dois caíram na risada, ela o considerando um doido, mas um doido maravilhoso. E foi nesse momento que seus olhares realmente se cruzaram pela primeira vez... e que eles sentiram... e souberam que algo mágico acabara de acontecer.

dois

Transformações

Com os preparativos para o casamento, a rotina na mansão da família Gouveia Brandão passou por uma grande transformação. A todo o momento chegavam presentes para o casal.

Arthur combinou com Laís que ela levaria o que quisesse para a mansão, desde objetos pessoais até algumas peças de decoração que ela gostava e queria manter na sua nova residência. Sendo assim, Rita fora instruída a permitir que Laís entrasse na mansão a qualquer momento para levar e organizar seus pertences. Rita deveria estar sempre disponível para ajudá-la no que fosse necessário. Arthur ainda frisou que dera carta branca à noiva para mudar algumas coisas se sentisse vontade; afinal, ela agora seria a nova dona da casa e tinha esse direito. Laís rapidamente assumiu seu novo posto. Ela aparecia na mansão quase todos os dias, em horários totalmente diversos e sem avisar. Às vezes, chegava sozinha e em outras acompanhada de diversos carregadores com caixas dos mais variados tamanhos e conteúdos. Mas, em nenhuma dessas visitas, ela se propusera a tratar Rita de forma mais cordial. Dirigia-lhe a palavra muito raramente e evitava pedir-lhe opinião sobre o que quer que fosse, mostrando que todas as decisões seriam tomadas unicamente por ela sem interferência de ninguém.

Rita procurava manter-se em seus aposentos ou na cozinha sempre que a nova patroa estava na casa. Evitava ter de se esforçar para disfarçar o quanto aquela presença a incomodava.

Luciana, desde que estivera com Fabiano na piscina, parecia que vivia no mundo das nuvens, e mesmo não tendo, após aquele dia, nenhum outro momento ao lado dele, sentia-se feliz e sonhava mais do que nunca. Uma tarde ela passava distraída pela sala quando deparou com Laís na porta de entrada. Luciana tentou recuar, mas não teve tempo; Laís a chamou:

— Garota, venha até aqui!

Luciana dirigiu-se até Laís e tentou cumprimentá-la de maneira gentil e amigável, mas esta a ignorou:

— Você é a filha da empregada, não é? — questionou de forma arrogante.

— Rita... o nome de minha mãe é Rita... — e antes que pudesse continuar, Laís deu de ombros e continuou:

— Ah! Isso não faz a menor diferença. Preciso que você pegue umas bolsas para mim no meu carro. Esses carregadores que contratei são uns incompetentes e fogem do trabalho. Uma cambada de imprestáveis.

— Senhora, eu...

— Vamos, garota, mexa-se. Pensa que tenho o dia todo? — e entrou na casa em direção à escada. Quando estava começando a subir, voltou-se para a porta e acrescentou:

— E veja se não demora; leve tudo para o quarto de hóspedes que depois eu ajeito. Não admito que ninguém mexa em minhas coisas. E assim que terminar me traga algo gelado para beber... esse calor está me matando! Vá... ande! — continuou subindo sem mais olhar para trás até desaparecer no *hall* dos aposentos íntimos.

Luciana ficou em pé na porta, ainda atônita com a atitude da mulher. Até aquele momento elas pouco haviam se visto e o que aconteceu deixou-a em choque. Ficou por alguns instantes sem saber o que fazer, mas ponderou e achou melhor fazer exatamente o que Laís havia pedido. Deixou as bolsas no quarto, foi até a cozinha, pegou uma bandeja com uma jarra de suco de laranja e um copo e subiu. Quando bateu à porta do quarto onde Laís estava, ouviu sua voz denotando impaciência:

— Entre logo; demorou muito. Coloque tudo aí na mesinha e pode ir. E só volte aqui se eu chamar. E avise o mesmo para a empregada — e fez um aceno com a mão para que ela saísse, sem agradecer.

Quando Luciana entrou em sua casa, a mãe estava no quarto arrumando a cama. Quando Rita olhou para a filha e a viu pálida, foi abraçá-la e perguntou:

— O que aconteceu? Você está com os olhos úmidos, com vontade de chorar.

— Mãe, essa noiva do sr. Arthur é horrível... — e caiu em prantos.

— O que ela lhe fez, meu amor? — perguntou Rita sentindo uma raiva imensa brotar dentro de si.

Luciana ficou abraçada à mãe por alguns instantes e depois, um pouco mais calma, retorquiu:

— Mãe, ela é arrogante e mal-educada. Humilhou-me; tratou-me como se eu não fosse nada, e deixou claro que a senhora também é um nada! Estou assustada, mamãe; como será nossa vida com essa mulher morando aqui? O sr. Arthur sempre foi tão bacana! Até Fabiano está se tornando mais meu amigo... Como vamos suportar a presença dela?

Rita acariciou o cabelo da filha e falou tentando acalmá-la:

— Não se impressione; ela deve estar nervosa com tantas providências a tomar para a festa. Não leve em consideração sua atitude nesse momento. Se conquistou o sr. Arthur, deve ser boa pessoa. Vá lavar o rosto e esqueça o que passou.

Quando Luciana foi para o banheiro, Rita parou diante do espelho e seu olhar lhe confirmou que ela mesma não tinha convicção do que havia dito instantes atrás.

Naquele dia, Laís ficou na casa até o anoitecer, aguardando Arthur para tomarem um *drink*; depois sairiam para jantar.

Ambos estavam na varanda onde Rita os serviu com uma bebida e alguns canapés, quando Fabiano chegou animado:

— Boa noite a todos — falou alegremente dirigindo-se também à Rita, que estava em pé ajeitando alguns guardanapos. Ela respondeu com um aceno de cabeça e um sorriso, e continuou seu trabalho. Estava em um canto da varanda e era realmente como se fosse invisível para Laís. Aproveitando-se disso, ficou por ali mais um pouco tentando observar a cena da família reunida. Sabia que isso era feio, mas precisava tentar confirmar ou não sua primeira impressão sobre aquela mulher.

Laís disse correspondendo à alegria do enteado:

— Que bom que chegou, Fabiano! Venha, junte-se a nós e beba alguma coisa.

Esse era um convite que ele jamais recusava, e logo Rita já estava lhe entregando um copo.

— E então, o que fazer nesta noite tão agradável? — Fabiano perguntou já planejando receber um convite interessante.

— Nós vamos sair para jantar em um restaurante maravilhoso que seu pai adora. Por que não nos acompanha?

Arthur, que até então não havia se manifestado, virou-se para Laís com um sorriso e disse:

— Ora, meu bem, com certeza Fabiano tem algo mais interessante para fazer do que sair em nossa companhia.

— É mesmo, que cabeça a minha! Sair e ficar segurando vela não é definitivamente a melhor opção, não é?

Fabiano contestou:

— De forma alguma; eu teria imenso prazer em estar com vocês, mas realmente já assumi um compromisso com alguns amigos — mentiu sem o menor pudor. Mas sair para jantar com os dois definitivamente não era o convite que ele esperava. Se fosse alguma boa festa aí sim ele aceitaria com prazer.

— Ah, que pena — lamentou Laís com uma expressão decepcionada —, mas aproveitando que está aqui, gostaria de pedir-lhe um favor, Fabiano.

— Se estiver ao meu alcance farei com prazer.

— Quase todas as tardes tenho vindo para cá para trazer meus objetos pessoais. Será que de vez em quando você poderia passar algumas dessas tardes comigo? Às vezes preciso de alguma ajuda para tomar uma decisão e não gosto de incomodar seu pai no trabalho. Com você aqui ficaria mais fácil. O que acha?

— Bem, geralmente durante o dia eu passo muito tempo na Hípica e tenho meus treinos...

O pai o olhou arqueando a sobrancelha. No mesmo instante, Fabiano completou:

— Mas claro que posso adaptar meus horários para poder ajudá-la e não interromper o ritmo da minha preparação para o próximo campeonato — concluiu, piscando para Arthur que retribuiu com um sorriso.

Embora Fabiano fosse um rapaz até certo ponto inconsequente e mimado, tinha verdadeira adoração pelo pai e ambos sempre foram muito companheiros e amigos. E fazer algo maçante, mas que deixaria o pai feliz, para ele deixava de ser um sacrifício. Passar algumas tardes em casa com Laís era no mínimo entediante, mas depois ele se deu conta de que Luciana costumava passar as tardes em casa, e até que a oportunidade de estar com ela outras vezes começara a lhe agradar mais do que ele esperava.

Laís, a todo o momento, voltava-se para Arthur com o olhar lânguido, acariciava seus cabelos e enviava-lhe beijinhos. Falava com tanta doçura quando se dirigia a ele e com tanto bom humor e educação quando se voltava para Fabiano que custava a Rita acreditar que ela fora capaz de uma atitude tão desprezível quando encontrou Luciana mais cedo. Foi então que se deu conta de que Laís era a pessoa mais dissimulada que ela já havia encontrado na vida. Essa constatação a deixou ainda mais preocupada.

Mais tarde, quando o casal já havia saído, Rita fechou tudo e se recolheu. Luciana ficou na frente de sua casa admirando a noite, que estava maravilhosa, com um manto prateado de luar recobrindo todo o jardim. Ouviu passos suaves trilhando o caminho de pedras que ligava a mansão à sua casa nos fundos e quando se virou na direção daquele som, deparou com Fabiano se aproximando. Dessa vez, ela não ficou nervosa, mas sim calma e feliz em vê-lo.

— Oi, Fabiano, pensei que você havia saído também.

— Não, não tive vontade — respondeu quase num suspiro.

Ela olhou para o céu e ele acompanhou seu olhar dizendo:

— Uma noite assim deve ser aproveitada e seria desperdício estar fechado em alguma festa barulhenta e repleta de gente.

— Concordo. Essa quietude e esse luar transmitem tanta paz, tanta tranquilidade...

— Vamos nos sentar um pouco aqui fora, Luciana? Ainda é cedo. Prometo que hoje não vamos tomar nenhum banho de piscina — falou pegando na mão dela e a levando até um banco do jardim.

Sentaram-se lado a lado, bem próximos, e ele continuou a falar:

— Não sei o que está acontecendo comigo; de um momento para o outro não tenho mais sentido vontade de sair todas as noites.

Ela respondeu tentando descobrir se ele estava com algum problema que quisesse dividir com ela:

— Aconteceu alguma coisa? Algum fato o aborreceu?

— Não, nada aconteceu.

— Talvez você esteja se sentindo cansado apenas.

Ele ficou com o olhar meio vago, cruzou os braços e deu uma leve mordida nos próprios lábios como se nem ele mesmo soubesse o motivo do desinteresse pela vida que adorava.

— Tenho achado a minha turma chata. Sempre os mesmo assuntos, as mesmas brincadeiras, os mesmos lugares... tudo é um tédio.

Ela o olhou, ajeitou-se para ficar de frente para ele, e disse suavemente:

— Acho que você está ficando mais maduro.

Ele a olhou de lado:

— Só falta você dizer que estou virando um homenzinho — e riu da bobagem que dissera.

Ela deu um leve beliscão no braço dele e falou fingindo estar zangada:

— É sério! Você achou que ia passar a vida toda só aproveitando as festas, as mulheres, achou que sua vida ia se resumir a isso?

Ele balançou a cabeça afirmativamente de forma vigorosa. Naquele momento ela não se conteve, deu um leve tapa no braço dele e uma risada.

— Você não tem jeito mesmo. Estou aqui bancando a boba e tentando ajudá-lo e você fica zombando da minha cara. Mas, acredite, você não conseguiria passar a vida toda só na farra. Pela sua formação, pela maneira como foi educado, um dia iria se cansar. E parece que esse dia chegou mais cedo do que se imaginava.

— Não estou certo se é isso — disse ficando em pé e começando a andar de um lado para o outro. — É verdade que já estou um pouco enjoado de tudo, como lhe falei, mas não sei se é só isso... sinto que tem algo mais que está me deixando inquieto, como um animal enjaulado, sabe como é?

— Sim, imagino! Mas com certeza você está passando por alguma profunda transformação interior e como ainda não entendeu a mensagem sente-se assim.

Ele sentou-se novamente, olhou para ela e perguntou intrigado:

— Você ainda é uma menina, mais nova do que eu, como pode entender dessas coisas?

— É que em vez de desperdiçar meu tempo em festas, cresci lendo muito, aprendendo muitas coisas com a experiência de vida de minha mãe e de outras pessoas mais velhas, por quem sempre tenho muito respeito. Você está diante de uma menina com alma de gente grande – e dessa vez foi ela quem se levantou como se quisesse demonstrar um ar de superioridade.

Fabiano a olhou intrigado, sem saber o que dizer. Ela então continuou:

– Pode ter certeza de que você vai descobrir novos caminhos e tenha certeza: eles são inevitáveis.

Falando isso, ela olhou para o relógio de pulso e achou que era hora de entrar.

– Vou dormir. Você ainda vai ficar aqui fora?

– Ainda é cedo, podemos ficar mais.

Contudo, como Luciana estava decidida, ele não teve opção a não ser acompanhá-la até a porta da casa dela. Quando ela ia desejar-lhe boa-noite, ele a segurou pela mão, aproximou-se e lhe deu um beijo no rosto.

– Boa noite, Luciana, durma bem e obrigado pela companhia.

Ele virou-se e caminhou lentamente de volta para casa, chutando displicentemente pequenas pedrinhas no chão e sem olhar para trás.

Luciana entrou em casa acariciando o rosto e naquela noite demorou a pegar no sono.

três

A festa

O dia do casamento finalmente chegou. A cerimônia civil e a recepção seriam realizadas no imenso jardim da mansão, e o dia mal havia amanhecido quando começaram a chegar o serviço de *buffet* e a equipe responsável pela decoração.

Arthur resolvera sair e só voltar no fim da tarde porque não tinha muita habilidade para ajudar nos preparativos. Laís só chegaria na hora da festa, pois teria o dia inteiro voltado para seus cuidados pessoais no salão de beleza. Fabiano também se levantou cedo e saiu sorrateiramente para a Hípica antes que alguém tratasse de lhe incumbir de alguma tarefa. Como sempre, a dedicada e organizada Rita ficou responsável por organizar tudo, contando sempre com a ajuda de Luciana.

Quando os convidados começaram a chegar, a equipe de serviço já estava lá com Arthur pronto para receber os amigos. Laís havia chegado no começo da noite e estava trancada no quarto com sua costureira e o cabeleireiro que a haviam acompanhado para dar os retoques finais; ela só desceria na hora da cerimônia. Logo que chegou, dirigiu-se a Rita em um tom imperativo e frio:

— Em hipótese alguma quero ser incomodada até a hora de descer para a festa. Por esse motivo, leve imediatamente água e suco para a suíte e alguns biscoitinhos caso meus assistentes sintam fome. Preciso relaxar e estar maravilhosa como nunca nesta noite.

Rita a olhava respeitosamente, mas nada dizia. Limitou-se a assentir com um gesto de cabeça que cumpriria o determinado. Como não disse nada, a outra se irritou:

— Eu achei que você era capaz de se expressar melhor; não fique me olhando com essa cara de tonta. Quero ficar em paz até o momento da festa. Ficou claro? Você é capaz de me responder verbalmente como as pessoas inteligentes ou vai ficar só balançando a cabeça? — perguntou elevando um pouco o tom da voz.

Rita tremia por dentro, mas, sem demonstrar, respondeu com a voz firme:

— Sim, senhora, entendi perfeitamente que não deseja ser incomodada em hipótese nenhuma até a hora da festa. Não se preocupe, assim será feito.

— Melhor que tenha entendido e que não me aborreça. De agora em diante muita coisa vai mudar aqui e cada um terá de entender de uma vez por todas onde é seu verdadeiro lugar — falou olhando para o cabeleireiro que estava ao seu lado assistindo a tudo com os olhos arregalados e segurando a respiração, e continuou: — Sabe, Jean, existem pessoas que não podem ser bem tratadas, pois começam a tomar ares de donas da casa! Mas sei como dar um fim nisso sem muito esforço — e olhou novamente para Rita com um sorriso irônico. Retirou-se com o acompanhante e Rita ficou em pé sem sair do lugar até se recuperar do mal-estar que Laís havia lhe causado.

Rita ficou imaginando por que Laís tratava a ela e à filha com tanta falta de respeito e maldade.

O que Rita ainda não sabia, é que quando Arthur e Laís se conheceram, ele falou muito bem dela e da filha, e o quanto Rita tinha sido importante e fundamental para o crescimento saudável de Fabiano. Com a morte da esposa, Rita fez tudo não só pelo menino, mas também pelo pai. Ela cuidava de ambos com muita dedicação, respeito e muito carinho. Sentia o coração partido quando via um homem tão jovem e bonito como Arthur dedicando sua vida apenas ao trabalho e ao filho. Rita adorava fazer as comidas que eles mais apreciavam, deixava as roupas de Arthur sempre do jeito que ele gostava, arrumava a casa de modo que eles sentissem que havia alguém que se importava muito com o bem-estar deles. E os dois reconheciam isso e também nutriam por Rita um grande carinho e gratidão.

Quando Arthur contou tudo isso para Laís, ela comentou o quanto era bonita a dedicação de Rita e disse que ficava feliz em saber que eles haviam tido alguém que cuidasse de tudo por todos aqueles anos. Arthur ficou comovido com as palavras da namorada. Mas em seu íntimo Laís foi imediatamente tomada por um imenso desprezo pela mãe e pela filha, e naquele momento decidiu que elas não ficariam nessa posição privilegiada dentro daquela casa. Rita era apenas uma serviçal e não fizera nada além de sua obrigação; afinal, recebia para isso. E a garota era a filha da empregada, já era uma moça e estava na hora de começar a servir a família também; estava na hora de acabar com a ilusão de que ela era uma menininha rica, apenas estudando e não trabalhando. Mas ela trataria de colocar tudo em ordem e mostrar quem mandava na casa e decidia o que era melhor para Arthur e Fabiano.

Quando o Juiz de Paz chegou, Rita, para não ter de subir até a suíte onde Laís estava, pediu que o copeiro do *buffet* fosse avisá-la.

Pouco tempo depois, ao som da orquestra contratada por Arthur, Laís surgiu no topo da escada sob os olhares extasiados de Arthur, Fabiano e todos os convidados. Ela estava suntuosamente vestida com um longo de musselina de seda pura rosa-bebê, corte reto, que alongava ainda mais sua silhueta e conferia um ar ainda mais altivo, com pequenos bordados em um tom de rosa mais escuro. O cabelo repousava impecavelmente em seu ombro direito com uma longa trança loura onde podiam ser vistos vários pequenos brilhantes que acompanhavam o entrelaçado de cada mecha.

Arthur estava orgulhoso da mulher que escolhera e convicto de que não poderia estar mais feliz. Foi recebê-la ao pé da escada, beijou-lhe a face e juntos caminharam até onde o juiz os aguardava.

Como não podia ser diferente, a festa foi perfeita e um sucesso. A comemoração foi até o meio da madrugada, quando os noivos partiram para uma curta e rápida lua de mel por conta dos compromissos de Arthur na empresa.

Fabiano passou a noite se empenhando em atrair a atenção da filha de um empresário amigo de seu pai, e, claro, conseguira e também saíra com ela sem saber a que horas voltaria.

Só quando a casa estava envolta totalmente no acolhedor silêncio da noite, é que Rita deixou o corpo cair em uma poltrona da sala. Estava exausta não apenas por todo o trabalho que tivera, mas também pela diversidade de emoções que sentira desde que Laís passou a fazer parte de seus dias.

Luciana também estava cansada e sentou-se no chão, ao lado da mãe, apoiando os braços e a cabeça nas pernas de Rita, que logo começou a acariciar-lhe os cabelos.

— Pensei que essa festa não terminaria nunca, mãe — disse Luciana com as palavras entrecortadas por um preguiçoso bocejo.

— É, minha filha, todos estavam aproveitando tanto que ninguém queria ir embora — acrescentou Rita com um sorriso.

— Mas agora precisamos descansar e com certeza teremos um bom período para isso com a viagem do sr. Arthur e da bruxa — Luciana não conteve o riso.

Rita tentou, mas também riu das palavras da filha, não deixando de repreendê-la:

— Luciana, você não deve falar assim, embora eu ache que ela até mereça — e riu novamente —, mas a partir de agora é a ela que teremos de atender e obedecer, e temos de lembrar o quanto o sr. Arthur está feliz. Não seremos nós que criaremos problemas para ele, certo? É nosso dever manter o ambiente tranquilo e colaborarmos com isso da forma que estiver a nosso alcance.

— Está certo, mãe. Farei tudo certinho por ele... mas ela é mesmo uma bruxa!

Ambas saíram da sala abraçadas ainda rindo da situação. Rita levava em seu coração a esperança de dias repletos de harmonia e paz para todos.

Apenas cinco dias se passaram até o primeiro café da manhã do casal na nova vida em casa.

Rita, dedicada como sempre, havia preparado uma espetacular mesa de boas-vindas com diversos tipos de queijos e frutas, *croissants* recheados e quentinhos, *brioches* e geleias, além de leite, café e torradas. Enfeitou a mesa com delicadas flores brancas colhidas no jardim, deixou o jornal que Arthur gostava de ler na mesinha próxima ao lugar onde ele se sentava e quando eles desceram, Arthur ficou feliz em ver tudo preparado com tanto cuidado e delicadeza:

— Rita, que belo desjejum! Muito obrigado, está um espetáculo e eu estou faminto. Não está uma beleza, querida? — disse animado voltando-se para Laís.

Ela esboçou um sorriso e respondeu sem nem olhar para onde Rita estava:

— Está sim, meu amor!

— Então venha, vamos desfrutar desses últimos minutos de tranquilidade saboreando essas delícias que Rita providenciou para nós. Você sabe que hoje preciso voltar para o escritório e checar como as coisas ficaram na minha ausência.

— Ah, querido, que pena! Pensei que você ainda passaria o dia de hoje em casa. Como vou aguentar ficar longe de você até a noite? — disse Laís de forma dengosa e se aproximando do pescoço do marido.

Arthur ficou sem graça com a presença de Rita, deu uma pigarreada e respondeu:

— O dia vai passar rápido e você com certeza nem sentirá. Sei que não sairá hoje, então por que não aproveita e toma um banho de sol? A água da piscina está com uma temperatura ótima. Assim você se distrai e quando se der conta, já estarei de volta.

Ela assentiu com a cabeça mostrando conformismo, tomaram o café conversando sobre a viagem e, em seguida, ele foi para a empresa. Fabiano ainda estava dormindo. Laís não se levantou da mesa assim que o marido saiu. Tocou a sineta usada para chamar Rita, que a atendeu prontamente.

— Pois não, senhora?

Laís ficou calada observando Rita atentamente por alguns instantes e só depois de algum tempo falou secamente:

— Essa sua roupa está horrorosa! Bem se vê que nunca ninguém desta casa se preocupou em orientá-la sobre como uma empregada de uma família rica deve se vestir. Você está um lixo e nessas condições não pode nem atender à porta para receber algumas de minhas amigas.

Rita sentiu as pernas bambas e teve de se apoiar discretamente no encosto de uma cadeira para recuperar o equilíbrio. Laís continuou:

— Sei que no ambiente onde você deve ter nascido e se criado esse trapo que está vestindo parece roupa de festa — e soltou uma gargalhada baixa — festa... fiquei imaginando uma festa para seus amigos, você deve servir muita coxinha, empada e brigadeiro, não é?

Rita não conseguiu responder. Laís insistiu:

— Diga-me, não são assim as festinhas cafonas que você frequenta com seus amigos? Quando eu fizer uma pergunta exijo que responda!

Rita falou sentindo um nó apertando-lhe a garganta:

— Senhora, eu não costumo frequentar festas. Minha vida é meu trabalho e minha filha.

Dessa vez, Laís riu mais alto e falou:

— Previsível! Mas sua vida social — riu novamente — não me interessa nem um pouco para falar a verdade. Só quero avisá-la que irei pessoalmente comprar uniformes para você usar, vários diferentes e específicos para cada ocasião e não vou admitir que você os use de forma inadequada e diferente da que eu determinar, entendeu direitinho?

— Claro, senhora! Como quiser.

— Como eu quiser! Exatamente isso, você até que aprende rápido para alguém do seu nível. Como eu quiser e como eu mandar.

— O sr. Arthur nunca...

Laís franziu a testa, deu um tapa na mesa e a olhou com olhos de fúria:

— Nem uma palavra mais. Meu marido tem de se ocupar com o trabalho dele, nossa empresa e nosso patrimônio, não pode perder tempo com as orientações da casa. Quem determina tudo aqui a partir de agora sou eu, sua patroa e dona desta casa. Nunca se atreva a me contestar ou descumprir uma ordem minha que coloco você e aquela encostada da sua filha no olho da rua! E pode ter certeza de que sei direitinho como fazer para que Arthur acate minha decisão.

Rita estava começando a sentir-se mal, estava pálida e não acreditava em tanta agressividade gratuita. Mas a munição de Laís ainda não tinha acabado:

— Ah, e por falar na encostada da sua filha... a boa vida acabou! Ela não vai mais se aproveitar do bom coração de meu marido. A partir de hoje ela vai trabalhar na faxina, vai cuidar da cozinha e da lavanderia!

Nesse momento Rita não se conteve e falou quase em prantos:

— Mas, senhora, ela estuda muito, e o sr. Arthur sempre disse que ela precisava priorizar os estudos e...

— Eu não disse? Uma aproveitadora! Ela que estude à noite, que passe as madrugadas estudando se é tão dedicada, não me interessa; a partir de hoje ela é uma empregada como você e as outras desta casa. E cale a boca que o assunto está encerrado! E mais uma coisa: os *croissants* não estavam na temperatura adequada e as torradas não estavam suficientemente crocantes. Não sei como Arthur e Fabiano viveram cercados de tanta incompetência. Ou você começa a fazer as coisas como devem ser ou arrumo logo outra pessoa mais inteligente e gabaritada, com conhecimentos para substituí-la. E falta muito pouco para isso. Não preciso de muitas evidências mais para ter certeza de que você não possui nível suficiente para atender a pessoas de classe como nós. Minhas amigas têm empregadas fantásticas, educadas e cientes da função que exercem e será fácil pegar uma indicação. Por tudo isso, ou você anda na linha ou estará logo fora desta casa e voltando para o subúrbio de onde deve ter saído.

Levantou-se, jogou o guardanapo em cima da mesa e saiu sem dar chance a Rita de dizer qualquer coisa. Quando Rita achou que estava livre, Laís voltou:

– Minha mesa de refeições não é um velório; muito mal gosto o seu colocar essas flores brancas. Jogue tudo isso no lixo e substitua por flores vermelhas. Quero sempre flores vermelhas, por toda a casa, frescas e bem cuidadas. E se não encontrar no jardim, vire-se para consegui-las! Flores vermelhas sempre; nunca esqueça. – E saiu novamente, desta vez deixando a sala definitivamente.

Rita correu para sua casa, entrou apressada no banheiro e vomitou!

*

Era a primeira vez em tantos anos servindo a família Gouveia Brandão que Rita sentia-se incapaz de ter forças para cumprir suas tarefas. Ao sair do banheiro, prostrou-se na cama sem coragem sequer de falar. O corpo todo lhe doía, resultado da contração muscular ocasionada por tanta tensão. Por sorte Luciana estava na escola e não a veria naquelas condições. Ainda tinha bastante tempo até a hora do almoço e decidiu descansar um pouco rezando para que Laís não fosse procurá-la.

Rita era ainda jovem, estava chegando aos quarenta anos, mas a vida sofrida que tivera antes de ser admitida por Arthur lhe conferira sempre uma aparência mais velha.

Ela jamais conheceu sua mãe, que abandonara a família fugindo com um trapezista de um circo que havia parado na cidade. O pai era um bom homem, de bom coração e trabalhador, mas após a fuga da mulher, perdeu o encanto pela vida e entregou-se ao álcool. Continuava tratando os dois filhos, Rita e seu único irmão mais velho, com carinho e atenção, mas vivia encostado pelos cantos, destruindo-se pela bebida. O irmão de Rita, apesar de mais velho, não havia amadurecido no tempo certo, e, aos poucos, foi-se revoltando com a situação na qual vivia, achando que a vida estava sendo injusta demais com eles. Acabou se envolvendo com uma turma de sua cidade que usava drogas e não trabalhava. Um dia, Rita foi chamada à delegacia porque ele havia sido preso por furto. Como não houve violência no delito, a fiança foi pequena e ela conseguiu levá-lo para casa. Mas esse foi só o início de uma vida de crimes, cada vez maiores e mais violentos, que culminou na morte dele em uma troca de tiros com a polícia.

Ela então, já uma adolescente, começou a fazer pequenos trabalhos para garantir seu sustento e do pai. Trabalhava como diarista, fazia biscoitos para vender nas pequenas lojas de rua, consertos em roupas e recebia encomendas como lavadeira. Sua vida era difícil e cansativa. Muitas vezes em sua cama, à noite, chorava muito e rezava pedindo a Deus que tivesse forças para continuar. Sentia a revolta envolver-lhe a mente e o coração, mas lembrava-se do rumo tomado pelo irmão, guiado pela revolta, e rezava ainda mais para livrar-se desse sentimento.

Uma noite, quando chegava exausta do trabalho, encontrou seu pai morto no chão da pequena e escura sala de sua casa. Ele estava deitado de barriga para cima, com um copo caído ao lado do corpo, e com uma expressão facial tão serena que parecia estar dormindo. Rita concluiu que não houve sofrimento no momento final.

Ela nunca soube a causa da morte dele; os pobres quando morriam não despertavam interesse de nenhuma autoridade para saber a *causa mortis* e ele rapidamente foi enterrado numa cova rasa, em um caixão que mais parecia um caixote.

Completamente sozinha no mundo, Rita continuou sua luta, agora mais do que nunca precisando encontrar um caminho para adquirir um mínimo de segurança e condições de se manter.

E foi nessa época que conheceu Moacir, um homem já na casa dos cinquenta anos, mas ainda muito bonito e sedutor. Ela logo se encantou, e embora não soubesse que profissão ele tinha exatamente, observou que vivia usando grossas pulseiras e grandes cordões de ouro; possuía um bom carro e uma casa confortável. Começaram a namorar. A vida mais tranquila e os passeios que faziam conquistaram o coração da jovem, que se apaixonou verdadeiramente por ele.

Um dia ele a chamou para sair e disse:

— Você me cativou logo que a vi, minha paixãozinha! Sei que não estamos juntos há muito tempo, mas é o suficiente para eu ter certeza de que quero realizar com você o maior sonho de minha vida!

Naquele momento, Rita teve certeza de que ouviria o pedido de casamento tão esperado, mas o que ouviu de Moacir a seguir a deixou totalmente perplexa:

— O maior sonho de um homem é ter alguém que seja seu herdeiro de nome e de bens. Eu sempre quis ter um filho, mas estava esperando a mulher certa, aquela que eu amaria para sempre e que seria a melhor mãe do mundo para meus filhos. E eu a encontrei em você.

Rita o olhou com os olhos marejados:

— Meu querido, essa foi a declaração de amor mais linda que já existiu.

Ele segurou seu rosto, beijou seus olhos para conter as lágrimas, e prosseguiu:

— Por razões pessoais e muito íntimas, não desejo me casar; fatos do meu passado me causaram um trauma que não gosto de mencionar — disse franzindo a testa como se a lembrança lhe causasse profunda dor. — Mas gostaria que você parasse de trabalhar e fosse viver comigo, com todo o conforto e que tentássemos ter nosso filho. Você aceita?

A questão sobre o casamento não importava para Rita, e, em respeito à dor dele, não perguntou sobre seu passado. O que importava é que eles se amavam, viveriam juntos e ela teria uma vida segura e tranquila como sempre sonhara.

Logo nas primeiras tentativas, Rita engravidou. Estava radiante e com o pretexto de resguardar sua saúde, Moacir pedia que ela não saísse muito. Quando ela pedia para saírem e comprar o enxoval do bebê, ele argumentava que o melhor era esperá-lo nascer, providenciar somente o básico e depois comprar o que combinasse com a linda carinha dele. Rita estava exultante de tanta felicidade e de tanto carinho por parte dele. Seria de fato um pai maravilhoso.

O dia do parto chegou e Rita foi calmamente para a maternidade escolhida por Moacir. Todo o pré-natal havia sido feito corretamente, com um bom médico que garantiu a saúde e integridade física de mãe e filha. Moacir estava se mostrando o mais zeloso dos pais e muito companheiro. Ele insistiu que fosse marcada uma cesariana explicando que o parto normal, apesar de natural, era mais sofrido para mãe e para o bebê. Rita como fazia sempre, acatou a sugestão.

A menina nasceu linda e forte e recebeu o nome de Luciana. Por medo de infecções hospitalares tornara-se um hábito, já naquela época, as mães permanecerem o menor tempo possível internadas após o parto. No dia seguinte ao nascimento, Moacir levou-a para casa com a filha. Sempre demonstrando muito cuidado com a família, contratou também uma enfermeira para que lhes desse toda a assistência necessária.

Levaria aproximadamente uma semana até que Rita voltasse ao médico para retirar os pontos da cirurgia. Nesse período, ela sentiu alguns desconfortos e um pouco de dor, mas a enfermeira, muito prestativa, logo a atendia com analgésicos e tranquilizantes.

A tarde já havia chegado quando Rita acordou. Ainda muito sonolenta, foi tentando sair da cama para ir ao banheiro, mas seu corpo pesava como chumbo. Com muito esforço ficou em pé e chamou pela enfermeira. Ninguém respondeu. Chamou novamente... nada! Caminhou devagar até o berço da filha e viu que ele estava vazio. Ainda cambaleante, conseguiu chegar ao corredor imaginando que a criança estivesse na sala ou na cozinha com a enfermeira. Quando nada encontrou, seu corpo começou a despertar como se uma centelha de pavor o tivesse atingido. Recuperou os movimentos mais ágeis e percorreu toda a casa em busca da filha. Quando o desespero já tomava conta de sua alma, ela se deu conta de que todos os pertences da filha, da enfermeira e de Moacir haviam sumido. Naquele momento, o pânico se instalou; não havia dor, não havia sono. Ela mudou de roupa sem se preocupar com o que ia vestir, pegou algum dinheiro, não muito, que havia sido deixado em cima da mesa da sala, e saiu em busca de ajuda.

Foi até a delegacia de polícia mais próxima, narrou a situação e o delegado, familiarizado com aqueles acontecimentos, acionou imediatamente uma equipe de busca.

Rita ficou na delegacia, não queria sair dali antes de ter notícias da filha e até mesmo porque não saberia para onde ir. As horas foram passando, e o coração de Rita estava cada vez mais oprimido pela dor. Ela em alguns momentos chorava, sem entender o que estava acontecendo, e apenas rezava.

A madrugada já havia chegado e a mãe inconsolável permanecia sentada no corredor da delegacia, apática e sozinha. Vez ou outra um policial se aproximava e lhe oferecia um café e uma água, que ela aceitava, mas recusava-se a comer qualquer coisa. De repente, ouviu-se um ruído agitado de vozes que vinham da entrada da delegacia e reconheceu a voz de Moacir, que se expressava de forma agressiva e ameaçadora. Caminhou correndo na direção do som e estancou diante da policial que carregava a pequena Luciana nos braços, dormindo tranquila, alheia à confusão.

Rita não conteve as lágrimas, não ouviu mais nada; apenas pegou a menina nos braços e agradeceu a Deus por ela estar bem. Moacir passou por ela algemado e ela o olhou com uma expressão de terror e dúvida, que ele retribuiu com um olhar indiferente. Logo atrás, vinha a enfermeira, também algemada e gritando feito louca que ela era vítima de tudo.

O delegado pediu que Rita o acompanhasse até sua sala e revelou a ela a história de Moacir, a história mais repugnante que ela já ouvira.

Ele era foragido da justiça havia muitos anos, e a enfermeira era sua amante e cúmplice. Sempre mudavam de cidade e identidade para aplicar golpes.

Ele, com seu jeito sedutor, abordava mulheres pobres, solitárias, mas bonitas e com boa saúde, e as iludia com a promessa de uma vida de conforto e muito amor. Conseguia engravidá-las e depois que o bebê nascia, sumia com a criança para vendê-la aos seus comparsas, uma quadrilha de tráfico de crianças. Os partos eram sempre cesarianas para que pudessem ter data marcada e o esquema seguia o cronograma sem surpresas. Os recém-nascidos valiam mais e sequestro era muito complicado e arriscado. Então ele arquitetara aquele plano que lhe rendia ótimos resultados e pouca vulnerabilidade. As mulheres, em geral, apenas sofriam por terem sido abandonadas, por perderem o filho recém-nascido, mas sem recursos e acostumadas ao sofrimento, seguiam sua vida, muitas sequer sem fazer um boletim de ocorrência.

O choque que Rita levou foi tão grande que ela nem chorou, nem se desesperou. Apenas sentiu um imenso vazio na alma. Como pode um homem colocar filhos no mundo só para vendê-los? Eram verdadeiramente filhos dele, e sabe-se lá quantos já estavam espalhados mundo afora. Aquele homem com quem ela dividiu a vida durante certo tempo era um monstro!

Ela saiu da delegacia e foi buscar abrigo em um colégio de freiras indicado pelos policiais. Lá, seria abrigada até decidir que rumo tomaria.

Luciana estava em seus braços sã e salva, e isso era o maior presente de Deus.

Poucos dias depois, a madre superiora avisou a Rita que havia encontrado um belo emprego para ela na casa de uma família muito boa, onde ela poderia morar e ficar com a menina.

Quando a conheceu, Arthur logo sentiu pena dela e da filha, e as levou para a casa dele. A partir daquele momento, Rita jurou que viveria para cuidar daquelas pessoas tão bondosas e para dar à filha a melhor educação que pudesse.

quatro
Flores vermelhas

Após a conversa que teve com Rita no café da manhã, Laís subiu sentindo-se grandiosa e vitoriosa. Já começara a colocar ordem na casa e aquela insuportável empregada e a filha iam aprender que com ela não se brincava.

Ainda estava em dúvida sobre o que fazer do seu dia quando ouviu que alguém nadava na piscina. Caminhou até a varanda de sua suíte, apertou os olhos se protegendo da claridade e viu Fabiano se exercitando na água. Ele percorria toda a extensão da grande piscina indo e voltando várias vezes, até que deu um mergulho, emergiu com velocidade e se apoiou na borda para sair da piscina. Ao ficar em pé nas pedras que cercavam toda a piscina, pegou a toalha que estava em cima da mesa, balançou a cabeça jogando os cabelos castanho-escuros e lisos para trás, secou levemente o corpo e deitou-se na espreguiçadeira protegida por um guarda-sol. Fabiano era branco, tinha a pele bem clara e sempre tomava cuidado para não se expor excessivamente ao sol. Percebeu que a madrasta o observava e acenou para ela. Ela retribuiu e entrou novamente na suíte pensando que a sugestão do marido para que ela tomasse um banho de sol não era má ideia. Em poucos minutos, preparou-se para sentar-se ao lado de Fabiano.

— Muito bom o seu desempenho na água; você pratica natação todos os dias? — perguntou Laís enquanto tirava o fino vestido que lhe cobria o corpo, com um gesto teatral e sensual, exibindo uma forma escultural e um biquíni preto de duas peças consideravelmente pequenas.

Antes de responder, Fabiano não conseguiu evitar o olhar de admiração pela mulher incrivelmente bela que estava parada diante dele. Justo ele, que jamais deixara de aproveitar bons momentos ao lado de lindas garotas.

E ela percebeu que ele ficara admirado, mas não demonstrou a vaidade que lhe aflorava por todos os poros.

— Sempre que estou em casa sem nenhum compromisso venho para a piscina. Gosto muito de nadar nas noites quentes de verão.

— Ah, nadar à noite é muito bom, eu também gosto. Aliás, reparei que temos bastante coisas em comum.

— É mesmo? Que bom! Mais o que por exemplo? — perguntou ele na tentativa de fazer a conversa fluir.

— Por exemplo, o gosto pelas boas coisas da vida, o bom humor, a leveza de alma... a vida é para ser aproveitada e vivida com intensidade. Eu sempre digo que vim para a vida para ser feliz.

— Nisso você tem razão! Pensamos exatamente da mesma forma. Não entendo por que se casou. Era livre, tinha aventuras, viajava... E tenho de admitir que papai não segue o seu estilo.

— Tem razão. Arthur, embora seja alegre e divertido é mais caseiro e pensa muito no trabalho. Mas temos de levar em conta os anos que ele passou sozinho, coitadinho. Adquiriu hábitos solitários. Foram muitos anos, é compreensível.

— É verdade — respondeu Fabiano olhando para o infinito como se buscasse cenas de toda sua vida ao lado do pai. — Mas, agora, cabe a você, Laís, preencher os dias dele com mais animação, levá-lo para viajar, sair e frequentar festas.

— Não tenha dúvida de que farei isso; ele merece relaxar e aproveitar seus dias.

— Tenho certeza de que você conseguirá; há tempo não via o papai tão feliz e animado. Vamos dar um mergulho? — concluiu levantando-se e estendendo a mão para ela.

Laís aceitou o convite e mergulhou com Fabiano. Em vez de continuarem a conversa, Fabiano começou a provocá-la como uma criança, ao que ela revidou jogando água nele. Em poucos minutos, estavam fazendo uma algazarra na piscina como dois adolescentes, rindo sem parar. Laís não acreditava que estava se comportando daquela maneira, mas o importante é que estava relaxada e feliz.

Luciana chegou da escola e, como sempre fazia, em vez de entrar e seguir o caminho mais curto para os fundos da mansão, deu a volta e passou pela piscina. Quando a viu, Fabiano gritou e acenou:

— Ei, Luciana, venha aproveitar um pouco a piscina!

Laís sentiu o rosto arder de ódio e toda a descontração sentida pouco antes desapareceu por completo.

Luciana se aproximou e falou:

— Oi, bom dia, sra. Laís; bom dia, Fabiano. Agradeço muito o convite, mas preciso entrar. Quero almoçar cedo porque tenho muito o que estudar hoje à tarde.

Fabiano brincou:

— Luciana, relaxe; deixe um pouco esse negócio de estudar para lá e venha aproveitar.

Nesse momento, Laís, sem que Fabiano percebesse, dirigiu-se até a escada e saiu da piscina em silêncio.

Luciana continuou:

— Realmente já estou ficando tentada a aceitar seu convite, mas agora não dá mesmo. Vamos fazer uma coisa: se eu terminar cedo os estudos eu o aviso e damos um mergulho mais tarde, o que acha?

— Acho uma ótima ideia; vou até a Hípica, mas volto antes do entardecer. Vai dar certinho.

Virou-se, mergulhou novamente, e Luciana retomou seu caminho. Nenhum dos dois havia reparado que Laís já fora embora.

Quando Luciana estava quase chegando ao portão de sua casa, Laís apareceu e parou bem na sua frente. Sem hesitar, agarrou Luciana brutalmente pelo braço, imprimindo uma força que quase fez Luciana gritar. Encarou a menina e disse:

— Nunca mais ouse passear pela piscina! — e sacudiu o corpo de Luciana que a olhava aterrorizada. — Você entendeu? Nunca mais! Pelo visto você ainda não sabe das novidades que a empregada, sua mãe, tem para lhe contar. Tudo bem, vou lhe dar um pequeno desconto para você ver o quanto sei ser compreensiva. Depois voltaremos a conversar! — concluiu soltando o braço de Luciana.

Sentindo o braço livre e no ímpeto inerente da adolescência aliado à raiva que já sentia de Laís, ergueu a cabeça em posição de afronta e falou sem titubear:

— O sr. Arthur nunca me proibiu de nada aqui e a senhora mesma viu que Fabiano me convidou para estar com ele mais tarde na piscina, e é o que vou fazer. O sr. Arthur é o dono desta casa! — dizendo isso, não percebeu de imediato que cometera o maior de seus erros.

Luciana mal teve tempo de concluir e como um *flash* sentiu a pesada mão de Laís atingir-lhe o rosto com tanta força que ela chegou a cair, mas antes que pudesse ter alguma reação, a mulher agarrou sua blusa próximo à gola e a colocou novamente de pé aos trancos. Desferiu-lhe outro tapa, ainda segurando-a e disse:

— Você não tem noção do que acabou de fazer. Nunca ninguém teve coragem de me afrontar dessa maneira, e pode ter certeza, vou transformar sua vida num verdadeiro inferno! Não vou jogar você e sua mãe na sarjeta, que é o lugar de gente como vocês, pelo menos por enquanto.

Quero ter o prazer de mostrar a você quem é a dona desta casa.

As lágrimas escorriam descontroladamente pelo rosto de Luciana.

— E tem mais: se eu desconfiar que você ou a outra empregada fizeram algum tipo de queixa com Arthur, eu acabo com vocês num só golpe. Eu posso dar ao meu marido coisas que vocês nem sonham... adivinhe só do lado de quem ele vai ficar se vocês me afrontarem...

Soltou a roupa de Luciana, limpou a mão nervosamente dizendo:

— Que nojo! Suma da minha frente, criaturinha asquerosa. Vá, fora daqui! Suma!

Luciana virou-se e saiu apressada para sua casa soluçando e tremendo. Fabiano sequer percebeu o que acontecera.

Ao entrar em casa, Luciana correu para os braços da mãe, que já se sentia um pouco melhor, e narrou com detalhes o que havia acontecido.

Rita ficou confusa e aflita. Queria consolar a filha e ao mesmo tempo sua cabeça transbordava de pensamentos desordenados; não sabia o que fazer. Ficaram um tempo abraçadas, em silêncio, até que Luciana falou:

— Mãe, não vamos suportar isso. Essa mulher é completamente louca. Temos de fazer alguma coisa.

— Minha filha, nada podemos fazer agora. Ela acabou de se casar com nosso patrão; ele está apaixonado, e ela tem razão, claro que sempre ficará ao lado dela.

— Mas, mãe, o sr. Arthur é um bom homem e sempre gostou de nós, ele vai nos apoiar...

— Meu amor, um homem apaixonado segue seu coração e raramente ouve sua razão. Acredite em mim, não teríamos chance.

— E o que vamos fazer então, mãe? Ela é violenta e má, não vamos aguentar! — e voltou a chorar copiosamente.

Rita respirou fundo e olhou ao redor, buscando uma resposta.

— Acho que ela está apenas querendo mostrar que possui todos os poderes e que é melhor e mais forte que nós. Ela sabia que tínhamos uma situação privilegiada nesta casa e para pessoas como ela, nós, pobres, não merecemos respeito nem atenção; estamos no mundo apenas para servir aos ricos.

Luciana a olhou e enxugou as lágrimas.

— Então não vamos fazer nada?

— Vamos dar tempo ao tempo e seguir as normas que ela está nos impondo a partir de agora. Inclusive, filha, ela quer que você comece a trabalhar na casa, como eu e os outros empregados.

Luciana ficou estarrecida:

— Mas e meus estudos, mãe? A senhora sabe que mal tenho tempo para me dedicar como devo à escola, ao inglês e ainda tem o francês, que me esforço muito para aprender sozinha.

— Será só por um tempo, acalme-se. Tenho certeza de que se fizermos tudo direitinho como ela quer, uma hora sr. Arthur ou Fabiano perceberão que algo está errado, e aí sim, a iniciativa de tomar alguma providência será de nosso patrão. Duvido que ela terá coragem de ir contra ele. O dinheiro e o luxo que ele proporciona vão fazê-la acatar qualquer decisão dele. E nada terá sido dito por nós. As coisas vão se ajeitar, tenha fé!

— É difícil, mãe. Não sei se conseguirei, mas prometo que vou tentar. Faço isso pela senhora apenas.

— Essa Laís é muito gananciosa. Vai acabar metendo os pés pelas mãos, você vai ver. Acredita que hoje pela manhã ela me humilhou de uma maneira que você nem imagina, e se referiu a todo o patrimônio do sr. Arthur como sendo dela também. Foi horrível!

— Como um homem bom como ele pôde se envolver com uma mulher assim?

— Ela é muito bonita de fato, isso não se pode negar. Ele estava sozinho havia muitos anos. A carência diante de tamanha beleza como a dela o transformou em uma presa fácil. Essa é a verdade.

— Reparou que até Fabiano simpatiza com ela? Quando cheguei eles estavam se divertindo na piscina.

— Foi exatamente o que lhe falei agora; a beleza dela, o jeito dissimulado que a faz parecer uma mulher doce e alegre enganam facilmente qualquer homem. Garanto à você que se ela derramar diante deles duas ou três lágrimas conseguirá qualquer coisas dos dois. Por essa razão, minha filha, vamos ter calma e aguardar os acontecimentos. Por hora, tome um banho e se vista para me ajudar com o almoço. Temos de começar a agir conforme ela ordenou.

Arthur ficaria o dia todo no escritório e o almoço foi servido apenas para Laís e Fabiano. No centro da mesa, um vaso com flores vermelhas.

cinco

Felicidade

Os meses foram passando e a normalidade imperava na residência da família Gouveia Brandão. Luciana continuava seus estudos com muito sacrifício e estava sempre muito cansada porque durante todo o dia Laís tratava de deixar uma lista de funções que ela deveria cumprir. Rita organizava tudo exatamente como a patroa gostava, e a esposa de Arthur não encontrava motivos para repreender mãe e filha.

Certa de que tudo estava seguindo o rumo determinado por ela e de que as duas não lhe criariam mais nenhum tipo de problema, Laís começou a reativar sua vida social, saindo bastante ou recebendo as amigas em casa, deixando de dar atenção aos empregados. Para ela era como se eles não existissem.

Também passou a frequentar a Hípica quase diariamente, e seu maior objetivo era estar próxima o máximo possível de Fabiano. Arthur fazia dela uma rainha e ela adorava a forma como ele a cobria de carinhos e mimos, mas o marido realmente trabalhava muito, viajava com frequência, e a companhia do enteado era sempre uma alegria. Mas Laís acabou percebendo que não era apenas isso: ela desejava Fabiano, desejava seu corpo e sua alma. Ela havia se apaixonado por ele e não fizera esforço nenhum para combater o sentimento. Mas não poderia deixar de forma alguma que alguém percebesse o que se passava em seu coração; o casamento com Arthur era muito conveniente e, caso ela se separasse, com certeza nunca mais veria Fabiano. Pelo menos morando na mesma casa, ela poderia estar com ele sempre que quisesse. Sabia do amor do filho pelo pai e tinha certeza de que um jamais trairia o outro; portanto, precisava ter muito cuidado com suas atitudes.

Uma tarde na Hípica, Laís estava sentada observando Fabiano, que treinava seu cavalo, quando uma amiga se aproximou:

— Como vai, Laís, estava à sua procura. Amanhã faremos uma reunião na casa de Maria Clara e sua presença é indispensável. Você não vai deixar de ir, não é? — falou notando que Laís estava distraída olhando para Fabiano. — Ah, está no mundo da lua admirando seu enteado! Não é para menos, esse rapaz é um verdadeiro deus grego — concluiu com uma risadinha maliciosa.

Laís a olhou tentando dissimular a contrariedade e disse:

— Nem pense em tentar chegar perto dele com segundas intenções.

— Ora, até que não seria má ideia; sou uma mulher divorciada, ele é jovem, bonito e descompromissado. Já pensou você ser minha sogra? Seria divertido! — e soltou uma sonora gargalhada.

Laís, tomada pelo ciúme e por saber que a outra estava certa, sentiu a raiva crescer em seu peito. A amiga realmente era livre. Fabiano, desimpedido e com seu temperamento, com certeza adoraria se envolver com ela, mesmo que só para uma aventura como as outras. Contendo a irritação que essa possibilidade lhe causou, falou com desdém:

— Não seja tola! Ele é muito jovem e com certeza prefere estar com as garotas da sua faixa etária. Você não se enxerga? Já está coroa para ele.

— Tola está sendo você, Laís. Hoje em dia são inúmeros os casos de rapazes que namoram mulheres mais velhas. Além do que, ainda sou jovem e bonita também e tenho certeza de que saberei despertar o interesse dele muito melhor que essas menininhas inexperientes.

A madrasta de Fabiano tinha de manter a calma para não demonstrar seus verdadeiros sentimentos, pois sabia que as mulheres reconhecem fácil o interesse de outras em algum homem. Procurou desviar os olhos de onde o rapaz estava e desconversou:

— Estou com sede; vamos até o restaurante beber alguma coisa e combinamos o encontro na casa de Maria Clara. Claro que estarei lá, não perderia essa reunião por nada — e levantou pegando sua bolsa e levando a amiga pelo braço para longe dali.

*

Arthur chegou a casa no meio da tarde para pegar um documento. Poderia ter pedido ao funcionário da empresa para ir buscar, mas preferiu fazê-lo pessoalmente porque sabia que a mulher e o filho não estavam em casa, então poderia passar alguns momentos relaxando. Pela primeira vez estava tendo alguns problemas na empresa, nada grave, sabia que iria solucioná-los facilmente, mas estava cansado e ficar um pouco sozinho lhe permitiria repor as energias.

Quando ouviu o barulho do carro passando pelo portão, Rita se surpreendeu. Não era costume o patrão aparecer em casa no meio da tarde. Ela se preocupou achando que poderia ter acontecido alguma coisa. "Será que ele está doente?", pensou Rita indo esperá-lo na porta principal.

— Olá, boa tarde, Rita. Tudo bem? Fabiano e Laís não estão em casa, não é? — disse ele aparentando estar bem.

— Boa tarde, senhor. Realmente, eles não estão em casa. Ambos foram passar o dia na Hípica e só devem voltar para o jantar — respondeu Rita se tranquilizando por ver que tudo estava bem com o patrão.

— Melhor assim; vou para o escritório olhar uns documentos e devo voltar para a empresa em uma hora aproximadamente. Por favor, Rita, nesse período não gostaria de ser incomodado; se Laís telefonar nem diga que estou em casa. Preciso ficar um pouco sozinho.

— Mas está tudo bem? Percebo que o senhor está um tanto preocupado.

Arthur deu um sorriso amável e respondeu:

— Ah, Rita, você sempre preocupada conosco! Fique tranquila, está tudo bem. Apenas tenho algumas questões um pouco desagradáveis para resolver, mas nada que mereça tanta preocupação. — Concluiu, dirigindo-se ao gabinete. Voltou-se novamente para ela e pediu: — Você poderia me trazer um copo de suco? É só do que necessito nesse momento.

Rita assentiu com a cabeça e foi providenciar o que o patrão havia pedido. Ao entrar no escritório, Arthur já estava arrumando vários papéis e quando pousou o copo em sua mesa, ele a olhou por cima dos óculos e perguntou:

— Rita, sei que pouco tenho participado da rotina da casa, e que com a chegada de Laís me afastei um pouco, ciente de que ela agora cuidaria de tudo. Mas, embora não pareça, eu observo o que acontece e tenho percebido que você e Luciana andam um pouco tristes, distantes e muito reservadas. Há tantos anos você trabalha aqui e é a primeira vez que as vejo assim. Está acontecendo alguma coisa que eu não saiba? Vocês estão com algum problema?

Rita sentiu o coração pulsar mais forte e teve de conter o impulso de falar tudo o que havia acontecido logo que Laís chegou a casa. Um pouco trêmula, ela respirou fundo e respondeu:

— Não, sr. Arthur, está tudo bem. É que a rotina da casa mudou bastante e agora o trabalho está sendo conduzido de forma diferente; apenas isso.

Ele continuou olhando para ela ainda em dúvida.

— Tem certeza de que não está acontecendo nada? Por que Luciana também está fazendo serviços domésticos todos os dias?

— Ah, doutor, ela faz isso com muito gosto. Quer ajudar, não se sentia bem apenas se dedicando aos estudos. Sabe como é, já é uma moça e quer se sentir mais útil.

Arthur coçou o queixo e finalmente convencido de que tudo estava bem, falou servindo-se do suco:

— Então está bem. Fico feliz com a atitude dela, embora não fosse necessária. Mas diga a ela que não deixe o trabalho interferir nos estudos. Isso é o mais importante.

— Obrigada, doutor, por sua preocupação. Pode deixar que vou lhe dar o recado. Precisa de mais alguma coisa?

— Não, obrigado, pode ir. E, por favor, não esqueça que não atendo ninguém.

Rita saiu e fechou a porta atrás de si suavemente e com o coração apertado por não poder falar com Arthur sobre as ameaças que ela e a filha haviam recebido de Laís. Suspirou e se retirou para a cozinha certa de que havia agido sabiamente. Não podia criar problemas. Para sua segurança e de Luciana.

Mas não foi apenas Arthur que percebeu a mudança de comportamento das duas. Fabiano, embora muito desligado de tudo isso, também não pôde deixar de notar que Luciana o evitava com frequência havia algum tempo.

Sempre que ele a procurava na casa para conversar, ela se esquivava argumentando que estava muito atarefada e o deixava praticamente falando sozinho. Nunca ele havia dado muita atenção e importância para Luciana, mas depois que começaram a conversar mais, antes da chegada de Laís, ele começava a gostar da companhia dela. Era bom ter em casa uma pessoa da sua geração.

Percebendo que não conseguia a atenção da jovem, um dia ele resolveu esperá-la na porta da escola, coisa que jamais havia feito antes. Continuava entediado com sua turma de amigos e queria fazer algo diferente.

Quando os portões se abriram para a saída dos alunos e Luciana o viu, mal pôde acreditar. Em vez de caminhar na direção dele, ela parou e ficou tentando imaginar o que o rapaz fazia ali. Teria acontecido alguma coisa com sua mãe? Quando ele acenou e sorriu, ela concluiu que a expressão dele era de tranquilidade e sua presença não devia estar acompanhada de nenhuma má notícia. Só então foi até o carro. Foi recebida por Fabiano com um beijo no rosto:

— Finalmente consegui que você me desse atenção — falou Fabiano alegremente.

Ela ainda estava confusa, mas a presença dele enchia seu coração de felicidade.

— Que bobagem, eu sempre lhe dei atenção.

— Negativo. Ultimamente sempre que tento me aproximar, você foge de mim!

— Eu não fujo; tenho muito trabalho para fazer e ainda dar conta dos estudos. Não tem sido fácil!

— Nunca entendi por que você começou a fazer serviços em casa; temos outros empregados, e sua mãe sempre administrou tudo muito bem. Você não precisava...

— Eu sei que não, mas fico mais feliz podendo ajudar. Seu pai sempre foi muito bom comigo e acho que assim estou retribuindo um pouco por tudo o que ele já me proporcionou.

— Bem, se isso a faz feliz quem sou eu para dizer o contrário — disse dando de ombros. — Venha, entre no carro que vou levá-la para casa.

Ao pensar que Laís poderia vê-los juntos e nas consequências disso, ela entrou quase em pânico. Mas como poderia evitar que Fabiano fosse com ela sem levantar suspeitas de seu medo? Pensou rápido e disse:

— Posso lhe pedir uma coisa?

— Claro que sim, hoje estou aqui para servi-la — falou fazendo uma reverência e rindo.

— Vamos tomar um sorvete?

Ele a olhou decepcionado e disse:

— Só isso? Pensei que era algo mais excitante — e piscou o olho para ela.

Ruborizada e com vergonha ela nada disse, e ele continuou:

— Se é só um sorvete, vamos a ele. Vou levá-la na Hípica. Vamos.

— Não! Na Hípica não — ela se apressou em falar. — Prefiro um lugar onde ninguém o conheça; afinal, sou apenas a filha da empregada e não fica bem nos verem juntos no seu ambiente — concluiu.

Fabiano parou e ficou alguns instantes pensando nas palavras dela, depois, teve outra ideia:

— Então vamos até a praia. O que acha?

Ela achou que no fundo ele se envergonhava de tê-la ao seu lado, mas não se deixou abater. Estava muito feliz naquele momento.

— Ótima ideia. Vamos tomar um sorvete na praia então, mas não podemos demorar.

Entraram no carro e saíram já conversando animadamente.

Durante o tempo que passaram juntos, Luciana esqueceu todos os problemas e a tristeza que havia rondado sua alma nos últimos meses. Ela amava Fabiano e agora ele estava tão próximo que ela mal podia acreditar.

O interesse de Luciana começou a ficar mais evidente para Fabiano, e ele sentiu que ela o atraía bastante também. Já a olhava de forma diferente e estava satisfeito pelos momentos ao lado dela.

Mas havia chegado a hora de voltarem para casa, e Luciana, que temia ser vista com ele, agradeceu a carona e o passeio dizendo:

— Foi muito bom passearmos esta tarde, eu adorei. Mas não vou voltar com você. Quero aproveitar e passar na casa de uma amiga que não vejo há algum tempo. Ela passou um período de cama e vou fazer-lhe uma visita.

— Eu a levo até lá e a espero para voltarmos juntos.

— Não é necessário. Depois eu pego um ônibus, não se preocupe.

— Bem, se você insiste está bem. — Ele a olhou profundamente e continuou: — mas queria que você soubesse que adorei estar com você e quero de verdade que outros momentos assim aconteçam.

O coração de Luciana batia acelerado e ela não sabia o que dizer. Ele foi se aproximando, segurou suavemente o rosto dela entre suas mãos, e falou baixinho:

— Não sei como não percebi isso antes... mas acho que estou me apaixonando por você.

Assim, ele beijou delicadamente os lábios de Luciana, que não reagiu de imediato. Depois, sentindo o calor da boca do jovem, ela retribuiu o beijo com toda a força do amor que existia dentro dela havia tantos anos.

— Eu sempre o amei, Fabiano — ela disse com os olhos brilhando de emoção.

— E eu descobri que também a amo — ele respondeu abraçado a ela.

Quando se despediram, o encontro para o dia seguinte já estava marcado.

seis

Encontro romântico

Durante todo o mês seguinte, Fabiano e Luciana se encontraram diariamente. Ele ia buscá-la na escola e sempre passeavam juntos, mas ela conseguia evitar que chegassem juntos a casa. Estava imensamente feliz e não desejava que nada estragasse aquela felicidade. Fabiano, mais inconsequente e sem saber do que Laís já havia feito, começou a se mostrar descontente com tantas reservas:

— Eu não entendo, Luciana, vivemos nos escondendo! Já faz um mês que saímos juntos e sempre tem de ser às escondidas! Nunca chegamos juntos em casa e quando estamos lá você mal fala comigo. Acho um exagero da sua parte tantos cuidados. Meu pai gosta de você e praticamente foi sua mãe quem me criou.

Ela sentiu crescer o desejo de se abrir com ele, mas lembrou das ameaças de Laís e calou-se mais uma vez.

— Eu sei que seu pai gosta de mim, e minha mãe também gosta muito de você, mas, tente entender, nossa situação não é exatamente normal. Talvez tenhamos de ir com calma para que todos entendam.

— Como assim, não é normal? Claro que é! Somos jovens, solteiros e estamos apaixonados. Mas parece que estamos fazendo algo errado!

— Digamos que não é errado, mas talvez seu pai não veja com bons olhos, mesmo gostando de mim. Entre gostar de mim e querer que eu seja a namorada do filho dele existe uma grande distância. Você me entende? E tem a mulher dele também, que, com certeza, não aprovará nossa relação.

— Laís? Ela não tem de aprovar nada. Ela é mulher de meu pai, mas não manda em mim nem na minha vida. Mas meu pai... talvez você esteja certa. Não gostaria de contrariá-lo. Vamos combinar uma coisa: eu vou sondar o que ele pensa sobre isso e assim que sentir que está tudo bem, vamos deixar que todos saibam que nos amamos.

Luciana sorriu, abraçou o namorado, e disse:

— Nunca pensei que eu pudesse ser tão feliz!

— Nós somos felizes e tudo o que quero é poder estar ao seu lado. Sabe que nem sinto falta de minha turma quando estamos juntos?

— E todas aquelas garotas que viviam atrás de você? Também não sente falta delas? — perguntou Luciana com um ar zombeteiro.

— É verdade... Ah, que belas garotas! Sabe que sinto saudade de algumas? — e antes que terminasse de falar, levou um dolorido beliscão no braço — falou rindo.

Luciana fingiu estar zangada:

— Doeu? Era para doer mesmo!

— Sua boba. Estou brincando. Você sabe o quanto a amo e nenhuma garota seria capaz de ocupar minha cabeça e meu coração. Só você!

Beijaram-se novamente e agora os beijos eram mais ardentes, evidenciando a urgência que o corpo de ambos sentia de estar cada vez mais junto, mais íntimo. O desejo de amar era cada vez maior.

Durante esse tempo, Laís começou a observar que algo estava diferente. Luciana estava mais tranquila, sempre fazia seu trabalho com alegria, e isso estava deixando-a intrigada. Um dia ela chamou Rita:

— O que está acontecendo com sua filha? Ela me parece diferente. Vive sorrindo pelos cantos — afirmou com sarcasmo.

Rita, que não sabia do namoro com Fabiano, também estranhava a felicidade dela, mas não queria incentivar a curiosidade da patroa. Respondeu friamente:

— Não sei, senhora, acho apenas que ela se acostumou com as novas tarefas e está conseguindo finalmente organizar os estudos. Isso a deixa feliz!

Laís pegou a revista que estava em seu colo e a jogou displicentemente em cima do sofá, ficou em pé e falou de forma arrogante:

— Você é mesmo muito ignorante e boba. Isso para mim está cheirando a homem!

— Não, senhora, pelo amor de Deus! Minha filha nem namorado tem. Ela só pensa no trabalho e nos estudos.

Laís sacudiu a cabeça em negativa, andou para o outro lado da sala e prosseguiu:

— Você é incompetente até para cuidar da própria filha. Está na cara que tem homem metido nessa história. Sabe-se lá que tipo de marginal anda rondando a casa.

Rita ficou tão chocada que não conseguiu dizer nada.

Laís continuou a lançar seu veneno, e isso lhe causou imenso prazer; havia muito tempo que ela não se divertia humilhando a empregada que ela tanto odiava:

— Olhe bem, sua filha deve estar vadiando pela rua com vários homens. Ou você acredita que ela é uma menina pura e virgem? — falou soltando uma gargalhada. — Garotas pobres não se preservam como as meninas da minha classe social. Desde muito cedo já começam a dormir com qualquer um, e antes dos dezoito anos já andam com filhos pendurados no pescoço. Pela cara da sua filha, ela está indo pelo mesmo caminho. Mas vou avisá-la apenas uma vez: se algum dia eu pegar um estranho vagabundo rondando minha casa, eu chamo imediatamente a polícia. Não quero saber dos namoradinhos bandidinhos dela passando sequer perto do chão que eu piso.

Rita não conseguia acreditar no que estava ouvindo; eram muitos absurdos juntos.

— E outra coisa: se um dia essa vadiazinha aparecer grávida, no dia seguinte vai para a rua. E se você ficar com pena vai junto! Era só o que me faltava, um projeto de marginal vivendo sob o mesmo teto que minha família.

Está avisada. Agora, fora daqui que não aguento olhar para sua cara por muito tempo.

Rita foi para a cozinha, encostou-se na pia, e começou a orar:

— Meu bom Deus, dê-me forças para continuar seguindo meu caminho como deve ser. Proteja minha menina da maldade dessa mulher. Não permita que minha filha sofra nem que dê um mau passo.

No íntimo, Rita já estava desconfiada de que havia algo entre Luciana e Fabiano; ela conhecia muito bem os dois e reparava que eles estavam trocando olhares furtivos. Olhares que para Rita indicavam uma grande cumplicidade.

*

Certa noite, Luciana disse que recebera um convite para o aniversário de uma amiga. Iria ajudar a mãe a arrumar a cozinha após o jantar e sairia depois. Rita nunca proibira a filha de sair com as amigas, confiava nela e achava que devia se divertir.

A casa já estava calma quando a menina cruzou os portões e desceu a rua. Ela andou três quarteirões e parou na calçada, ficando protegida por uma árvore. Depois de cinco minutos o carro de Fabiano chegou e ela entrou. Era a primeira vez que saíam à noite. Foram para um barzinho longe dos lugares que o rapaz costumava frequentar. Luciana sentia vergonha de estar no mesmo ambiente que os amigos ricos do namorado e ele também achava melhor ficarem distantes da alta sociedade. Ela estava muito feliz e jamais se importou com isso, preferia estar sempre sozinha com ele.

Já era tarde da noite quando Fabiano, não contendo mais seu desejo pela namorada, falou de forma carinhosa:

— Eu a desejo tanto! Quero ter você toda para mim... lhe dar todo o amor que você merece. Você quer ser toda minha esta noite? Vamos sair daqui?

Luciana sentiu um calafrio percorrer todo seu corpo. Ela também desejava Fabiano, mas não imaginou que tudo aconteceria tão rápido. Ele a beijou, acariciou seu pescoço, seus cabelos, e ela não conseguiu pensar em mais nada. Apenas queria se entregar a ele, ao homem que escolhera para amar por toda a vida.

Ambos deixaram o bar, e Fabiano seguiu até um motel. Luciana sentia medo e excitação.

Quando chegaram à suíte, a moça não conteve a satisfação diante do ambiente fino, decorado com muito bom gosto e, ao mesmo tempo, muito sensual.

Havia uma enorme cama com lençóis macios e grandes travesseiros, uma sala com um sofá e uma TV. O banheiro, revestido de mármore, tinha uma grande banheira de hidromassagem e a parede era toda de espelhos. As toalhas eram enormes e felpudas, tudo num ambiente maravilhoso e perfumado.

Fabiano pegou-a pela mão e abriu uma porta de vidro, que ficava escondida pela cortina. Do lado de fora havia uma piscina com água aquecida e uma cascata, tudo iluminado por poucas luzes que ficavam dentro d'água.

Envolvidos por esse cenário, eles se abraçaram e trocaram muitos beijos. E, ali, ambos se entregaram a paixão. Não existia medo nem preocupação com o futuro. O que existia era apenas o presente.

Ficaram juntos até tarde da madrugada. Quando voltaram para casa estavam felizes. Luciana entrou na casa dentro do carro de Fabiano, mas pediu que ele se certificasse de que não havia ninguém por perto para que ela pudesse sair em segurança.

Despediram-se com um beijo e ela se dirigiu sorrateiramente até sua casa, onde Rita dormia tranquila.

Fabiano foi para o quarto e ficou pensando em tudo o que acontecera. A princípio, queria apenas conquistar Luciana, como fizera com tantas outras, mas naquela noite percebeu que estava realmente apaixonado e que ela havia despertado nele um sentimento totalmente novo e maravilhoso.

Ainda com o perfume de Luciana em seu corpo, ele foi se deitar.

*

Estava cada vez mais difícil para o casal esconder o envolvimento deles. Fabiano ainda não tivera oportunidade de conversar com o pai e a decisão de contar a todos foi adiada.

O rapaz já não saía como antes com os amigos e até diminuíra seus treinos na Hípica. Gostava de ficar em casa, na piscina ou em seu quarto por horas, sozinho, lembrando sempre dos momentos que conseguia passar ao lado de sua amada.

Luciana continuava seus afazeres e sentia-se feliz como nunca. As poucas vezes que era obrigada a cruzar com Laís, nem se importava de abaixar a cabeça sem sequer olhar nos olhos da patroa. Tudo isso não significava nada para ela que estava vivendo o maior sonho de sua vida.

Rita, mãe zelosa, estava cada vez mais preocupada com o que sua intuição lhe dizia e resolveu falar com a filha. Certa noite, quando estavam se preparando para dormir, Rita foi até o quarto da filha, sentou-se na beirada da cama e falou com uma doçura carregada de inquietação:

— Luciana, precisamos conversar sobre um assunto muito sério. Tenho notado que algo está acontecendo entre você e Fabiano. Preciso que me conte a verdade.

A filha a olhou com olhos brilhantes e, cansada por não poder dividir sua felicidade com a mãe, abriu seu coração:

— Mãe, a senhora está certa. Eu e Fabiano nos amamos e já estamos juntos há algum tempo.

Rita levantou-se colocando as mãos sobre o rosto, como se quisesse esconder sua angústia, e exclamou:

— Meu Deus, não pode ser! Eu tinha esperança de que você me dissesse que eu estava enganada!

Luciana levantou-se e abraçou a mãe, dizendo:

— Não fique assim, mamãe, está tudo bem. Por enquanto não vamos falar nada para ninguém. Tudo será feito no momento certo. Eu e Fabiano já conversamos muito sobre isso.

Sem conseguir controlar as lágrimas, Rita levou a filha até o sofá, onde ambas se sentaram.

— Você não entende, Luciana? Essa relação não pode continuar.

— Mas, mãe, nós nos amamos, que mal há nisso? — questionou a moça com a voz começando a ficar embargada pela emoção.

— Será que você está tão cega de amor que não consegue perceber o perigo da situação? Essa atitude de vocês pode ter consequências muito graves para todos nós.

— Acho que a senhora está exagerando. O sr. Arthur vai nos apoiar, com certeza, até Fabiano acha isso; ele sempre gostou muito de nós e não é um homem que carregue em si qualquer tipo de preconceito.

Rita sentiu um grande desânimo por não conseguir fazer a filha entender, mas não desistiu:

— Está certo, vamos supor que nosso patrão realmente não se oponha... mas e Laís?

Luciana respondeu com a voz carregada de raiva:

— Essa Laís não tem de se meter na nossa vida! Fabiano disse que não vai permitir...

— Ela é que não vai permitir que a filha da empregada seja vista como a namorada do seu enteado. Jamais vai aceitar que a sociedade saiba disso, você não entende? E como já falamos antes, ela consegue o que quer do marido, não se iluda.

Luciana agitou a cabeça negativamente e começou a andar de um lado a outro da sala, muito nervosa:

— Mãe, eu confio em Fabiano; ele vai me proteger e proteger nosso amor.

Voltou a se sentar próximo à mãe, segurou suas mãos, e suplicou:

— Por favor, fique do nosso lado. Com o seu apoio tenho muito mais forças para lutar caso essa mulher queira nos criar problemas. Mas isso não vai acontecer; ela está muito ocupada com sua vida social, não vai querer se aborrecer.

Rita deu um profundo suspiro e concluiu que não conseguiria fazer Luciana repensar suas atitudes.

— Vou rezar, minha filha, rezar muito por todos nós.

Quando foi se deitar, Rita sentia o coração carregado de aflição. O corpo não relaxava, revirava-se na cama repassando mentalmente a conversa que tivera com a filha, as ameaças e humilhações de Laís e as trocas de olhares entre os dois jovens apaixonados. Pediu a Deus que Luciana mudasse o rumo de sua vida. Depois de algum tempo, a oração acalentou sua alma e ela conseguiu adormecer. Durante o descanso de seu exausto corpo carnal, o espírito de Rita, sentindo que os laços que o prendiam à sua forma física estavam mais relaxados, desligou-se da matéria e chegou a um belo jardim, coberto pelas folhas de outono, muito amplo. Parecia infinito e completamente deserto. Um rio descia suavemente por várias pequenas quedas d'água e era impossível descobrir onde seria seu destino. O espírito de Rita sentou-se em uma pedra à beira do rio e, em seguida, ela sentiu uma presença se aproximando suavemente e parando à sua frente. Havia a energia da amizade por toda parte e Rita limitou-se a olhar com ar questionador e cansado. Júlia era mentora de Rita e estava ali para aliviar seu coração. Dirigindo-se a ela com muito amor, explicou:

— Rita, você precisará ser forte e confiar na Providência Divina! Ainda existe um longo caminho a percorrer, e sua alma, possuindo mais sabedoria, terá de amparar os mais fracos. Sua força será seu alicerce e o bálsamo para as feridas daqueles a quem você ama. A maldade está sempre à espreita e você terá de confrontá-la com coragem, orando sempre para que os seus sigam o caminho do bem e trabalhem na construção da paz. As maiores provações ainda estão por vir, mas confie sempre buscando na oração as forças necessárias! Nunca esqueça de que ninguém é vítima e só passa por aquilo que precisa para aprender a ser melhor e mais feliz. Fique em paz!

Naquela noite, a mansão da família Gouveia Brandão estava quieta como o ar que antecede uma tormenta.

*

Laís andava inquieta havia algum tempo. Tudo a irritava profundamente. Não conseguia mais passar tantos momentos ao lado de Fabiano e Arthur, que teve seu humor alterado por conta dos problemas da empresa. Apesar disso, ele tentava acalmá-la; porém, ela estava sempre com uma expressão tensa no rosto. Nada havia abalado a sólida estrutura financeira da família e isso já era razão de certa tranquilidade. Mas o que a estava incomodando de verdade era a mudança de hábito de Fabiano. Nos raros encontros que passaram a ter, ele ficava sempre com o pensamento distante e já não era uma companhia divertida. O rapaz saía bastante, e Laís constatou que ele não estava frequentando a Hípica nem os outros locais onde antes costumava encontrar os amigos. Inclusive, vários deles ligaram para a casa da família querendo notícias do rapaz.

A situação estava deixando Laís muito intrigada. Dessa forma, ela decidiu averiguar. Não adiantava fazer uma abordagem direta a Fabiano porque ele não iria se abrir com ela; a intimidade que existia entre eles não chegava a esse ponto. Contudo, ela estava determinada e, no momento certo, iria agir.

Laís, então, passou a viver em função das ações de Fabiano. Via sempre a hora em que ele saía, anotava os horários de chegada, tentava identificar qualquer pista nas conversas, principalmente que aconteciam durante as refeições, mas ainda não havia conseguido descobrir nada.

Certa noite, ela e Arthur estavam no jardim se preparando para pegar o carro para se dirigirem a uma grande festa da alta sociedade, quando Laís viu Luciana caminhando em passos apressados pela passagem lateral rumo ao portão que dava para a rua. A moça seguia rente ao muro, os braços apertadamente cruzados em frente ao corpo e a cabeça baixa. A pouca luminosidade naquele trecho do terreno fazia com que sua figura fosse quase imperceptível e ela ia se esgueirando por trás das inúmeras árvores. Laís franziu o cenho achando a atitude da empregadinha estranha. Ao voltar-se para o marido deparou com Fabiano, que estava ao lado do pai, e que sem notar que a madrasta o observava, também acompanhou a namorada com o olhar e, em seguida, conferiu a hora no relógio de pulso. Apressou-se em se despedir de ambos e foi para a garagem pegar seu carro.

Arthur abriu a porta para que Laís se acomodasse no banco dianteiro do sedã importado do casal e assim ela fez, mas não tirava os olhos do espelho retrovisor aguardando a saída de Fabiano. Mas ele não saiu. Intrigada e já desinteressada da festa, acompanhou o marido, mas passou a noite toda pensando se estava fantasiando a situação.

Não voltaram tarde. Arthur estava bastante cansado. Quando ele ia subir para a suíte, a mulher parou no meio da sala.

— Você não vem, querida? — perguntou Arthur.

Ela estava soltando os cabelos que estavam presos em um belo rabo de cavalo e respondeu com indiferença:

— Não, meu querido, não vou agora. Estava muito barulho naquela festa e quero relaxar um pouco antes de subir e me deitar.

— Por que não vem comigo e toma uma ducha quente, vai lhe fazer bem. Se quiser, peço para Rita preparar um chá para você.

A simples menção do nome de Rita foi suficiente para deixá-la exasperada.

— Não, por favor, de forma alguma vou incomodar ninguém a esta hora. Vou lá fora um pouco, o silêncio e o frescor da madrugada serão suficientes. Pode ir dormir, você precisa descansar.

Realmente, Arthur queria subir o mais rápido possível e não esticou mais a conversa. A mulher sabia o que fazia e limitou-se a enviar-lhe um beijo de boa-noite, retirando-se.

Logo que se certificou de que o marido realmente havia se recolhido, Laís foi até a garagem e não encontrou o carro de Fabiano. Deu a volta na casa e se aproximou da casa de Rita. Tudo estava quieto e escuro. "Provavelmente as duas preguiçosas aproveitaram nossa ausência e foram dormir mais cedo. Com certeza deixaram algum trabalho por fazer. Mas amanhã dou um jeito nisso", pensou Laís, afastando-se e voltando para perto da piscina.

Entrou vagarosamente em casa e subiu até o quarto de Fabiano. Não medindo suas atitudes, entrou no quarto e acendeu apenas uma pequena luminária. Não queria chamar a atenção de ninguém sobre sua presença ali.

A mulher olhou tudo com atenção, mas o quarto estava impecavelmente arrumado. Começou a abrir algumas gavetas e a remexer o conteúdo com cuidado, até que encontrou um pequeno pedaço de papel que recendia a alfazema. Ele estava dobrado e havia uma marca de batom em um dos lados. Seu coração parecia que havia parado e ela quase não respirava enquanto abria a folha muito devagar. Era apenas um bilhete manuscrito, onde ela leu:

Meu amor, todos os nossos momentos estarão para sempre em minha alma; você tem feito de mim a mulher mais feliz do mundo. Seu amor me tornou uma mulher completa. Mesmo quando não estamos juntos, seu perfume está sempre impregnado em meu corpo, e é essa sensação que me faz ter paciência para aguardar nosso próximo encontro. Sei do imenso amor que você tem por mim e pode ter certeza de que é igual ao que tenho por você. Logo estaremos juntos para sempre. Amo-o demais. Da sempre sua...

Não estava assinado. Sentindo um calor de cólera subir-lhe pelo rosto, Laís amassou o papel com tanta força que suas unhas deixaram marcas na palma de sua mão. "Quem será essa vagabunda que está envolvida com Fabiano?", questionou-se Laís, tendo em fração de segundos tentado repassar nomes e imagens de todas as garotas da alta sociedade das quais se lembrava. Mas não conseguiu ligar as saídas dele a nenhuma, pelo menos de imediato.

Caminhou pelo quarto e releu várias vezes o bilhete. Pensou em colocá-lo novamente na gaveta, mas estava muito danificado e resolveu levá-lo com ela. Se Fabiano desse por falta com certeza falaria alguma coisa e ela poderia usar isso para tentar saber quem era a mulher.

Dirigiu-se para a sua suíte, onde Arthur já dormia profundamente. Resolveu tomar uma ducha quente. E também se serviu de um comprimido calmante. Estava se sentindo um pouco melhor, mas não conseguia parar de pensar que Fabiano estava envolvido com alguém, e que parecia ser uma relação já de algum tempo. "Mas porque ele não comentou com ninguém? Será que Arthur sabe e também não falou nada para mim? Que motivos teriam para me esconder um fato tão simples?", questionava-se sem cessar.

Ouviu de repente o barulho do carro de Fabiano entrando no jardim. Ela rapidamente foi até a janela, e, por uma fresta da cortina, ficou observando o carro passar. Havia muito ódio e ciúme no ar, mas Fabiano nem desconfiava.

sete

Uma noite maravilhosa

Depois daquela noite, Laís se tornou uma mulher obcecada. Não teria sossego enquanto não descobrisse com quem Fabiano estava tendo um caso. Seu humor ia de mal a pior e quase não conseguia dissimular quando estava ao lado do marido.

Sempre tivera um temperamento intratável quando era ela mesma, mas agora estava se tornando insuportável ao lidar com os empregados... principalmente com Rita.

— Empregada, onde está Fabiano? Sabe aonde ele foi?

— Não sei não, senhora — respondeu Rita de cabeça baixa.

— Você é uma inútil, mesmo! Suma da minha frente! AGORA!

Rita desapareceu num piscar de olhos. Quanto mais se mantivesse afastada da patroa, melhor — atitude seguida à risca por Luciana.

Laís andava de um lado ao outro da casa impaciente; o tempo estava passando e ela não descobrira nada. De repente, foi arrebatada de seus pensamentos pela entrada apressada de Fabiano. Ela se refez rapidamente de sua expressão colérica e foi até ele:

— Oi, Fabiano, que bom que chegou — disse externando toda a simpatia e graça que pôde arrancar do seu íntimo.

— Oi, Laís, tudo bem? Desculpe mas não podemos conversar agora.

— Ora, por que não? Vamos tomar um café.

— Sinto muito, mas não vai dar; tenho um compromisso e já estou atrasado. Ainda tenho de fazer uma ligação.

Atenta a qualquer coisa que pudesse lhe oferecer uma pista, Laís fingiu-se conformada:

— Realmente é uma pena; gostaria muito de conversar um pouco, relaxar...

O rapaz, quase sem olhá-la, e sem lhe dar muita atenção, pegou alguns documentos e disse:

— Preciso ir, depois nos falamos. — E saiu, caminhando em direção ao escritório onde, deduziu Laís, ele iria fazer a tal ligação com mais privacidade.

Fabiano entrou e fechou a porta atrás de si. Pensando rapidamente, Laís saiu pela porta principal e foi sorrateiramente até a janela do escritório que dava para o jardim; a cortina agitava-se mostrando que a janela estava entreaberta. Olhava atenta em volta, pois não queria ser surpreendida naquela situação por nenhum dos empregados, mas logo voltou sua atenção para a voz de Fabiano que chegava nítida até ela.

— Alô, oi meu amor desculpe a demora — falou o rapaz carinhosamente sem sequer supor que estava sendo observado. — Sim, eu sei. Preciso passar na Hípica para pagar o funcionário que cuida dos cavalos, ele me pediu um adiantamento e meu pai já me deu o dinheiro. Depois poderíamos nos encontrar num lugar muito gostoso que inaugurou há pouco tempo. Encontro-a lá quando sair do clube. Anote o endereço.

Laís aguçou a audição para não perder nada, e, mentalmente, foi repetindo o endereço.

— Está certo; em uma hora mais ou menos nos encontramos.

Ao ver Fabiano terminar a ligação, Laís correu em direção à piscina e quando ele estava de saída só a viu caminhando de volta para a porta principal. Acenou e se despediu. Assim que o carro cruzou o portão, ela correu e entrou em casa afobada. Subiu para a suíte, pegou sua bolsa e quando descia as escadas correndo, deparou com Rita chegando à sala de visitas.

— A senhora está de saída?

— Não é da sua conta! Vá trabalhar que é para isso que é paga!

E passou como um tufão em direção à garagem. Pegou o carro e saiu cantando os pneus em direção ao local citado pelo enteado.

Era um restaurante pequeno, com várias mesas num jardim muito bonito e bastante arborizado. Já era fim de tarde e as luzes estavam começando a ser acesas. Eram em tom amarelo e davam uma atmosfera bastante bucólica ao ambiente. Àquela hora, o local ainda estava relativamente vazio e Laís não identificou ninguém que pudesse ser a companhia de Fabiano. Esperava que o encontro não fosse nas mesas da parte interna do restaurante, o que iria dificultar seu objetivo. Um tempo interminável se passou até que Laís reconheceu o carro de Fabiano chegando. Ela estava estacionada a certa distância, o que lhe permitia ter a visão de toda a área externa, mas estava protegida por outras árvores e alguns carros. Ele parou na frente do restaurante, entregou as chaves ao manobrista, seguiu até onde ficavam as mesas e deu uma olhada em volta, dirigindo-se para a parte mais distante do jardim, mais ao fundo. Laís pôde ver quando ele se aproximou de uma moça que estava de costas. Ele se curvou, deu-lhe um beijo e se sentou.

A mulher não aguentava de tanta curiosidade, mas temia se aproximar e ser vista. Só lhe restava aguardar para aproveitar alguma oportunidade de ver a cara da moça. Não tirava os olhos do casal. Com aquela distância e a pouca luminosidade, por mais que se esforçasse não conseguia ver mais que o vulto do casal.

Ela estava cansada, irritada pela espera, mas ao mesmo tempo determinada a ir até o fim. Não tinha mais noção de quanto tempo havia se passado. Arthur já havia ligado para o seu celular, mas ela não o havia atendido.

Depois acabou por desligá-lo. Mais tarde, pensaria em uma desculpa para dar ao marido. Virou-se para olhar uma senhora que passeava com um belo cachorro bem ao lado do carro e quando voltou novamente o olhar, viu o casal chegando à calçada, abraçados. Fabiano fez sinal para que o funcionário fosse buscar seu carro. Ela chegou o rosto para a frente, quase encostando no para-brisa. Viu quando a moça segurou o rosto de Fabiano, e com um grande sorriso deu-lhe um beijo ardente. Quando ela se virou para olhar algo que o namorado havia apontado, Laís sentiu que ia desfalecer. Luciana!

A madrasta de Fabiano apertou os olhos não querendo acreditar no que via. Mas estava claro, era ela mesma: a empregadinha!

O casal entrou no carro e saiu sem perceber a presença dela, que ficou imóvel sem conseguir esboçar nenhuma reação. Mas só até passar o impacto do primeiro instante. Logo em seguida, o profundo desprezo que ela já sentia por Rita e pela filha, transformou-se num ódio descontrolado. A fúria, acompanhada de uma indignação totalmente justificada para ela, enchia seu peito. "Eu não posso acreditar que isso esteja acontecendo! Como Fabiano, um rapaz de classe, boa educação, sofisticado, pode se envolver com uma pessoa dessa laia? Alguma coisa ela deve ter feito para forçá-lo a estar com ela", pensava incessantemente tentando digerir aquela situação estapafúrdia. "Com certeza Arthur não está sabendo de nada disso. Ele não admitiria tamanho despropósito; mas não é bom criar uma situação de enfrentamento... se eu falar com meu marido ficarei numa situação delicada e não me convém fazer intrigas... preciso pensar como agir; como descobrir a melhor maneira de colocar um fim nisso sem que Fabiano ou Arthur fiquem contra mim. Tenho de ter cuidado!"

A muito custo conseguiu se recompor, ligou o carro e foi para casa. Não viu mais Fabiano naquela noite e conseguiu manter a rotina ao lado de Arthur, que nada percebeu.

Na manhã seguinte, a família estava reunida para o café da manhã. Arthur havia dormido bem e estava bastante disposto:

— Meu filho, ontem nem nos vimos. Como foi o seu dia?

— Muito bom, pai. Fui à Hípica e paguei o cavalariço, à noite fui me divertir com meus amigos. Aliás, foi uma noite maravilhosa!

Laís estava bebendo seu café e apenas o olhou. Ela parecia uma figura de pedra, sem expressão alguma, tensa e calada.

Arthur continuou a conversa com o filho:

— Hum... noite maravilhosa... com os amigos ou alguma amiga especial? — disse o pai em um tom malicioso e divertido.

— Hahahaha, papai, você sempre acerta na mosca! Digamos que estávamos muito bem acompanhados! Um dia você vai ter uma surpresa — completou piscando para o pai.

— Será que, afinal, meu filho rebelde está apaixonado?

Sem que Fabiano tivesse tempo de responder, Laís tocou a sineta chamando por Rita. Quando ela chegou, a patroa falou baixo:

— O suco está quente; traga-me mais gelo depressa!

Pai e filho se entreolharam surpresos, pois não tinham a mesma opinião sobre a bebida.

— Querida, o suco está ótimo e na temperatura certa.

Ela engoliu em seco:

— Apenas prefiro mais gelado. A empregada sabe disso e sempre faz errado. Estou cansada disso.

Arthur tentou contemporizar:

— Meu amor, não fique tão exacerbada por uma bobagem. Estou achando-a muito nervosa e diferente.

A mulher se deu conta de que estava perdendo o controle e tentou restabelecer o equilíbrio:

— Desculpe, querido. As preocupações normais de todos os dias acabam me cansando, embora pareçam insignificantes.

— Noto que você não tem mais se distraído como antes; talvez esteja precisando sair mais, estar com suas amigas.

— Talvez tenha razão... — e como que por encanto, deu um sorriso e pareceu alegre novamente. — Já sei! Você me deu uma ótima ideia, querido. Vou fazer um grande lanche aqui em casa e receber minhas amigas.

— Ótimo, querida, vai ser muito agradável e você vai se distrair bastante.

— Fabiano, quero fazer uma grande reunião; algumas de minhas amigas têm filhas da sua idade, posso pedir que venham também! E você pode chamar as meninas da sua turma e seus amigos, o que acha?

— Isso, meu filho, Laís teve uma excelente ideia. Vocês podem organizar esse lanche na piscina. Faz tempo que não recebemos pessoas para uma tarde descontraída.

Fabiano, que observava toda a conversa calado, não havia gostado muito da proposta, mas para não deixar o clima tenso novamente, acatou:

— Está bem, pode ser divertido. Quantas pessoas devo chamar?

— Quantas você tiver vontade. Que tal trazer sua namorada? Nós gostaríamos de conhecê-la.

Arthur limitou-se a rir. Fabiano a olhou intrigado:

— Quem disse que eu tenho namorada?

— Você mesmo, agora há pouco falou para seu pai que ele teria uma surpresa!

— Ah — respondeu sorrindo —, eu estava apenas brincando. Não namoro ninguém nem tenho interesse em me prender agora.

Nesse exato instante Rita estava entrando na sala de jantar e ouviu o que o rapaz dissera. Laís olhou para Rita com desdém e falou novamente para Fabiano:

— Você está muito certo agindo assim. Existem muitas garotas fáceis e volúveis com quem os rapazes da sua idade podem se divertir sem ter de assumir nenhum compromisso — e olhou novamente com discrição para Rita, que sentiu seu rosto ruborizar. Na mesma hora Laís pensou: "Ela sabe! Essa desgraçada sabe de tudo!".

Arthur desaprovou o comentário da mulher:

— O que é isso, Laís? Você não deveria falar assim, não é certo.

— Ora, querido, que bobagem; somos todos adultos aqui e a verdade é essa mesmo! Não é, Fabiano?

— Não sei...

Rita colocou o gelo na mesa e já ia se retirar quando Laís falou gentilmente:

— Por favor, Rita, não se retire ainda, podemos precisar de algo.

E a empregada se colocou num canto da sala aguardando alguma nova ordem. Laís voltou-se novamente para os dois homens:

— Fabiano, deixe de vergonha. Todos sabemos que existem muitas garotas que só servem como passatempo e na verdade elas nem se importam com isso. Sempre tiram proveito da situação frequentando bons lugares, passeando muito, algumas até ganham vários presentes e até dinheiro — concluiu soltando uma risada.

Arthur estava incomodado com o rumo da conversa:

— Laís!

— Você vai me dizer que não é verdade? É até bom estarmos tocando nesse assunto com Fabiano; ele precisa estar precavido contra a investida dessas aventureiras — dizendo isso, apenas levantou o copo para que Rita servisse mais suco e sequer lhe dirigiu o olhar.

— Que bobagem, eu sei me cuidar, minha querida madrasta. E, além disso, não é com esse tipo de garota que eu me envolvo; sou vacinado!

— Cuidado, Fabiano; as mais espertas costumam ter cara de santinhas.

Arthur se levantou:

— Venha, Laís, leve-me até a porta; tenho de ir. Você vai sair, Fabiano?

— Vou, papai, mas daqui a pouco.

— Está bem. Tenha um bom dia, filho, e você também, Rita.

Nesse momento os olhares de empregada e patroa se cruzaram, e Rita sentiu que Laís a fulminou, cheia de ódio.

— Vamos, querida; acompanhe-me até o carro — e saiu conversando com a mulher em voz baixa pedindo que não abordasse mais aquele tipo de assunto.

Rita voltou para a cozinha e teve certeza de que uma tempestade se aproximava.

oito
Decepção

Os dias que se seguiram foram totalmente voltados aos preparativos da grande reunião em volta da piscina. Havia muito que Laís não se sentia tão animada. Queria uma comemoração em alto estilo e fazia questão de cuidar de todos os preparativos pessoalmente. Ligou para uma fina loja de salgados e doces e encomendou muitas tortas, bombons, canapés e dois bolos da mais delicada massa. Contratou um serviço só para cuidar das bebidas e um *DJ* para animar a festa com boa música. Por ser uma reunião descontraída ela não viu necessidade de contratar um bufê. Queria que os convidados tivessem liberdade de se servir à vontade.

Na véspera do evento, Laís resolveu ficar ao sol para estar com o bronzeado perfeito e fazer inveja às amigas. Enquanto se deliciava na piscina, chamou Rita:

— Tenho algumas determinações para amanhã e não vou admitir nenhum tipo de falha, certo?

— Sim, senhora. Tudo sairá como a senhora desejar.

— Ótimo! Como você sabe, não teremos garçons para fazer o serviço, então tudo tem de ser perfeito para que os convidados não sejam privados de conforto.

— Sim, senhora.

— Você terá de ficar atenta aos pratos que ficarem vazios para serem prontamente substituídos. E não quero nenhum dos pratos quentes esfriando à mesa. Eles devem ser servidos aos poucos, de modo que se mantenham sempre quentinhos e saborosos.

— Entendi, senhora; farei como quiser.

— Tudo, absolutamente tudo o que meus convidados pedirem terá de ser providenciado imediatamente.

Rita ouvia a tudo resignada e apenas concordava.

— E o mais importante: precisarei de uma pessoa que fique todo o tempo na piscina, de prontidão, para que o que for solicitado não necessite que eu tenha de chamá-la na cozinha.

Rita a olhou com um ar interrogativo:

— E a senhora contratou alguém? Eu precisarei ficar na cozinha organizando tudo.

Laís respondeu de forma displicente, como se sua resposta fosse óbvia:

— Claro que não vou pagar ninguém para isso. Possuo vários empregados. Quem vai exercer essa função será sua filha.

Rita arregalou os olhos e falou sem pensar:

— Luciana? Mas, senhora, ela faz outros serviços de limpeza, estuda e nesse dia estará se preparando para adiantar algumas matérias; ela nunca cuidou de servir ninguém, não tem experiência.

Laís estava tão feliz que nem se abalou. Apenas respondeu com frieza, mas sem se irritar:

— Será uma boa hora para ela aprender. Afinal, esse é o futuro que a espera, e quem sabe consegue ser melhor serviçal que a mãe.

— Desculpe, senhora, mas minha filha tem mais estudo que eu. Será alguém na vida e terá uma profissão que a honre.

— Doce ilusão a sua; ela vai seguir seus passos e nunca vai deixar de ser uma empregadinha. É bom que se esforce pelo menos para ter alguma noção de como servir aos ricos como nós. Mas, enfim, ela vai ficar na piscina e terá de atender a todos os pedidos de meus convidados. Não importa o que ela terá de fazer para atendê-los, eles sairão daqui totalmente satisfeitos com o dia.

Rita não disse mais nada, porém seus olhos estavam marejados.

— Eu a quero com aquele uniforme amarelo-claro, a touca, os cabelos presos e nenhuma, absolutamente nenhuma, maquiagem. As unhas devem estar curtas, limpas e sem esmaltes. Entendido? Ela vai servir e não desfilar, e a quero impecavelmente asseada. Ela só deve se dirigir aos convidados se for solicitada e se limitar a responder às indagações deles. Não deve puxar conversa nem emitir opinião sobre nada. Ela foi mal-acostumada pelo meu marido e pode, por alguns momentos, esquecer qual o lugar dela nesta casa. É bom que você a lembre antes, e, se necessário, durante a reunião. Não vou tolerar nenhum abuso da parte dela. Agora pode ir. Não quero mais ser incomodada. Tudo o que havia para ser dito já foi.

No fim do dia, Rita teve a difícil missão de explicar à filha que, como era de se esperar, não reagiu nada bem:

— Mãe, não vou aguentar isso. Ela está fazendo para me humilhar. Imagina, eu servindo as amigas e os amigos de Fabiano! Quando ele souber não vai permitir.

— Luciana, acorde, minha filha! Ela nem sabe que vocês namoram. Você acha que ele vai chegar agora e falar com ela sobre isso? E estragar a festa com a qual até o sr. Arthur está animado?

— Ele pode não falar sobre nosso namoro, mas com certeza vai dar um jeito de evitar essa situação. Ele me ama e vai me proteger.

— Minha filha, eu mal tenho dormido de tanta preocupação com tudo isso. Sempre confiei em você e sempre fomos amigas; nunca fui severa e procurei resolver e lhe ensinar tudo nesta vida por meio da compreensão e o do diálogo. Mas agora estou lhe dando uma ordem e você não vai me desobedecer: faça como ela quer e ponto final!

Luciana se surpreendeu com a atitude da mãe que nunca falara assim com ela, e ainda tentou argumentar novamente. Precisou apenas mais um olhar severo da mãe para que ela se calasse definitivamente.

A moça tentou em vão falar com Fabiano ainda antes de ir dormir, mas naquela noite ele ficou reunido com o pai e Laís até muito tarde, todos conversando animadamente sobre assuntos diversos e leves. Estavam todos felizes... apenas Luciana chorava.

Logo que acordou na manhã seguinte, pulou da cama e sem tomar café, apressou-se em se vestir para tentar falar com o namorado antes que fosse requisitada para algum serviço. Quando saiu de casa deu de cara com Laís caminhando na sua direção trazendo algo nos braços. Luciana ficou estática e a patroa se aproximou com um sorriso:

— Que beleza! Acordou disposta para o trabalho, assim que eu gosto de ver. Muito bom porque resolvi trazer seu uniforme pessoalmente para me certificar de que você não irá se esquecer de usá-lo.

Assim, estendeu o uniforme impecavelmente passado por Rita na noite anterior e deixado em um cabide na lavanderia. Quando Luciana, tremendo, preparou-se para pegá-lo, Laís, encarando de modo firme a moça, começou a amassá-lo, esfregando a peça de roupa entre as duas mãos e fazendo dela um pequeno conjunto disforme de tecido. Luciana a olhava absolutamente chocada.

— Ah, que pena! Nem reparei que ele não estava em condições de ser usado... mas você dará um jeito nisso com certeza — disse Laís quase não conseguindo conter o prazer daquele momento — volte para casa e passe muito bem esse uniforme e depois se apresente a mim com ele. Se eu achar que não está bom, vai voltar e passar novamente até que esteja adequado.

Falando isso, atirou a roupa no rosto de Luciana e voltou para casa calmamente.

Luciana entrou em casa, mas desta vez não chorava. Se Laís a odiava, o ódio que despertou em seu coração não era menor. Nunca conseguira entender por que aquela mulher tratava a ela e a mãe daquela forma. Não haviam feito nada contra ela e sempre a respeitaram. Devia ter inveja da forma como ambas eram queridas por Arthur e Fabiano. Só podia ser isso. Mas ela estava saturada. Assim que estivessem novamente sozinhos ela contaria tudo ao namorado. Confiava no amor dele e essa perseguição tinha de acabar. Não diria nada de suas intenções para a mãe evitando que ela interferisse e a impedisse de seguir com suas intenções.

Laís ocupou Fabiano a manhã toda com o pretexto de ajudar o DJ a selecionar as melhores músicas. Ele ainda nem sabia que a namorada serviria na festa. Estava tranquilo e feliz fazendo algo que lhe agradava. Dessa forma, ela conseguiu evitar que ele e Luciana se encontrassem pelos cantos em algum momento.

Luciana, como havia sido determinado, foi à procura de Laís para apresentar-se com o uniforme passado. Rita viu e não entendeu o que havia acontecido, mas percebeu que a roupa não estava como ela havia deixado.

— Senhora, já passei o uniforme. Veja como está — disse Luciana sem abaixar a cabeça.

— Hum, poderia estar melhor! Você tem muito que aprender. Mas paciência, os convidados já estão para chegar e não temos mais tempo. Deixe-me ver essas mãos... ok... o cabelo em ordem e sem maquiagem. Tudo certo! Semana que vem você vai ficar responsável por passar sozinha toda a roupa da casa. Com certeza vai aprender como se faz. Agora vá! Em vinte minutos eu a quero pronta na piscina e com uma cara melhor do que essa que está fazendo agora... achou que eu não perceberia? — e saiu vitoriosa.

Fabiano estava ao lado de Laís recebendo os convidados. Arthur só poderia chegar mais tarde, pois tinha muitos compromissos no trabalho, mas prometeu que participaria da alegria de todos.

As amigas de Laís chegaram animadas, com grandes chapéus de sol, sandálias altas, roupas de banho elegantes e muitas joias, tudo um tanto exagerado para a ocasião. As jovens vinham sorridentes ao encontro de Fabiano, cobrindo-o de abraços e beijos afetados. Ele se envaidecia com tudo aquilo. Somente quando todos já haviam chegado é que ele reparou em Luciana. Estava com um ar triste vestida naquele uniforme amarelo-claro, aquela touca escondendo os cabelos que ele tanto gostava. Permanecia em pé, os braços esticados e rijos ao lado do corpo, fisionomia contraída e sozinha, perto de uma grande mesa servida com todas as iguarias mais saborosas. Teve ímpeto de ir até ela, estava chocado, mas Laís estava firme em sua resolução de evitar que os dois se aproximassem e, habilmente, levou-o para perto das meninas, que o conduziram animadamente para dentro d'água.

Algumas amigas de Laís não chegavam a ser cruéis como ela, mas eram igualmente preconceituosas e pedantes, passando conceitos distorcidos também para as filhas. E era com elas que Laís queria ficar. Seria perfeito.

Sentaram-se a uma mesa, num grupo de quatro pessoas, e conversavam animadamente quando uma das amigas falou:

— Esse *cocktail* está divino; acho que vou até o bar pegar outro.

— De jeito nenhum, querida — disse Laís com satisfação —, fique aí confortavelmente sentada que peço para providenciarem para você. — Virou-se para Luciana e fez um discreto sinal que foi imediatamente atendido. — Providencie outro *cocktail* para a madame.

Luciana assentiu positivamente com a cabeça e ia saindo quando Laís a chamou de volta:

— Você deve sempre dizer "sim, senhora" esqueceu? — falou Laís sem disfarçar para as amigas.

— Desculpe, senhora, já vou providenciar — e falando isso, Luciana saiu bufando de raiva.

— Minhas amigas me desculpem, mas essa garota é filha da empregada que trabalha há muitos anos nesta casa. Estou preparando-a para ocupar o lugar da mãe. Sabem como é, temos de ensinar tudo, elas não fazem nada direito.

Todas concordaram de forma enfática.

— É verdade, hoje está muito difícil conseguir uma boa empregada — disse uma.

— Temos de ensinar tudo e elas geralmente ainda são mal-agradecidas — disse outra.

Luciana voltava com a bebida quando ouviu de Laís:

— E você, Vera, já desistiu de casar sua filha Laura com Fabiano?

— De jeito nenhum — respondeu a amiga rindo também —, ainda vou conseguir unir esses dois. Você sabe, eles já tiveram um namorico no passado e tenho certeza de que ainda se gostam.

— É verdade, sabe que também acho? Olhe como os dois estão se divertindo e são afetuosos um com o outro — provocou Laís sem ainda pegar o copo que Luciana trazia, forçando-a dessa forma a ficar ali em pé ouvindo a conversa.

A moça olhou em direção à piscina e viu que elas falavam a verdade. Fabiano e Laura estavam se divertindo de forma carinhosa demais, e isso a magoou profundamente. Parecia que ele nem se lembrava de que ela estava ali.

Laís continuou:

— Nunca lhe falei, mas eu e Arthur fazemos muito gosto nesse namoro. Laura é uma menina linda, educada nos melhores colégios, tem muito bom gosto e formarão um lindo casal que resultará em belos filhos, com certeza.

Luciana estava a ponto de fugir dali, e o teria feito se não tivesse pensado na mãe e no que essa atitude iria causar. Tentou interromper a conversa para servir a bebida, mas foi agressivamente mandada aguardar e não interromper.

E Laís continuou:

— Vai ser muito bom para o meu enteado assumir de uma vez esse amor. Ando preocupada com ele; vocês sabem, o mundo está cheio de garotas sem moral, loucas para darem o golpe num moço bonito e rico como Fabiano.

Às vezes, por ingenuidade, eles acabam se envolvendo com alguma assim. Mas eu jamais permitirei isso, e Arthur também não. Esses tipos de garotas além de vulgares, são sempre de classe inferior, e é nosso dever mantê-las longe de quem amamos, não é?

Nesse momento, Luciana deixou a bandeja cair bem aos pés de Vera.

Laís levantou-se num movimento rápido ao ver a cara assustada de sua amiga diante do copo quebrado que lhe cortara um pouco o pé, mas muito de leve, sem gravidade. Virou-se para Luciana revoltada:

— O que há com você? — falou quase gritando. — Como se atreve a ser tão descuidada? Vá agora mesmo pegar um pano e volte aqui para limpar tudo isso.

Luciana saiu e voltou correndo. Laís ainda a esperava de pé:

— Recolha esses cacos e seque os pés de minha amiga com essa toalha! Vamos, mexa-se.

— Laís, você devia demitir essa criatura — disse Vera indignada estendendo o pé para Luciana. — Menina, cuidado para não me ferir e piorar a besteira que fez.

— É o que estou pensando em fazer; gente assim não tem conserto.

Luciana estava ajoelhada limpando tudo e as lágrimas vieram aos seus olhos, mas eram de revolta. Todos a olhavam naquela situação humilhante; ela preferia morrer a passar por aquilo. Quando procurou por Fabiano, percebeu que ele havia visto tudo, mas sequer foi acudi-la. Ela estava arrasada.

*

Os últimos convidados saíram quando já havia anoitecido. Laís ainda expôs Luciana a várias situações constrangedoras, inclusive fazendo-a servir Laura por diversas vezes. Arthur chegou a tempo de participar da confraternização, mas com sua presença, Laís se conteve e preferiu manter distância de Luciana.

Fabiano estava penalizado em ver sua amada naquela situação, mas não poderia tomar partido da empregada ou defendê-la diante de todos. O que iriam pensar? E Laís? Na certa ficaria furiosa com ele. Naquele momento não havia nada que pudesse fazer para ajudar a namorada; depois pensaria em alguma coisa. Concluiu que só lhe restava aproveitar a festa, e sua forma de evitar a dor que a situação lhe causava foi fingir para si mesmo que nada estava acontecendo. Dessa forma, desviava o olhar da namorada durante todo o tempo. Ela percebeu que Fabiano estava se divertindo e, embora o percebesse constrangido em alguns momentos, a indiferença dele a feriu como nunca havia imaginado.

Quando todos os convidados se foram, Arthur subiu para tomar um banho. Vendo-se a sós com a madrasta, Fabiano arriscou:

— Laís, por que você colocou Luciana para fazer o serviço na piscina?

Ela estava recolhendo algumas peças de decoração e respondeu com indiferença:

— Porque ela trabalha na casa e eu precisava que alguém assumisse essa função.

— Mas poderia ter contratado alguém com mais experiência.

— Fabiano, daqui a alguns anos Rita estará mais velha e terá dificuldades de arcar com todo o serviço de forma eficaz. Apenas a estou treinando para que a substitua. Melhor que seja alguém que já conhecemos.

— Mas Luciana está estudando, não creio que vai ficar trabalhando como doméstica o resto da vida.

Laís largou o que estava fazendo e o olhou de forma complacente, prosseguindo:

— Fabiano, você realmente acredita que essa moça vai seguir alguma outra profissão de sucesso? Vamos ser realistas! Por mais que ela estude, sua origem faz dela uma pessoa com muitas limitações, inclusive intelectuais.

O rapaz ficou assombrado com a opinião de Laís, mas nada falou. Ela continuou:

— Tentamos ser generosos com pessoas de classes sociais inferiores, e devemos mesmo ser assim — falou isso sentindo o estômago embrulhar —, mas temos de estar cientes de que elas estão no mundo para nos servir. Você consegue imaginar por um minuto essa moça se transformando em uma grande empresária como seu pai? Ou uma renomada advogada? Quem sabe uma médica pesquisadora internacionalmente reconhecida? — o olhar de Fabiano deu a ela a certeza de que tinha atingido o alvo.

— Mas existem pessoas de origem humilde que chegam a ficar muito ricas.

— São raríssimas exceções, e geralmente são homens que aprendem na prática a arte de ganhar dinheiro. Começam muitas vezes como mascates e chegam a grandes comerciantes. Não perdem tempo com livros e estudos; trabalham duro para juntar fortuna.

O rapaz olhou pensativo para o lado e concluiu que ela tinha certa razão.

— Você há de convir, Fabiano, que isso não se aplica a essa moça. E na nossa sociedade existem alguns fatores essenciais para que possamos fazer parte dela e construir nossa fortuna: inteligência e cultura são apenas uma parte; é preciso ter elegância, carisma, classe, traquejo social e saber fazer o dinheiro se multiplicar. E, seja honesto, ela não tem a menor possibilidade. Portanto, é melhor que se empenhe em aprender seu ofício para se tornar uma excelente empregada, pois terá trabalho até o fim da vida, como a mãe.

Fabiano estava confuso e chocado, não sabia o que pensar. Ao mesmo tempo em que concordava em muitos pontos com Laís, amava Luciana e acreditava que com ela seria diferente. Mas... e se não fosse?

— Preciso subir. Até mais tarde — ele saiu cabisbaixo em direção ao seu quarto.

Laís caminhou até um grande espelho que havia na sala e se admirou. Estava mais bela que nunca. Talvez fosse a felicidade que sentia. Sorriu para si mesma com ar radiante e pensou: "Será muito mais fácil do que imaginei!".

Luciana estava sentada sozinha no jardim, exausta de corpo e alma. Não conseguia mais chorar, apenas sentia um grande vazio dentro do seu coração e a mente cheia de dúvidas. Nesse momento, Rita se aproximou:

— Minha filha, o que está fazendo aqui sozinha? O dia ainda não acabou! Dona Laís dispensou o jantar, mas disse que ela, Arthur e Fabiano ainda farão um lanche juntos mais tarde, provavelmente para fofocar sobre a festa e os convidados.

— Estou muito cansada, mãe; foi tudo tão difícil... a senhora nem imagina as coisas horríveis que ela me fez passar diante de toda aquela gente rica e esnobe.

— Nós já sabemos como ela é, parece que não tem coração! Mas amanhã você já terá esquecido isso. Minha querida, sei do que estou falando. Já passei toda sorte de privações e humilhações nesta vida, e não estou aqui? Sou feliz, tenho meu trabalho e uma filha maravilhosa. Você vai superar também.

— Deus queira que a senhora esteja certa... porque neste exato momento, se eu pudesse mataria essa Laís.

Rita estremeceu:

— Nunca mais repita isso, minha filha; você iria acabar com ela, mas destruiria sua vida. Pelo amor de Deus, prometa que nunca mais pensará numa coisa dessas.

Luciana suspirou, e, querendo tranquilizar a mãe, completou:

— Desculpe, mãe, a senhora sabe que eu não seria capaz. Falei apenas motivada pela raiva.

Rita se sentiu aliviada:

— Melhor assim, querida. Agora vamos entrar que logo vão me chamar para servir o lanche.

Uma hora depois, a família estava novamente reunida na varanda. Procuravam repetir esse ritual todas as noites. Nem sempre podiam estar juntos em todas as refeições, então Arthur gostava de passar alguns momentos com a esposa e o filho no fim da noite, antes de se recolherem para dormir.

Fabiano já havia esquecido a conversa que tivera com Laís e estava novamente animado. Começaram, como Rita havia previsto, a falar da festa.

Laís puxou o assunto:

— A reunião foi uma beleza; há tempos não me divertia tanto! E todos saíram daqui tecendo apenas elogios.

— Realmente estavam alegres, comeram e beberam muito também — interveio Fabiano rindo.

— São pessoas ricas, mas adoram se fartar nas festas, parece até que não têm comida em casa — falou Arthur em tom reprovador.

— O que é isso, querido? Não é bem assim. Acontece que nas festas sempre temos oportunidade de experimentar novos sabores, sempre aparece alguma novidade. E quem não gosta?

— Querida, vamos ser francos: algumas de suas amigas são insuportáveis — falou o marido às gargalhadas — parecem um bando de peruas que economizam na comida para gastar em joias; por essa razão ficam famintas e aproveitam as festas.

Fabiano e o pai não conseguiam parar de rir e Laís sentiu-se um pouco ofendida.

— Você está sendo injusto, meu amor, elas são boas pessoas.

— Desculpe, meu amor, mas você sabe que nunca me agradou gente afetada. Os ricos com quem gosto de me relacionar são pessoas que trabalharam muito para construir seu patrimônio; não saem por aí gastando em futilidades nem querendo aparecer em colunas sociais. São discretos e têm bom gosto, preocupam-se com os que não tiveram oportunidades e até fazem parte de algum trabalho social. E algumas de suas amigas nem chegam perto disso.

Laís, entediada com as palavras do marido e querendo mudar o rumo da conversa, chamou Rita; estava precisando se divertir um pouco:

— Traga mais alguns desses canapés, que estão deliciosos.

Quando Rita ia saindo para providenciar, Laís a interrompeu:

— Melhor, mande sua filha vir nos servir. Quero falar com ela.

Rita ia argumentar alguma coisa, mas calou-se. Fabiano sentiu um arrepio subir pela sua nuca e ficou tenso. Apenas Arthur agiu com naturalidade:

— Laís, está havendo algum problema com a filha de Rita? Eu estranhei ela estar atendendo os convidados.

— Está tudo bem, querido, hoje mesmo eu já expliquei a situação a Fabiano e depois explico para você também. Apenas estou querendo ajudar essa pobre moça.

Arthur franziu o cenho sem entender, mas deu de ombros e continuou conversando normalmente.

Quando Luciana se aproximou, vinha com uma expressão retesada e olhos sem vida. Laís estava disposta a representar como nunca:

— E então, minha querida, o que achou do dia de hoje? Pode falar o que quiser; estou aqui para ensinar--lhe o que eu puder. É importante saber como realizar da melhor maneira possível seu trabalho. Sabe que algumas amigas elogiaram sua postura? Claro, houve aquele pequeno incidente com Vera, mas logo foi esquecido.

Luciana sentia as palavras se acumularem em sua garganta; queria gritar, xingar, mas respondeu baixinho:

— Desculpe, senhora, mas esse não é meu trabalho. Estou estudando e terei outra profissão.

Laís deu um gole na sua bebida segurando o copo com tanta força que temeu quebrá-lo. A garota já estava sendo insolente aproveitando-se das presenças de pai e filho. Mas ela ia se arrepender, senão agora, quando as duas estivessem a sós.

Arthur interveio:

— Luciana, sei que está estudando e com certeza terá um futuro brilhante. Não se ofenda, eu entendo a boa intenção de minha mulher. Nada do que aprendemos na vida deve ser considerado descartável. Um dia, com certeza, teremos oportunidade de utilizar cada um dos ensinamentos que recebemos.

— Que bom que você me apoia e entende meus propósitos — disse Laís para o marido com voz suave.

Ele continuou:

— Por enquanto você apenas estuda, e agora está aprendendo coisas que poderá usar mais tarde em sua própria casa. Como servir, como receber, a forma correta de dispor uma mesa de refeições, de cuidar de uma casa...

enfim, quando você se casar terá condições de se colocar de forma correta em qualquer ambiente e todos a verão como uma moça de classe.

Fabiano não tinha coragem de dizer nada e fugia do olhar de Luciana. Ela ouvia tudo calada, gostava verdadeiramente do patrão, mas ao mesmo tempo pensava: "Como o sr. Arthur pôde cair nessa armadilha? Será que não enxerga quem é essa mulher?".

— Obrigada, querido, por me ajudar a fazer Luciana entender que quero apenas o melhor para ela. Fique aqui mais um pouco, menina. Podemos precisar de mais alguma coisa. Aproveite e, por favor, arrume melhor aquela mesinha ali no canto. Coloque os objetos como achar mais adequado. Tenho certeza de que acertará direitinho e isso vai lhe dar mais confiança — falou sorrindo, sentindo a mão de Arthur na sua em sinal de concordância. Virou-se para Fabiano:

— E você, hein, Fabiano? Todos notaram o clima entre você e Laura.

Arthur, sempre distraído questionou:

— É mesmo? Então a dona de seu coração é Laura? — falou satisfeito. — É uma linda moça. A mãe é meio esquisita, mas a filha parece boa pessoa — concluiu recebendo o olhar reprovador de Laís seguido de um sorriso.

Fabiano engasgou, tossiu e falou vacilante:

— Eu não namoro a Laura nem vou namorá-la. Somos apenas amigos.

— Vera faz muito gosto no casamento de vocês — insistiu Laís. — E Laura me confidenciou esta tarde que está ansiosa para que vocês retomem o namoro. E disse ainda que o achou muito carinhoso hoje, e isso encheu o coraçãozinho dela de esperanças.

— Ela disse isso? — disse Fabiano surpreso, logo se arrependendo.

Mas Laís não ia deixar passar essa chance:

— Viu como ficou interessado? Eu não disse, Arthur? Esses dois se amam, só falta Fabiano abrir a guarda e aceitar seus próprios sentimentos.

O rapaz estava nervoso, tentou olhar para a namorada, mas no local onde ela estava não conseguiria fazê-lo sem chamar a atenção. Luciana ouvia tudo e tremia de raiva. A mulher a estava provocando como se soubesse de seu namoro com Fabiano, mas isso era impossível, ela pensava. Não teria como Laís saber.

— Em breve você e Laura se entenderão, tenho certeza — continuou Laís dirigindo o olhar para Luciana —, e será uma alegria realizarmos o casamento de vocês. Formarão o casal mais elegante e lindo que já se viu — concluiu Laís triunfante.

Luciana a olhou e desabou no chão, desmaiada, levando com ela a toalha que cobria a mesinha e todos os objetos que estavam sobre ela e que se partiram em ruidosos pedaços por toda a parte.

nove

A revolta de Fabiano

Assustados, Fabiano e Arthur levantaram prontamente para socorrer Luciana. Laís permaneceu sentada sem entender o que havia acontecido. A moça permanecia desfalecida e Arthur achou melhor pegá-la no colo e levá-la até a sala de visitas, onde a colocou suavemente acomodada em um grande sofá. Laís acompanhou tudo sem se levantar nem se se dispor a ajudar. Já estava imaginando o que a empregada estava planejando com aquele "faniquito". Como o marido e o enteado não retornavam à varanda, ela decidiu verificar o que estava acontecendo. Encontrou Arthur sentado à beira do sofá, dando leves tapas no rosto de Luciana e esfregando seus pulsos na tentativa de reanimá-la. Fabiano correra para chamar Rita, que entrou com ele na sala, assustada. Laís ficou apenas observando a cena que considerou patética.

— Pronto, pai, aqui está Rita.

— Meu Deus, sr. Arthur, o que aconteceu?

— Não sei ao certo. Rita; Luciana estava bem, serviu-nos e foi cuidar de arrumar umas coisas bem ao nosso lado... de repente, desabou no chão.

— Minha Nossa Senhora, será que ela teve um mal súbito? Ela está respirando, doutor?

— Fique tranquila, não sou médico, mas posso ver que ela está bem, a pulsação está tranquila e a respiração normal.

Fabiano olhava a tudo sem saber o que fazer e, claro, não escapou ao olhar atento de Laís o nervosismo do rapaz.

Instantes depois, após aplicar uma toalha com álcool na testa da moça, Luciana começou a recobrar os sentidos lentamente. Olhava ao redor desorientada pelas imagens desfocadas que surgiam à sua frente.

Tanto Rita quanto Fabiano e Arthur sentiram-se aliviados ao vê-la se restabelecer. Apenas Laís se mantinha distante e indiferente, achando a atitude de Luciana de extremo mau gosto e muito teatral. Mais tarde, tomaria as devidas providências para que algo assim não se repetisse.

Arthur voltou-se para Rita:

— Isso já havia acontecido alguma vez?

— Não, senhor, essa menina sempre teve uma saúde de ferro — respondeu Rita.

— Acho que teremos de marcar um médico para ela; não podemos deixar de investigar a causa desse desmaio.

Ao ouvir isso, Laís bufou em desagrado com a excessiva atenção do marido com o caso, mas ninguém percebeu.

— Nossa, doutor, acha realmente necessário? Será que é algo grave?

— Não se assuste, Rita. Não estou dizendo que seja algo grave. Mas convém fazermos alguns exames só para nos tranquilizarmos. Na verdade, penso que tenha sido a emoção do dia, com tanta responsabilidade, novas atividades, deve ter ficado um tanto estressada.

Luciana aos poucos foi se levantando, mas ainda se sentia cambaleante. Fabiano se ofereceu para apoiá-la e acompanhá-la até sua casa onde deveria repousar. Laís ficou furiosa aos vê-los saírem acompanhados de Rita, mas Arthur se aproximou e ela teve de se conter.

— Que susto, meu amor! Fiquei realmente preocupado com o que houve, mas não quis transmitir essa preocupação para Rita — falou Arthur se recompondo.

— Deixe de bobagem, querido, essa juventude é fraca para o trabalho. Bastou que precisasse fazer tarefas de maior responsabilidade que desmontou desse jeito.

— Não diga isso, Laís, ela é uma boa menina e muito esforçada.

— Que seja! — disse Laís evitando prolongar a conversa. — Vamos, meu amor, vamos deitar. Agora está tudo bem.

Na casa de Rita, Fabiano colocou Luciana na cama e sentou-se ao lado dela enquanto Rita foi preparar um chá.

— Você está bem, amor? Sente-se melhor?

Luciana começou a chorar.

— Meu dia foi horrível e acho que você na verdade nem se importou com isso.

Fabiano ficou desconcertado:

— Não diga isso; eu estava sofrendo vendo você passar por tudo aquilo, mas não podia intervir.

— E por que não? Pensei que me amasse!

— É claro que eu a amo, mas pense bem, a festa era de Laís, se eu falasse alguma coisa ela poderia se irritar, e eu seria responsável por causar uma situação desagradável. Ela estava recebendo as amigas, estava feliz, eu não tinha esse direito.

— Mas ela tinha o direito de me humilhar, de ficar jogando aquela Laura em seus braços todo o tempo e me fazendo de empregada de vocês!

Fabiano acariciou os cabelos da namorada e disse com carinho:

— Vou dar um jeito nisso, acredite. Nunca mais vou deixar que você passe por algo semelhante. Não sei o que deu na cabeça de Laís, mas prometo que vou falar com ela e ela verá que se excedeu.

— Ela não vai ver nada, fez de propósito! Você não vê?

— Por que diz isso? Laís é um tanto esnobe sim, mas por conta da educação que recebeu. Ela jamais faria algo propositadamente para magoá-la.

Nesse momento, Luciana se deu conta de que a mãe estava certa: num confronto com Laís, elas fatalmente sairiam derrotadas.

Rita chegou com o chá e falou:

— Amanhã vou marcar uma consulta para você, minha filha.

— Não é necessário, mamãe, já estou bem, deve ter sido só uma queda de pressão. Já passou.

— De jeito nenhum, nós vamos ao médico e não se fala mais nisso. Não estou certa, Fabiano?

— Claro que sim, Rita, é preciso saber se foi só o estresse mesmo que a fez se sentir mal. Se vocês quiserem, eu as levo.

Rita virou-se para ele com seriedade, mas falando com ternura:

— Rapaz, eu praticamente o criei, e só Deus sabe o tamanho do carinho que tenho por você.

Fabiano assentiu com um sorriso e ela continuou:

— Você é um bom menino, só quero o seu bem, mas quero também o bem de minha filha.

Ele olhou para Luciana intrigado e ela fez-lhe um sinal indicando que a mãe já sabia de tudo.

— Luciana já me contou que vocês estão namorando...

— Rita eu queria dizer que...

— Não me interrompa, apenas ouça: eu quero que vocês dois sejam felizes, mas cada um tem de entender que essa felicidade não se encontra onde vocês a estão buscando. Pelo contrário, esse caminho que vocês escolheram pode trazer muito sofrimento.

— Por que, Rita? Meu pai vai nos apoiar quando souber.

— Meu filho, se você tem tanta certeza disso, por que ainda não contou a ele?

Fabiano ficou sem graça, não sabia o que responder. No íntimo, não tinha tanta certeza se o pai de fato iria apoiá-lo.

— Seu pai é um bom homem, mas também é um homem apaixonado. Dona Laís jamais vai permitir essa situação e ele com certeza não ficará contra ela, você entende?

— Meu pai não vai escolher ficar ao lado dela e contra mim.

— Fabiano, seu pai o ama muito, mas escolheu viver ao lado dela; que, com certeza, conseguirá convencê-lo a proibir esse namoro. Ele não fará por mal, mas seguirá com certeza os conselhos dela. Você não sabe como uma mulher consegue o que quer de um homem apaixonado! É muito jovem para entender esse lado da vida.

Luciana segurou a mão de Fabiano demonstrando desespero diante das palavras da mãe. O rapaz levantou-se e disse com firmeza:

— Vou resolver isso, na hora certa eu resolvo, podem estar certas.

Rita conformou-se:

— Faça como quiser. Mas estejam certos de que estarei aqui para apoiá-los caso precisem. E obrigada, Fabiano, pela oferta, mas vou sozinha com Luciana ao médico. Não convém que dona Laís o veja mais envolvido com esse incidente. Ela não vai gostar.

O casal apaixonado se despediu com um beijo e Fabiano se foi.

Na manhã seguinte, Arthur avisou Laís que Rita e Luciana se ausentariam na parte da tarde para irem ao médico. Ele mesmo havia tomado a iniciativa de marcar a consulta e isso deixou Laís mais contrariada, mas novamente foi obrigada a conter seus verdadeiros sentimentos.

Logo depois do café, Laís se encontrou com Fabiano que acabara de acordar e estava decidido a acompanhar mãe e filha ao hospital. Vendo-o, Laís questionou:

— E então, Fabiano, dormiu bem? Sonhou com Laura? — completou carregando a frase com intencional ar zombeteiro.

O rapaz limitou-se a lançar-lhe um olhar confrontador e passou por ela sem responder.

Denotando estar perdendo o controle sobre suas ações, Laís o seguiu insistentemente:

— O que há com você? Esqueceu sua boa educação? — falou mostrando autoridade e segurando o braço de Fabiano.

— Largue meu braço, agora! — Falou asperamente e quase gritando, mas em seguida baixou o tom de voz e continuou: — acho que está passando de alguns limites, madrasta. Não tenho gostado nem um pouco da forma como você tem me atirado para cima de Laura e como vem interferindo na minha vida.

Laís, diante da surpresa, ficou totalmente sem ação. Fabiano continuou:

— Eu nunca tive nada contra seu casamento com meu pai, e até simpatizo com você; mas realmente suas atitudes com relação a mim não estão me agradando. Deixe-me em paz, entendido?

— Você está realmente sendo grosseiro e estúpido! Deve ser influência de alguma má companhia, tenho quase certeza. Eu não admito... — mas foi interrompida novamente por ele:

— Como você não admite? Eu é que não admito que fale comigo nesse tom. Você é mulher do meu pai, mas isso não lhe dá esse direito, nem o direito de se intrometer na minha vida.

Laís estava pasma, mas lutou para manter a linha:

— Seu pai ficaria furioso se soubesse a forma como você está me tratando; isso é um desrespeito!

— E o que você vai fazer? Queixar-se a ele? — e a olhou com ar desafiador.

Laís pensou por alguns instantes. Não queria brigar com Fabiano. Ela o amava, desejava-o e agindo assim poderia afastá-lo ainda mais.

— Não, não vou falar com seu pai, não sou mulher de fazer intrigas.

— Então por que você trata tão mal Luciana e Rita?

— Eu as trato mal? Alguma vez você me viu fazendo isso? Ou elas é que estão fazendo algum tipo de intriga com você?

— Ninguém me disse nada, apenas vi sua indiferença e desdém ontem quando Luciana passou mal. Você sequer prestou algum auxílio.

— E por acaso era necessário? Você e seu pai logo se prontificaram a fazer tudo, ela não precisava de mim.

— Mesmo assim, você poderia ser mais gentil e amável.

— Não estávamos falando delas e sim de você — falou Laís já quase não conseguindo conter a indignação. — Não vamos brigar, Fabiano, não sei o que houve, mas parece que estamos todos com os nervos à flor da pele.

— Também não quero brigar com você, principalmente pelo meu pai. Mas então, por favor, não se intrometa mais na minha vida, isso eu não vou tolerar. E pense em tratar com mais delicadeza Rita e Luciana. Rita me criou e tanto eu como meu pai temos muita consideração e gratidão por ela. Papai é muito desligado, mas tenho certeza de que se ele perceber que você as trata de forma tão autoritária, também não vai gostar. Elas são como se fossem da família. Agora, preciso ir.

Fabiano afastou-se sem dar chance a Laís de retrucar. Ela estava repleta de ódio e o que pensara antes que seria fácil, mostrava-se agora com uma nova feição. Era a primeira vez que Fabiano falara com ela naquele tom, e isso só podia ser influência daquela empregadinha. "Ela está fazendo intrigas, na certa. Não deve ter falado nada diretamente, mas com certeza insinuou alguma coisa para que ele me tratasse dessa forma hoje", pensou Laís articulando um contra-ataque. "Elas vão me pagar caro!"

Enquanto Laís remoía seu ódio, não sabia que ao seu lado um vulto negro gargalhava e se alimentava de sua negatividade. Quanto mais ódio ela sentia, mais ele a influenciava enviando energias maléficas e perversas. Laís já tinha essa companhia havia muito tempo e não imaginava o quanto seus sentimentos ruins faziam ambos ficarem cada vez mais unidos.

Na parte da tarde, Rita e Luciana se dirigiram ao hospital, mas Rita, consciente de que agia certo, dispensou a companhia de Fabiano deixando Luciana triste. Quando o médico as recebeu, não estavam de forma alguma preparadas para o que iriam ouvir e que abalaria irremediavelmente a vida delas.

*

Luciana estava um pouco apreensiva com a consulta, mas Rita mostrava-se mais ansiosa. Temia pelo bem-estar da filha, da sua saúde, e a ideia de que ela pudesse estar com alguma doença grave deixava a mãe apavorada. A filha era tudo o que ela tinha na vida, e procurava, em vão, afastar esse temor da mente.

Médico e paciente ainda não se conheciam e como era de praxe na primeira consulta, ele fez um amplo questionário com as duas, querendo saber tudo sobre a saúde de Luciana, sua alimentação, e até seu estilo de vida.

Passada a etapa das perguntas, veio o momento do exame clínico. Luciana acompanhou a enfermeira para trocar de roupa e colocar o avental, enquanto o médico passava as últimas orientações para Rita, tranquilizando-a de que ele já percebera não ter nenhum mal grave afetando a moça.

Enquanto transcorria o exame, Rita aguardava rezando e pedindo a Deus que tudo estivesse realmente bem com a filha. Não teve de esperar muito e aproximadamente vinte minutos depois o médico voltou ao seu consultório e deparou com uma mãe aflita:

— E então, doutor, como está minha filha?

— Calma, dona Rita, como eu havia previsto, sua filha não está doente e não há nada de errado com ela.

— Graças a Deus! Então está tudo certo? Não é necessário nenhum medicamento, nada?

— Ela foi se trocar; tenho algumas recomendações a fazer, mas vamos aguardar que ela retorne.

Rita o olhou cismada, algo lhe dizia que não fora dito tudo. Quando Luciana entrou, sentou-se ao lado da mãe aparentando tranquilidade. O médico olhou para as duas e falou com muita calma:

— Como eu disse para sua mãe, sua saúde está ótima e não tem com o que se preocupar.

As duas se olharam, sorriram e respiraram aliviadas.

— Entretanto, preciso que me responda uma coisa: você é casada?

Luciana franziu a testa e respondeu:

— Não, por quê?

O médico olhou para Rita, que entendeu tudo e mordeu os lábios sem conseguir dizer nada. Ele olhou novamente para Luciana e falou:

— Você está grávida!

Luciana dirigiu ao médico um olhar surpreso, mas ao mesmo tempo interrogativo, e ele repetiu:

— É isso, moça; você está esperando um filho — enquanto falava o médico observava a reação de ambas. Seus anos de experiência lhe permitiam saber quando essa era uma boa notícia ou não.

Diante da confirmação dele, Rita começou a chorar e a murmurar um lamento misturado com uma prece, enquanto Luciana não conseguia saber se estava feliz ou apavorada.

— Você e o pai da criança mantém uma relação estável ao menos? Ele terá de saber!

Luciana se encarregou de falar porque Rita não conseguia dizer nada:

— Sim, quero dizer, nós somos namorados, isso é uma relação estável, não é?

O médico percebeu que estava diante de uma menina ingênua e despreparada:

— Vocês já namoram há muito tempo, suponho.

A moça meneou a cabeça em negativa, depois disse:

— Bem... não muito tempo, mas também nem tão pouco...

Realmente ali havia um problema, e o médico procurou falar com tranquilidade:

— Bem, vamos lá. Você é uma moça jovem e saudável e com certeza terá uma gravidez tranquila, sem nenhum problema. Mas o pai deverá estar ao seu lado, acompanhando cada momento. Você acha que será assim? Ele desconfia da gravidez?

— Não, nunca imaginamos que isso pudesse acontecer, pelo menos não agora, mas sei que ficará ao meu lado, nós nos amamos e ele ficará muito feliz com a notícia — dizendo isso, Luciana começou a sentir-se realmente animada.

Rita se limitou a abaixar a cabeça e passar as mãos pelos olhos mostrando que a realidade era muito mais preocupante.

O médico concluiu:

— Que bom que é assim! Uma gravidez saudável também requer um ambiente tranquilo e feliz. E mesmo que as coisas sejam um pouco difíceis às vezes, uma vida que está se formando é sempre motivo para muita felicidade. Agora vou lhe fazer algumas recomendações que você deverá seguir direitinho, principalmente nos três primeiros meses.

Quando estavam se levantando para saírem, Rita falou:

— Doutor, eu sei que o senhor é amigo do sr. Arthur, mas eu gostaria de pedir-lhe que não comente nada com ele por enquanto; ele praticamente viu Luciana nascer, e eu gostaria de dar a notícia pessoalmente.

— Fique tranquila, não comentarei nada. Quando ele me ligou falou da senhora e de sua filha com muito carinho, e sei da consideração que tem por vocês. Ele vai ficar feliz!

Rita agradeceu e seguiu Luciana, pensando que não tinha a menor ideia do que faria dali em diante.

— Mãe, isso não é maravilhoso? Eu, esperando um filho de Fabiano! Imagino como ele vai ficar feliz.

Diante do silêncio da mãe, ela continuou:

— A senhora não está feliz? Seu primeiro neto e filho do homem que amo!

— Luciana, eu não posso mentir para você, mesmo correndo o risco de acabar com a felicidade que está sentindo. Isso não poderia jamais ter acontecido!

— Eu sei, mãe, não era para ser assim, mas aconteceu e vai acabar facilitando as coisas. Tenho certeza de que o sr. Arthur vai adorar saber que terá um neto, e ficará mais fácil para que todos aceitem meu casamento com Fabiano.

— Alguma vez você e Fabiano falaram em casamento?

Luciana olhou para o lado pensativa:

— Não, quero dizer, assim diretamente não. Mas já fizemos muitos planos, sonhamos com o futuro... — e pela primeira vez ela se deu conta de que nunca haviam falado de futuro quando estavam juntos; mas não diria isso à mãe naquele momento.

— Temo que aconteça uma desgraça! Essa gravidez não poderia ter acontecido... vocês não deveriam ter se envolvido — disse Rita voltando às lágrimas.

Luciana ficou nervosa ao ver a mãe naquele estado:

— A senhora está sendo pessimista e me deixando com medo! Nada de ruim vai acontecer. O bebê vai chegar trazendo felicidade para todos nós, tenho certeza.

Rita tinha certeza de que não seria assim, mas não adiantava falar nada agora. Só rezaria para que as consequências fossem menos danosas do que as que ela tinha em mente.

Luciana estava agitada e ansiosa para estar com Fabiano. Quando voltaram para a mansão se dirigiram direto para casa, Rita se trocou e foi cumprir seus afazeres, pois já se ausentara tempo demais e Laís deveria estar impaciente. A filha foi se deitar um pouco e sonhar com a forma como daria a notícia ao novo papai. "Ele vai ficar emocionado", pensou fechando os olhos e acariciando o ventre.

Laís, vendo que as duas haviam voltado e que Fabiano estava ansioso só aguardando uma oportunidade para ir ter com Luciana, chamou o enteado simulando aflição:

— Fabiano, acabaram de ligar da Hípica. Parece que aconteceu algo grave com um de seus cavalos.

O rapaz, que adorava seus animais, olhou-a preocupado:

— Quando ligaram? O que houve?

— Não sei lhe dizer ao certo. Quem ligou estava apressado e pediu que lhe passasse o recado.

— Vou ligar para lá e saber o que está havendo.

Laís o deteve:

— Não, Fabiano, não perca tempo. É melhor ir logo para lá. Parece que foi coisa séria!

Ele relutou por uns instantes e disse:

— Você está certa; porque perder tempo ligando? É melhor ir logo.

Enquanto saía, pensou em Luciana, mas sabia que se tivessem alguma má notícia para dar, Rita já o teria chamado. Depois falaria com ela.

Laís viu o carro do rapaz cruzar o portão e sorriu satisfeita. Em breve Arthur estaria em casa e seria mais difícil Fabiano procurar por Luciana. Queria se certificar de que estava certa e que o desmaio da empregada fora apenas uma encenação. Dirigiu-se à cozinha. Ao vê-la, Rita estremeceu:

— E então, o que o médico falou? Que foi apenas um faniquito, não é? Aposto que sim!

Era preferível que a patroa achasse isso em vez de saber a verdade.

— Foi uma queda de pressão, senhora, apenas isso. E ela está um pouco anêmica, o médico disse que deve se alimentar melhor.

Laís deu de ombros:

— É assim mesmo, pobre faz qualquer coisa para fugir do trabalho. Onde está agora?

— Foi se deitar, mas só por alguns instantes, senhora; talvez tenha cochilado, o médico lhe deu um remédio e disse que era um relaxante capaz de fazê-la dormir um pouco.

Laís ficou olhando para Rita enquanto dedilhava na mesa da cozinha:

— Não estou com vontade de me aborrecer mais por hora! Deixe que ela descanse, não quero que me acusem de ser perversa; mas vou lhe dar um aviso: não vou admitir que ela fique fazendo corpo mole, bancando a debilitada, entendeu? Hoje vou deixar passar, mas amanhã quero que volte ao trabalho normalmente! — dizendo isso, retirou-se friamente, como sempre.

Rita sentiu-se fraca diante do que estava por vir. Sabia que era impossível as coisas se encaminharem para um final feliz. Ela não imaginava do que Laís seria capaz se soubesse a verdade. Previa muito sofrimento, temia pelo futuro, mas o mal estava feito. Em seu íntimo contava com a compreensão de Arthur, que sempre fora um homem justo. E Fabiano? Era tão jovem e irresponsável... será que teria condições de assumir esse filho? "O que será de nós?", pensou com um grande aperto no coração.

Quando a família se preparava para o jantar, Fabiano foi à procura de Laís, que já estava na sala de jantar com Arthur:

— Laís, o que aconteceu hoje? Quando cheguei à Hípica nada havia acontecido; todos os cavalos estavam bem, não havia nada de errado.

Ela olhou para o marido que não sabia de nada, voltou-se para Fabiano e, com ar de surpresa, falou:

— Como assim? Não estou entendendo. Eu mesma atendi a ligação e a pessoa parecia aflita.

— Mas quem ligou? — perguntou Fabiano.

— Não sei, a pessoa não se identificou e fiquei tão ansiosa para lhe dar o recado que até mesmo esqueci de perguntar; foi um erro meu, desculpe.

Arthur olhava para um e outro sem nada entender. Fabiano continuou:

— Falei com todos os empregados e nenhum deles ligou para cá. Tem alguma coisa muito errada.

— Mas o que está acontecendo aqui? — perguntou Arthur intrigado.

Fabiano apressou-se em narrar os fatos sob o olhar preocupado de Laís. Quando acabou de falar, o pai contemporizou:

— Ainda bem que de fato não ocorreu nenhum problema. Talvez tenha sido brincadeira de algum de seus amigos.

— Se foi isso, foi de muito mau gosto — arrematou o rapaz mal-humorado.

— Tem razão — aquiesceu Laís — pode ter sido isso sim. Seus amigos devem estar aborrecidos com você; quase não os procura mais.

— Isso não justifica uma atitude tão leviana; mas vou procurar me informar e se foi algum deles, que me aguardem!

— Esqueça isso, meu filho. Bobagem. E Rita, onde está? Quero notícias de Luciana.

Muito a contragosto Laís tocou a sineta e Rita atendeu prontamente:

— E então, Rita, como está nossa menina? — perguntou Arthur com sincera preocupação.

Laís olhou para Rita com a expressão dura e severa, e a outra, voltando-se para o patrão apenas disse:

— Não se preocupe, doutor, está realmente tudo bem com ela. Só precisa se alimentar melhor; sabe como são os jovens...

— Que bom, fico feliz que tudo esteja bem. Vamos jantar que estou com fome.

Fabiano virou-se para Rita:

— Posso ir vê-la mais tarde? Gostaria de fazer-lhe uma visita.

— Muito bem, meu filho, vai sim, ela ficará feliz — apoiou Arthur.

Antes que Rita pudesse dizer algo, Laís interveio:

— Não acho conveniente! Ela deve estar precisando descansar, Rita me disse que o médico deu-lhe um tranquilizante. Você pode vê-la amanhã. Será melhor.

Fabiano lançou um olhar inquisidor para o pai:

— É verdade, filho, mais uma vez Laís tem razão. Essa foi uma das razões pelas quais me apaixonei por você, querida, sempre ponderada — disse isso enquanto lhe dava um beijo suave na mão. — Deixe Luciana descansar por hoje, amanhã você fala com ela.

Laís dirigiu um olhar irônico e arrogante para Rita, que teve certeza de que a patroa estava sabendo de mais coisas do que estava demonstrando. E isso deixou a pobre mãe ainda mais angustiada. Se Laís estivesse desconfiada de alguma coisa sobre o namoro dos jovens, já teria ido cobrar satisfações. Mas se desconfiava e nada disse ou fez para repreendê-los era ainda mais perigoso!

dez

Um plano

Laís foi se deitar satisfeita. Conseguira evitar que os dois namorados estivessem juntos naquela noite. Agora precisava arquitetar o que faria para afastá-los definitivamente. Essa seria uma missão mais difícil e teria de analisar muito bem como agir. Arthur era um bobo sentimental, ela pensava, e era bem capaz de apoiar mesmo aquele namoro, e isso ela não permitiria. Tinha de fazer com que os dois se separassem sem que mais ninguém viesse um dia a saber que em algum momento eles se relacionaram. E, claro, ela não poderia se envolver diretamente, pois não queria que Fabiano tivesse raiva dela e alguma razão para criticá-la. A discussão que tiveram mostrou a ela que atacar diretamente o namoro não era a melhor estratégia.

Mas Laís era muito ardilosa. Na manhã seguinte já sabia quais providências tomar. Logo depois da saída do marido para o trabalho, ela foi para a sala e ordenou que Rita viesse ter com ela trazendo Luciana. Teriam uma longa conversa.

Fabiano ainda dormia. Assim, as três puderam conversar sem nenhuma interrupção. Laís foi direto ao assunto:

— Meu marido ficou bastante preocupado com sua saúde, mocinha. Acho que houve certo exagero da parte dele, mas, enfim, quero fazer tudo para agradar-lhe e mostrar que também sou compreensiva.

Mãe e filha ouviam atentas, mas muito desconfiadas daquela atitude.

— Vou fazer umas mudanças a partir de hoje e sei que vocês ficarão satisfeitas, o que não me interessa muito na verdade, mas meu Arthur ficará satisfeito, e isso sim me importa.

Laís levantou-se, deu uma volta na sala deixando a expectativa das duas aumentar. Sabia que elas estavam tensas, sem saber o que aconteceria, e ela só de maldade adiava a conversa. Isso a divertia muito! Enquanto andava de um lado para o outro em silêncio, era observada por um vulto que se encontrava do outro lado da sala e que vez ou outra se aproximava dela, tão próximo que parecia sussurrar algo em seu ouvido.

Depois de intermináveis minutos, ela continuou:

— Talvez eu tenha cometido um erro de avaliação achando que você daria conta de fazer alguns serviços da casa, Luciana. Rita não tem lá muita competência, mas não posso negar que é forte e aguenta arcar com suas obrigações. Já você, menina, mostrou que é fraca e despreparada, não tem o mínimo necessário para conviver e atender a alta sociedade que priva da nossa amizade. Não sei o que você tinha em mente para o futuro, o que esperava alcançar, mas sua pouca inteligência me diz que não vai muito longe, ainda mais possuindo uma saúde frágil, que a faz cair pelos cantos por qualquer coisa.

Luciana queria agarrar aquela mulher pelo pescoço, jogar na cara dela que era muito saudável, tanto que esperava um filho de Fabiano. Rita, como se pudesse ler os pensamentos da filha fez-lhe um sinal com a cabeça para que ficasse quieta.

Laís continuou:

— Infelizmente, meu marido discorda um pouco da minha opinião e não quero desagradar-lhe. Acho que se você se comportar direito e fizer tudo exatamente como eu mandar, talvez ainda exista uma possibilidade remota de eu conseguir transformá-la numa pessoa um pouco mais decente. Mas que fique claro que apesar de estar disposta a lhe dar uma chance de melhorar um pouco de vida, você continuará sendo a filha da empregada, minha serviçal, uma pobretona que teve o privilégio e a sorte de encontrar alguém como eu no seu caminho. Não desperdice a chance que vou lhe dar.

Luciana não se conteve:

— Mas o que a senhora está querendo dizer? Não a estou entendendo.

Rita a repreendeu com o olhar. Laís exasperou-se:

— Eu lhe perguntei alguma coisa? Não abra a boca a menos que eu aguarde alguma resposta sua. Não se atreva a se manifestar novamente sem que eu lhe ordene!

Luciana sentiu o rosto ficar rubro de raiva, mas pensou que esse sentimento faria mal ao bebê e procurou acalmar-se.

— Como eu ia dizendo antes de ser interrompida, vou lhe dar uma oportunidade: você vai trabalhar diretamente comigo, sendo minha... digamos... assistente pessoal. Não será minha secretária — falou dando uma risada irônica —, pois lhe falta competência e classe para assumir tal cargo. Mas será como se dizia antigamente, minha aia.

As duas nada disseram e Laís riu alto:

— Ah, claro, vocês nem sabem o que é aia. Era como chamavam as serviçais de famílias nobres, que atendiam exclusivamente a dona da casa. Você, a partir de hoje, vai atender a todas as minhas necessidades e ficar à minha disposição.

Rita perguntou mantendo uma postura de humildade:

— Mas o que exatamente ela terá de fazer, senhora?

— Absolutamente tudo o que eu precisar, desejar e ordenar. Os horários dela serão determinados pelos meus, assim como suas atividades. Só vou poupá-la pela manhã para que possa ir à escola.

Luciana estava contrariada e deixou que sua expressão facial a denunciasse sem querer. Laís estava atenta:

— Ora, ora, ora, vejam só! Parece que a mocinha não está satisfeita. Ainda por cima é mal-agradecida. Saiba que poder me atender pessoalmente chega a ser uma honra e você deveria me agradecer. E não adianta torcer o nariz; eu já decidi e assim será feito!

Em poucos minutos, Luciana pensou que teria as manhãs livres para encontrar com Fabiano, nem que para isso tivesse de sair mais cedo da aula. Sempre poderia inventar uma desculpa para eventuais atrasos, como o trânsito por exemplo.

— E tem mais uma coisa — disse Laís com um ar triunfante — hoje mesmo vou contratar um motorista para me atender, e ele vai levá-la e buscá-la diariamente na escola.

Luciana reagiu:

— Senhora, o que é isso? Não é necessário. Sempre fui e voltei sozinha de ônibus.

Laís a olhou duramente e decidida a colocar um ponto final na conversa que já estava longa demais, apesar de divertida para ela, finalizou:

— É necessário, sim! Quero me certificar de que você não sairá da escola para nenhum outro lugar antes de vir para casa. Não vou tolerar atrasos nem que você fique vadiando por aí para fugir às suas responsabilidades. Nem pense em reclamar; já está bom demais poder ir de automóvel para a escola. Ainda acha que pode dizer mais alguma coisa?

Luciana começou a sentir o estômago embrulhar e uma náusea incontrolável tomou conta dela. Sem pedir licença, saiu em disparada para a cozinha.

Rita e Laís a seguiram com o olhar, ambas surpresas, cada uma com suas razões. Laís esbravejou:

— Mas o que é isso, Rita? Essa garota perdeu a noção?

— Desculpe, senhora — disse Rita quase desesperada —, deve ser efeito do remédio. Perdoe-me, por favor, perdoe minha filha. Vou vê-la! Preciso ir!

— Vá e mande que ela tome um bom banho frio, que cura tudo. Hoje não vai à escola, eu a quero à minha disposição em trinta minutos.

Quando Rita saiu, Laís voltou ao grande espelho da sala e disse para si mesma:

"Você é fantástica, Laís, um gênio! Agora vou poder ficar de olho nessa empregadinha e ela não conseguirá se aproximar de Fabiano. Vou ocupá-la tanto que não terá nem tempo para tentar encontrá-lo. Ele logo ficará saturado dessa situação e vai se cansar dessa menina. Verá que está perdendo tempo com uma fulaninha de classe inferior. E, ainda por cima, ele e Arthur acharão muito nobre minha tentativa de ajudá-la. Vou ficar com créditos de boazinha, e ainda por cima separar esses dois. Perfeito."

Fabiano acordou pouco depois da reunião entre as três mulheres. Após o café já se preparava para ir ver Luciana quando Laís apareceu perguntando:

— Bom dia! Dormiu bem? — disse de forma amável.

— Bem, obrigado. Papai já saiu?

— Sim, há bastante tempo. Tenho novidades hoje quando ele voltar. Acho que vai apreciar minha iniciativa.

— Do que você está falando?

Laís o pegou pela mão e o conduziu até o sofá:

— Não sei o que aconteceu, mas eu estava muito chateada com algumas situações aqui em casa. De repente, você começou a me hostilizar sem que eu merecesse.

— Laís, não é bem assim. Eu apenas estranhei certas atitudes suas. E fui honesto em dizer-lhe.

— Agradeço sua honestidade, mas de fato acho que você me julgava mal. E para mostrar que sempre tenho as melhores intenções, tomei algumas medidas hoje.

— Verdade?

— Sim, e tenho certeza de que você vai gostar. Luciana não terá mais que fazer os serviços domésticos. Realmente ela tem potencial para muito mais e vou lhe dar essa oportunidade.

Enfim, Fabiano distendeu a fisionomia em um franco sorriso:

— Que coisa boa! Você verá que meu pai tem razão quando diz que ela é uma boa moça. Ela é muito inteligente e capaz.

— Nossa! Não imaginei que você ficaria assim tão entusiasmado!

Fabiano percebeu que estava se denunciando e falou mais contido:

— Não é entusiasmo. Gosto de você Laís, e fico feliz que as coisas aqui em casa estejam ficando mais harmoniosas. Tenho certeza de que papai também ficará feliz. Agora preciso ir.

Laís olhou para o relógio e viu que estava na hora de Luciana se apresentar a ela. Conseguira manter Fabiano ocupado de modo que os dois não pudessem ficar sozinhos antes que a menina viesse para atendê-la. E foi precisa em seu plano. Antes que Fabiano deixasse a sala, Luciana entrou. Os jovens se olharam e Luciana disse:

— Bom dia, Fabiano.

— Bom dia, Luciana. Que bom que chegou. Eu estava me preparando para ir vê-la. Você está bem? Ainda parece um pouco abatida.

Laís, sentada, escutava a conversa fingindo desinteresse, e não queria interromper. Deliciava-se imaginando o quanto eles deveriam estar loucos para se atirarem nos braços um do outro e o quanto deveriam estar ali, agoniados, tendo de dissimular seus desejos.

— Eu estou bem, Fabiano, obrigada pela preocupação.

— Ah, que bom então! Podemos aproveitar e dar um passeio no jardim. O que acha? — disse lançando uma piscadela para ela.

Laís interveio:

— Que pena, Fabiano, não será possível. Luciana começou agora seu novo trabalho e já temos coisas a providenciar. Uma das primeiras lições para quem quer subir na vida é deixar a diversão para depois; primeiro vêm as responsabilidades, não acham?

Fabiano ficou contrariado:

— Mas, Laís, é mesmo necessário que ela comece agora? Ainda está se recuperando. Poderia deixar para amanhã.

— Imagina! A mãe dela mesma disse que Luciana não está doente. E o trabalho vai distraí-la. Além do que, trabalho nunca fez mal a ninguém.

Fabiano ainda tentou argumentar mais uma vez, mas Laís foi taxativa:

— Sinto muito, rapaz. Mas já estamos atrasadas para tantas coisas que tenho de passar para Luciana. Vamos, querida, acompanhe-me até meu quarto.

Fabiano finalmente se rendeu mais uma vez:

— Fico feliz por você, Luciana. Vai aprender muitas coisas novas. E obrigado, Laís, por dar essa oportunidade a ela — aproximou-se da madrasta e deu-lhe um beijo no rosto, que ela retribuiu fazendo-lhe um carinho nos cabelos e beijando-o também, enquanto, sem que ele percebesse, lançava um sorriso para Luciana que estava a ponto de explodir de tanta raiva.

*

Quando chegaram à suíte, o tom da conversa já se mostrou diferente do utilizado na presença de Fabiano. Laís abriu as portas dos imensos armários onde ficavam guardadas suas inúmeras roupas, sapatos, bolsas e outros acessórios. Luciana ficou boquiaberta imaginando que, nem que Laís vivesse cem anos, conseguiria utilizar tudo o que estava guardado ali. A mulher a olhou com superioridade e disse com autoridade:

— Isso tudo está muito desorganizado. Às vezes levo muito tempo tentando achar algo para sair. Vamos começar pelos sapatos. Retire todas as caixas e acomode-as aqui no chão ao lado da cama. Uma a uma para que não caiam.

Luciana olhou e viu que eram tantas caixas que nem conseguira contar. Respirou fundo e começou a tarefa. Laís sentou-se confortavelmente em uma poltrona e pegou uma revista que folheava displicentemente. Vez ou outra se certificava de que a moça fazia tudo como ela falara.

Quando todas as caixas já estavam arrumadas. Laís deu prosseguimento à sua intenção de humilhar e ocupar ao máximo Luciana.

— Agora você vai abrir cada caixa, trazer o par de sapatos aqui e colocá-los nos meus pés para que eu experimente. Creio que não vou mais querer alguns.

O olhar de Luciana estava carregado de indignação. Percebendo isso, Laís perguntou:

— Alguma dúvida?

Luciana não respondeu e pegou a primeira caixa. Ajoelhada diante de Laís, tirava cada par e colocava nos pés da patroa, que avaliava se queria ou não aquele e dizia:

— Que horrível! Como posso ter usado isso um dia! Lixo. Coloque numa outra pilha ali ao lado. — E sacudia o pé atirando o calçado longe e fazendo Luciana ter de buscá-lo para colocar em ordem. E continuava: — Ah, esse eu adoro. Deixe neste outro canto.

Dessa forma, a manhã passou e Luciana não sabia sequer quantas horas havia ficado repetindo os mesmo gestos: calça, tira, arruma. O constante movimento de levantar e ajoelhar a deixou com uma dor nas costas e nos joelhos que nunca havia sentido antes.

Ao término da arrumação, e achando que seria liberada para o almoço e poderia descansar um pouco, Laís ordenou:

— Agora vá se lavar e se preparar; vamos sair.

— A senhora não vai almoçar?

— Vou almoçar na Hípica e você vai comigo. Claro, peça para sua mãe lhe preparar uma marmita e você poderá comer com os cavalariços. Mas não vá se demorar nem ficar de conversa fiada no clube. Eu a quero ao meu lado para o caso de precisar de alguma coisa. Ande, por que me olha assim? Vá de uma vez – disse, pegando Luciana pelo braço colocando-a para fora do quarto.

Os dias se seguiram sem que Laís desse só um momento de sossego à Luciana. Conseguira manter os namorados afastados porque, à noite, quando ela dispensava a moça, dava um jeito de segurar Fabiano ao lado dela e do pai. O motorista recebera ordens expressas que jamais deixasse Luciana mudar o caminho de casa ou ir para outro lugar. Ele só deixava a escola quando se certificava de que ela havia entrado e os portões haviam sido fechado. Quando ela saía, já o encontrava em pé no portão, aguardando-a. Não havia a menor possibilidade de Fabiano tentar encontrá-la na escola sem ser visto.

Como Laís previra, Arthur ficou entusiasmado com sua atitude, que agora, levava Luciana a todos os lugares. Fabiano também apoiava a madrasta, mas estava começando a ficar irritado por não conseguir mais estar sozinho com Luciana. O que eles não sabiam é que quando saíam, Laís deixava a moça em situações constrangedoras. Muitas vezes, largava-a em algum canto, mas sempre sob suas vistas. Ficava sem ter o que fazer, enquanto a patroa se divertia, ia ao salão ou passeava com as amigas. Em outras ocasiões, Laís a obrigava a carregar sacolas de compras, limpar e arrumar suas coisas e a servir suas amigas quando estavam na rua.

Desde que soubera da gravidez da filha, Rita não teve mais sossego. Mal dormia, vivia assustada e sem saber como daria a notícia ao patrão. Ainda tinha de ouvir as reclamações de Luciana que não aguentava mais a patroa e sentia saudades de Fabiano.

Laís, mais de uma vez percebeu que Luciana apresentava algum mal-estar, mas não deixava que a moça voltasse ao médico nem que se queixasse com Arthur, ameaçando-a de todas as formas para contê-la. Mas ao mesmo tempo, começou a ficar atenta; achava estranho alguém tão jovem estar sempre passando mal. Muitas vezes, questionou-se se de fato ela poderia estar doente. Nos poucos momentos durante o dia que conseguia se desvencilhar de Laís, a moça ficava na cozinha ao lado da mãe conversando.

— Não sei mais o que fazer, mãe; essa mulher é insuportável. Um dia eu disse a ela que talvez não pudesse continuar trabalhando com ela porque havia recebido uma oferta para trabalhar na loja onde uma amiga minha trabalha, e que seria uma ótima oportunidade para mim. Sabe o que ela disse? Que eu poderia ir sim, e também poderia começar a arrumar outro lugar para morar. A nossa casa aqui é para os serviçais da família. Acredita nisso, mãe?

— Ela estava tentando intimidá-la e testá-la, minha filha. E parece que conseguiu. O sr. Arthur não admitiria que você saísse daqui.

— Não sei; não foi a senhora que disse que mulher consegue o que quer? Já vi tanta coisa que comecei a acreditar. É impressionante como Fabiano e o pai a admiram, principalmente agora que pensam que está me ajudando. Eles nem imaginam o que tenho sofrido. Preciso falar com

Fabiano. Parece até que ela sabe que namoramos. Não temos mais uma oportunidade de estar juntos.

— Eu já havia pensado nisso, minha filha; será que ela descobriu algo? Ou ao menos desconfia?

— Não sei, acho muito difícil. Sempre fomos muito cuidadosos e aqui em casa jamais agimos de forma a levantar suspeitas.

Nesse momento, elas não perceberam que Laís havia chegado próximo à cozinha e que ouvia toda a conversa atentamente. Rita continuou:

— De qualquer forma, vocês devem tomar cuidado. Ela não deve saber de nada antes de contarmos ao sr. Arthur, ou de Fabiano fazê-lo.

— Isso me chateia um pouco; achei que logo ele contaria ao pai sobre nós, mas está demorando tanto...

Rita deu um suspiro:

— Acho que ele também está com receio da reação do pai, nós duas já falamos sobre isso. Você terá de ter paciência.

— Eu teria, mãe, se não fosse a presença daquela insuportável aqui em casa.

Ouvindo isso, Laís teve ímpeto de entrar e esbofetear a garota pela ousadia de se referir a ela daquela forma, mas estava interessada em ouvir toda a conversa.

— O namoro de vocês não é o pior, Luciana — disse Rita com um ar carregado de angústia — temos um problema muito mais grave para resolver.

Laís franziu o cenho e tentou chegar um pouco para a frente, como se isso apurasse sua audição. Luciana colocou as mãos no rosto, cotovelos apoiados na mesa, e respondeu:

— Coitado, Fabiano ainda não sabe de nada. Ele vai ficar tão feliz! Mas a conversa que terá com o pai será mais difícil.

"Mas do que essas duas estão falando?", pensou Laís muito intrigada.

— Minha filha, isso sim será uma bomba! Vocês terão de se preparar. Uma tempestade vai assolar essa casa e essa família, você sabe disso.

— Eu preciso falar com Fabiano o mais rápido possível, tenho de dar um jeito de enganar aquela megera. Ela não me dá paz um só instante.

— Por tudo isso que ela desconfia; você já reparou, filha, que os raros momentos em que ela lhe dá um pouco de descanso, é sempre quando Fabiano não está em casa?

Luciana coçou a cabeça e confirmou:

— É verdade, eu não havia me dado conta. Sempre que ele sai, ela me dispensa. Mas logo que ele retorna, antes mesmo de entrar em casa, ela já me chama para fazer algo.

— Eu já havia observado isso há tempos, mas não podemos ter certeza de nada. Se ela age assim agora, imagina o que será capaz de fazer quando souber toda a verdade?

Do lado de fora da cozinha, Laís quase não se continha mais. Queria entrar e perguntar de uma vez do que elas estavam falando, que verdade era aquela? Mas sabia que as duas iriam desconversar e mentir. Continuaria ali até descobrir.

— Tenho de dar um jeito de me encontrar com Fabiano, mamãe; não aguento mais essa situação! Tenho certeza de que ele vai achar a melhor solução.

— Deus permita que você esteja certa, minha filha, e que esse rapaz realmente tenha maturidade para enfrentar o que vem por aí.

— Claro que terá, principalmente agora, tenho certeza de que ficaremos juntos para sempre. Nós nos amamos, confio em Fabiano e já posso até ver a felicidade que ele vai sentir quando souber que vamos ter um filho!

Laís sentiu um baque atingir-lhe o peito e apoiou-se na parede para não cair. Ainda com a alma tomada de assombro, ela se virou e foi caminhando lentamente até sua suíte, tentando digerir o que ouvira. Sentou-se na cama e ficou remoendo as ideias: "Não pode ser! Não posso acreditar que Fabiano tenha chegado a esse ponto! Quanta irresponsabilidade! Se queria se divertir levando a coitada para a cama, que o fizesse, pouco me importa. Mas como não tomou os devidos cuidados? Fabiano Gouveia Brandão, pai de uma bastardinho, filho de uma empregadinha!"

O horror tomou conta do semblante de Laís, e ela deixou o corpo cair pesadamente na cama. Ficou deitada por alguns instantes, querendo se refazer e juntar forças, o que logo conseguiu. Levantou-se, se recompôs e disse para si mesma: "Vou colocar um fim nessa situação antes que fique incontrolável".

Pela primeira vez em muito tempo, Laís saiu sem falar com ninguém e sem levar Luciana. Foi até a casa de

Vera, que sempre compactuou de seus pensamentos e suas convicções. Diante da situação, Laís, que sempre fora muito segura de si, sentiu-se confusa sobre que providências tomar sem se indispor com o marido e o enteado. A amiga a recebeu com surpresa:

— Laís, fiquei ansiosa quando você me ligou avisando que viria. O que está havendo?

— Estamos sozinhas? Onde está Laura?

— Ela saiu, podemos ficar à vontade. Mas diga-me, o que houve?

— Uma tragédia, minha querida, você nem imagina.

— Venha, vamos para o terraço e você me conta tudo.

Ambas se acomodaram em um sofá e foram servidas com um chá. Quando a empregada se retirou, Laís falou:

— Sabe aquela moça, que fez o serviço no dia da reunião na piscina?

— Como eu poderia me esquecer? Ela me feriu com aquele copo; desastrada! — respondeu Vera com uma expressão de raiva.

— Pois é, ela mesma; está grávida!

Vera a olhou sem espanto, como se isso não fosse novidade.

— Laís, eu pensei que era outra coisa. Isso não me surpreende. Nós sabemos que essas meninas pobres vivem se metendo em enrascadas desse tipo, colocam vários filhos no mundo e depois nem conseguem criá-los. Essa gente não tem moral.

— Mas não é tão simples, Vera.

— Ah, eu sei o que vai dizer: que o Arthur tem muita consideração por ela e pela mãe etc. Mas, paciência, agora ele vai ter de apoiar sua decisão para resolver essa questão. Era só o que faltava vocês terem de arcar com mais essa responsabilidade. Arthur já acolheu mãe e filha, e agora terá de acolher mais uma criança? Você tem duas opções, minha querida, e ambas são bem simples.

Laís a olhava calada, sem coragem de concluir a história. Vera continuou:

— Ou você coloca mãe e filha para fora, ou a obriga a tirar a criança... — e foi interrompida nesse instante por Laís, que falou numa voz baixa e hesitante:

— Essa criança é neta de Arthur!

Vera, que bebia seu chá, derramou todo o conteúdo da xícara em sua própria roupa, mas nem deu importância ao fato, pegou o guardanapo para se secar e falou:

— Neto de Arthur? Foi isso que você disse?

— Isso mesmo. Essa criança é filha de Fabiano.

— De Fabiano com a empregada? Não é possível. Que tragédia!

— Agora você entende meu problema? Arthur tem coração mole e é capaz de aceitar a situação, assim como o próprio Fabiano. Tenho de tomar alguma atitude, mas sem que me comprometa.

— Claro, você tem de fazer algo. Já imaginou se Fabiano resolve se casar com "essazinha"? Que vergonha! O que diriam na sociedade? Que você virou avó postiça do filho da empregada! Isso é inadmissível. O que vai fazer?

— Não sei, pela primeira vez estou confusa. Tenho de agir muito bem para não levantar suspeitas sobre mim. Não quero ficar mal com minha família, entende?

— Claro que sim. Você não pode se indispor por causa da criadagem. Deixe-me trocar essa roupa molhada; já volto e acharemos uma solução.

Ela se levantou deixando Laís perdida em seus pensamentos em busca de uma resposta.

onze

A mentira

Laís e a amiga passaram quase duas horas conversando, e quando estava saindo da casa de Vera, já tinha em mente o que faria. Tinha de dar certo, e começaria a agir imediatamente. Ligou para Arthur perguntando se poderia ir até a empresa encontrá-lo. Poderiam voltar juntos para casa. Ela então seguiu para o escritório do marido, dispensou o motorista e entrou. Foi recebida calorosamente:

— Minha querida, que surpresa boa. Você quase não aparece por aqui.

— Fui tomar um chá com Vera e achei que seria uma boa oportunidade vir vê-lo, já que estava na rua. Atrapalho?

— Claro que não, fico feliz que tenha vindo. Só preciso assinar alguns papéis e encerro o expediente. O que acha de sairmos daqui e jantarmos, só nós dois, em algum lugar bem agradável? — dizendo isso e sem esperar a resposta, Arthur chamou a secretária para que ela lhe entregasse os documentos para assinar.

Laís, a princípio, não gostou da ideia. Fabiano chegaria para o jantar e vendo que o casal não estava, teria muito tempo para ficar com Luciana. Mas precisava ficar sozinha com o marido. Enquanto Arthur falava com a secretária, Laís pediu licença e saiu da sala. Já na antessala, pegou o telefone e ligou para Fabiano:

— Oi, meu querido. Onde você está?

— Na casa de uns amigos que não vejo há tempos. Estavam insistindo para que eu viesse e resolvi aparecer.

— Estou no escritório do seu pai e ele acabou de me convidar para jantarmos fora. Avisei a Rita que não preparasse nada, mas só depois me ocorreu de lhe perguntar o que ia fazer esta noite.

Fabiano não viu problema algum:

— Tudo certo, não se preocupe. Já que estou aqui vou combinar com os rapazes de sairmos para jantar também. Devo chegar bem tarde. Avise meu pai, por favor. — Deu um suspiro e continuou: — você sabe que depois do que aconteceu com minha mãe, ele sempre se preocupa se demoro a chegar.

Laís desligou o telefone e pensou: "Tudo indo bem! Ela vai mofar esperando que ele chegue para o jantar!". Voltou para a sala de Arthur e pouco depois estavam saindo juntos.

Durante todo o percurso falaram sobre amenidades e Arthur sempre aproveitava para fazer alguma crítica a Vera, mas só para mexer com a esposa. Quando chegaram ao restaurante, Laís começou a simular um ar de preocupação que logo chamou a atenção do marido:

— Meu bem, desde que chegamos aqui estou notando que você se dispersa durante a conversa; parece-me preocupada.

— Não, querido, impressão sua. Apenas alguns incidentes sem importância... eu espero. Vamos deixar isso para lá.

— De jeito nenhum; se existe algo a incomodando, gostaria de ajudar.

— Meu amor, não é nada que nos diga respeito, eu não deveria nem pensar nisso. Mas sabe como é, pessoas como nós acabam se importando com tudo e querendo ajudar a todos.

— Ah, eu sabia! Então de fato existe um problema. É com Vera?

— Não, não é com ela, nem com Laura. Mas não vamos estragar nossa noite. Deixemos essa conversa para outra ocasião — completou Laís na intenção de instigar ao máximo a curiosidade do marido. Dessa forma, daria a impressão que de fato ela não queria tocar no assunto, só o fazendo por insistência dele.

— Conte-me o que está havendo; talvez eu possa ajudar. Sei o quanto você é boa, e que seu coração sofre com o sofrimento alheio. Deixe-me ao menos tentar.

Ela havia conseguido mais uma vez. Fez um carinho no rosto do marido e um ar amoroso, e finalmente falou:

— Está bem, vou lhe contar. Mas você vai me prometer que não falará com ninguém até termos certeza do que está acontecendo.

Ele assentiu e ela prosseguiu no seu relato:

— Você sabe que tenho saído sempre com Luciana, inclusive vamos com frequência à Hípica. Eu insisto para que almocemos juntas, para que ela se sente comigo, inclusive quando estou com minhas amigas, mas ela sempre se nega, acho que se sente constrangida, pobrezinha. Eu, até certo ponto, a entendo. — Fez uma pausa, bebeu um pouco de água e continuou: — Ela sempre prefere ir comer na lanchonete ou pegar um lanche para comer perto dos estábulos. Disse-me que gosta de estar perto dos cavalos. E eu sempre a deixei à vontade.

— Coitada, naquele ambiente ela devia se sentir deslocada, embora eu ache que ela tem boa educação e não faria feio em nenhum lugar.

— Concordo, querido, mas coloque-se no lugar dela, é compreensível. Uma vez cheguei a perguntar se não gostaria de levar uma roupa de banho e aproveitar um pouco a piscina, mas ela não aceitou. Enfim, tenho feito de tudo para integrá-la à nossa sociedade, mas não obtive êxito. Eu aprendi a gostar dela como se fosse uma filha e queria muito que ela expandisse seus horizontes — enquanto falava se surpreendia com a própria atuação.

— É por tudo isso que está preocupada? Não fique assim, querida, você está tentando ajudá-la como pode. Ela é muito jovem, ainda há tempo para que usufrua o que você lhe está oferecendo. Tenha paciência.

Laís juntou as mãos apertando-as como se estivesse aflita com o que diria em seguida:

— Eu sei, querido, e vou continuar fazendo o que estiver ao meu alcance. Mas ocorreu um fato que está me deixando apreensiva. Vou lhe contar tudo com calma.

Arthur chamou o garçom e disse que ainda demorariam para fazer o pedido. Estava ansioso para saber o que se passava.

Ela então começou a contar a história que havia elaborado com a ajuda de Vera.

— Uma tarde, estávamos na Hípica e já se aproximava a hora de voltarmos para casa. Luciana havia ido, como de costume, almoçar sozinha, mas dessa vez, não veio me procurar depois do almoço. Eu sempre dei liberdade para que ficasse à vontade, mas ela invariavelmente vinha saber se eu estava precisando de algo, sempre muito solícita. Contudo, nesse dia, ela desapareceu. Claro que comecei a ficar preocupada, não era costume isso acontecer. Despedi-me de minhas amigas e saí pelo clube procurando por Luciana. Andei por todos os lugares e não a encontrei. Comecei a ficar nervosa e a pensar em Rita. Afinal, eu havia levado Luciana, e era minha responsabilidade cuidar dela, que é apenas uma menina. E se algo ruim tivesse acontecido? Eu jamais iria me perdoar.

— Meu amor, como você é amorosa; eu a admiro tanto e a amo também! Imagino o que deve ter passado. Mas, continue...

— Em determinado momento decidi seguir para o lugar mais óbvio, onde ela com certeza estaria: com os animais. Já estava quase anoitecendo, e o entardecer deixava as vilas dos estábulos envoltas na penumbra do crepúsculo. De repente, eu a vi, e estanquei diante da cena que estava diante dos meus olhos — Laís se calou como se fosse difícil continuar.

— O que houve? O que você viu? Está me deixando ansioso.

— Querido, eu vi Luciana se... desculpe... não sei se consigo...

— Fale, meu amor...

— Eu vi Luciana aos beijos e abraços com um homem; não consegui identificá-lo a princípio, mas logo depois o reconheci como um dos cavalariços que cuida dos cavalos de Fabiano. Não é um rapaz, é um homem já maduro, muito mais velho que ela. Fiquei tão chocada que me escondi atrás de uma árvore para que não me visse. Sem saber o que fazer, fiquei por ali alguns instantes e decidi retomar parte do caminho. Quando tive certeza de que não me veria, comecei a chamá-la alto, como se a estivesse procurando. Em alguns minutos, ela apareceu ofegante e sem graça, pedindo desculpas por ter-se ausentado por tanto tempo, mas justificando que esquecera da hora por estar distraída com os cavalos.

— Ela mentiu para você? Nunca vi Luciana mentir. Não é do feitio dela.

— Eu sei, meu querido. Isso me deixou ainda mais preocupada. Ela é uma moça, já está na idade de namorar, isso é natural e não tem nenhum problema. Então, por que razão ela mentiria para mim? Do jeito que estavam, pareceu-me ser um namoro de algum tempo, talvez desde as primeiras vezes que a levei ao clube. Por que nunca me disse nada? Não caberia a mim julgá-la ou proibi-la o que quer que fosse. Rita é que teria de aprovar ou não o namoro. E foi aí que me perguntei: será que Rita sabe?

— E descobriu algo?

— O pior! Rita não sabe exatamente quem é. Luciana mentiu para ela também. Disse que está namorando, mas que é com um rapaz da escola.

— E como você soube disso?

Laís prosseguia com suas mentiras sem nenhum indício de remorso:

— Um dia percebi que Rita estava um pouco triste, e como sempre fico preocupada, fui ter com ela para saber se precisava de ajuda. Ela então me contou que andava muito decepcionada com Luciana. Disse que a filha estava namorando um colega da escola, mas que não devia ser boa pessoa, pois Luciana estava mudada. Mentia, era muitas vezes malcriada, respondendo à Rita com certa agressividade. Não queria dar satisfações do que fazia e dizia que os momentos mais felizes que ela passava na vida eram quando estava comigo. Imagine meu constrangimento ao ouvir isso, querido!

— Como pode ser isso? Estou estupefato. Luciana sempre foi uma moça tão responsável, amável, custa-me acreditar que isso esteja acontecendo.

— Temo, meu amor, que ela esteja deslumbrada com os momentos que passa ao meu lado e com os lugares sofisticados que tem conhecido. Isso pode explicar o que ela falou para Rita. Mas acho que esse homem com quem ela está se relacionando não possui bom caráter e deve estar sendo uma péssima influência para ela. Sabe como é, uma adolescente sem experiência e apaixonada não consegue ter uma visão correta da realidade — disse Laís com os olhos marejados, quase acreditando no que ela própria afirmava. — Estou muito preocupada com Luciana, com sua integridade e com muita pena de Rita. Quero ajudar...

Arthur sentiu-se comovido com os sentimentos da mulher e decidiu que teria de fazer alguma coisa:

— Hoje mesmo quando chegarmos a nossa casa, vou falar com Rita. Sei que não devemos nos envolver além da conta, mas ela realmente pode estar precisando da ajuda de um homem que faça as vezes de pai para colocar um pouco de juízo na cabeça daquela menina. Que coisa! Uma moça tão boa...

— Não, meu querido, não fale nada com Rita por enquanto. A maior preocupação dela era que você viesse a saber de alguma coisa. Sabe o quanto ela é grata e quase endeusa você, e me fez prometer que não comentaria nada por enquanto. Rita tem pavor de decepcionar você ou lhe causar algum aborrecimento. Se souber que lhe contei, não confiará mais em mim. E temos ficado ainda mais amigas depois desse fato.

— Está bem! Mas você me promete que vai me manter informado sobre tudo? O mal deve ser cortado pela raiz, e se Luciana está indo por um caminho errado, devemos ajudar Rita, que tanto se dedicou a dar uma solidez de caráter à filha.

— Isso mesmo, amor. Eu sabia que podia contar com seu apoio. Mas vou conduzir tudo com sabedoria, pode deixar. Caso eu veja que a situação está se agravando, eu falo com Rita e ela vai entender que só você poderá chamar Luciana à realidade. Agora, vamos deixar esse assunto um pouco de lado. Estou faminta e quero aproveitar a noite ao lado do meu amor.

Fizeram um brinde e Arthur conseguiu dar um sorriso diante do jeito dengoso de Laís.

doze
Ideias maldosas

Fabiano estava se divertindo com os amigos, e, após o jantar, decidiram dançar e encontrar o restante da turma. Ele chegou a pensar em voltar para casa para estar com Luciana, mas diante da insistência dos amigos, resolveu acompanhá-los.

Quando chegaram ao local do encontro, várias das amigas de Fabiano que estiveram em sua casa na festa da piscina estavam lá, inclusive Laura, que ao vê-lo correu para abraçá-lo. Havia muito tempo que ele não saía à noite para a "balada". Estava gostando mais do que imaginava. A vida pacata ao lado de Luciana lhe parecia boa e feliz, mas agora ele estava percebendo que esse mundo no qual sempre viveu ainda exercia uma grande atração sobre ele.

Depois de algumas horas bebendo e dançando, já um pouco cansado, Fabiano foi para o jardim. Sentou-se em um banco e se lembrou de Luciana. Já era começo da madrugada e com certeza ela estaria dormindo. Pensou que no dia seguinte daria um jeito de ficarem juntos, nem que fosse por algumas horas. Enquanto pensava em Luciana, viu várias moças entrando e saindo do bar, alvoroçadas e felizes. Todas muito bem arrumadas, boas roupas e elegantes. Tinham bons modos, eram educadas e sofisticadas. Todas suas amigas já haviam viajado várias vezes ao exterior por vários países e, assim como ele, falavam pelo menos dois idiomas, além do português. Sempre tinham assunto para várias horas de conversa, mesmo que muitas vezes o tema fosse um pouco fútil.

Esses pensamentos incomodaram um pouco o rapaz, causando-lhe certo desconforto. Luciana era uma moça educada, inteligente, mas nem de longe possuía o *glamour* das moças da sociedade. Absorto em seus pensamentos, não viu Laura se aproximando:

— Desistiu de dançar?

— Não — respondeu com um sorriso —, apenas queria sentir o frescor da noite. Estava muito quente lá dentro.

— Então já se refrescou; vamos voltar.

— Estou cansado; acho que logo vou embora!

— De jeito nenhum; você ficou tempo demais sem estar com a gente. Hoje só vou deixar você ir quando o dia estiver amanhecendo.

Fabiano fez uma careta, mas não insistiu. Acabou voltando para casa quando o sol já estava querendo nascer.

Quando finalmente se deitou para dormir, ninguém da casa havia se levantado para o café.

A rotina se repetiu naquele dia como em todos os outros. Logo cedo Laís já avisou Luciana que quando voltasse da aula fosse ter com ela para agendarem a programação da tarde. Durante o café da manhã, Rita percebeu uma expressão diferente em Arthur ao olhar para ela, mas ele nada disse e ela acabou esquecendo o fato.

Depois de se despedir do marido, Laís ligou para Vera:

— Oi, Vera, comecei a colocar nosso plano em prática ontem mesmo.

— Que ótimo! É preciso não perder tempo. E como foi?

— Por enquanto tudo está saindo como imaginamos. Arthur ficou bastante chocado com a mudança de atitude da empregadinha. Acho que sabendo agir, será fácil fazê-los acreditar...

— É importante que você mantenha sempre a postura generosa e preocupada com o bem-estar de todos.

Laís soltou uma sonora gargalhada:

— Vera, você nem imagina como fui convincente; eu devia ser atriz. Cheguei a ponto de acreditar em toda a história.

A amiga não conteve a gargalhada do outro lado da linha:

— Ah! Eu daria qualquer coisa para presenciar a cena. O Arthur é tão tolo!

— Não fale assim de meu marido! Não fica bem. Ele é um pouco crédulo e realmente uma pessoa boa. Gosto dele.

— Eu também gosto do meu cachorro, querida — falou Vera rindo —, mas seja franca: você não o ama! Foi um bom casamento, adequado e conveniente. Mas amor, paixão, é coisa bem diferente. Bem, preciso desligar. Conte-me tudo o que for acontecendo. Estou achando essa situação muito excitante. Até mais tarde.

Laís desligou o telefone pensando nas palavras da amiga. De fato, ela nunca amou Arthur. Ele era um homem agradável, educado e bonito, mas nunca o amou. O casamento foi uma forma que ela encontrou de ter uma vida estável e confortável, sem precisar contar apenas com a mesada dos pais. Continuaria viajando muito, frequentando a sociedade, teria uma vida rica e atraente e sempre era bom contar com uma proteção masculina. Mas, ao conhecer Fabiano, descobriu o que era paixão. Um sentimento que lhe tirava o sono e o sossego, um desejo que lhe ardia na alma, um amor que a estava conduzindo por caminhos escusos e sem volta. Talvez ela nunca o tivesse nos braços, mas o manteria por perto enquanto pudesse. "Quem sabe um dia...", pensava frequentemente.

Fabiano acordou tarde, mas ainda a tempo de tomar um banho de piscina. Laís conhecia os hábitos do enteado, e sempre na manhã seguinte a uma noite de farra, ele gostava de nadar para desintoxicar o organismo. Premeditadamente, foi esperá-lo para dar andamento ao seu plano.

— Bom dia! Acordou bem disposto para quem chegou com o dia amanhecendo.

— Realmente, dormi muito bem; eu cheguei exausto — respondeu com um sorriso.

— Então a noite foi proveitosa... — disse Laís tentando sondar se ele havia ficado com alguém.

— Ah, foi mesmo! Diverti-me muito, a turma toda estava lá. Dancei até não aguentar mais. Sabe, eu não percebi que sentia falta dos meus amigos. Cheguei a achar que estava entediado com a companhia deles, mas foi bom revê-los.

Agora que Laís já sabia da relação dele com Luciana, entendia por que ele havia parado de sair à noite e frequentar festas. Mas tudo estava indicando que ele adorava aquela vida, e ela aproveitaria para estimular que ele continuasse assim.

— Sua turma é ótima e, como nós, adora se divertir. Na sua idade, rapaz, você tem de aproveitar mesmo. Deixe para levar a vida a sério quando você for mais velho.

Ele torceu o nariz:

— Se meu pai a ouvir falando assim não vai gostar.

— Já falamos sobre isso. Ele viveu muitos anos quase recluso, mas agora está retomando o gosto pelas coisas boas da vida. Com certeza, aprovaria minha opinião. E Laura, também foi?

Diante da expressão de desagrado dele, ela se apressou em esclarecer:

— Calma, Fabiano, não estou insinuando nada. Apenas queria saber se ela foi. Você sabe que sou muito amiga de Vera e gosto de Laura.

— Ela estava lá sim, mas, Laís — disse sincera e calmamente —, por favor, não tente jogá-la em meus braços. É apenas uma amiga e vai continuar assim.

— Está certo, embora eu ache uma pena. Mas, com certeza, existem outras moças que você conhece ou ainda vai conhecer, e uma delas vai acabar conquistando-o.

Ele pensou em Luciana. Laís continuou:

— Laura lhe contou a tragédia que aconteceu com a prima do pai dela?

Fabiano a olhou intrigado:

— Tragédia? Não, ela não me disse nada. Estranho, porque ontem ela não aparentava estar com nenhuma tragédia na família. Estava até muito feliz.

— Talvez seja por não ter muita intimidade com essa prima. É uma mulher mais velha, regula em idade com a Vera.

— Sim, mas fiquei curioso... O que aconteceu?

— Vou lhe contar, mas jamais comente com Laura. A família está muito envergonhada e estão tentando abafar o caso a todo custo.

Fabiano se aproximou para ouvir a narrativa atentamente. Laís foi em frente:

— Essa prima do pai de Laura é uma mulher muito rica. Filha única, herdou uma enorme fortuna quando os pais morreram em um acidente. Após ficar sozinha, passou a levar uma vida, digamos, um tanto desregrada, mas toda a família tinha esperança de que ela se casasse com um homem que lhe colocasse um freio. Um dia, ela resolveu construir uma mansão em uma bela praia, frequentada pela melhor sociedade, e durante uma de suas visitas à obra, em companhia do arquiteto, o desastre começou a tomar forma.

— Nossa! O que houve?

— Vou tentar resumir. Ela se apaixonou por um operário. Um horror. Um sujeito grosseiro, sem a menor educação e sem modos. Foi uma paixão avassaladora, e ela acabou colocando esse homem dentro da sua própria casa. Não deixava que ele trabalhasse, e passavam os dias ou enfiados no quarto ou gastando fortunas em viagens e passeios. Ela o levava a todas as rodas da mais fina sociedade, e ele, que não era bobo nem nada, não se intimidava e fazia de tudo para aparecer. Mas seus péssimos costumes, seu palavreado do mais baixo calão, fizeram com que todas as pessoas que eram obrigadas a estar no mesmo ambiente que ele, sentissem a mais forte repulsa pelo casal.

— Que coisa! Coitada dessa mulher.

— Que coitada, o quê! Ela nem ligava e só queria estar com ele, não se importava com o que os outros pensavam. Mas, aos poucos, os convites foram extinguindo-se, e a presença dela não era mais requisitada. O homem, que já se acostumara fácil à riqueza, culpava a mulher por não saber manter as amizades. Ele bebia muito e passou a beber mais. Ela, desolada, acompanhava-o nas noites de embriaguez. Mas o fim das bebedeiras era sempre o mesmo: ele a espancava e depois ainda a levava para a cama; ela ia sem resistir e até gostava.

— Que história horrível!

— Pois é. Depois de um tempo, ele se cansou, roubou o que podia dela e desapareceu levando até as joias da família. Envergonhada, ela não prestou queixa à polícia e o covarde partiu livre, sabe-se lá para onde. Ela teve uma crise nervosa e parece que está internada para tratamento. Por tudo isso, talvez, Laura não tenha comentado nada. Deve querer esquecer o fato. Todos os familiares estão muito abatidos.

— Que situação, Laís! Tenho pena. Imagine a desilusão que essa pobre mulher sofreu? Não me admira que tenha ido parar numa clínica.

Laís fez cara de desdém e falou procurando não se exceder:

— Não sei se tenho tanta pena, não.

Ele a olhou surpreso. Ela explicou:

— Essa mulher devia ter pensado nas consequências de seus atos intempestivos. Vera concorda comigo. Uma mulher culta, viajada, de boa educação e que pertencia a uma roda de amigos de alto nível não pode se envolver com qualquer um, um operário, um pobretão de classe infinitamente inferior. Não era de se esperar um conto de fadas.

Fabiano contemporizou:

— Calma, Laís, não é bem assim. O problema nesse caso não foi a diferença social e sim de caráter. Esse homem podia ser rico e não teria escrúpulo do mesmo jeito.

Ela não desistiu:

— Pode ser que ele realmente tivesse índole ruim, mas quando conheceu o lado nobre da vida, a ganância se apoderou dele em definitivo. Não adianta querer enfeitar os fatos: pessoas de níveis sociais diferentes não podem ter uma boa relação. A diferença cultural, de educação, a diferença de gostos, vão acabar minando até o maior amor do mundo. Isso é muito bonito em filmes, mas a realidade é bem diferente. Mesmo que ela conseguisse ficar ao lado dele, você sabe que nossa sociedade é muito exigente e acaba excluindo o que não lhe convém. Pessoas de classe inferior não são bem-vindas, mesmo que tenham traquejo, coisa que esse homem não tinha.

Fabiano a ouvia novamente calado. Quando conversavam, ela acabava sempre conseguindo incutir na cabeça dele muitas dúvidas, deixando-o confuso e angustiado. E era isso mesmo o que queria.

— Não se devem misturar estilos de vida. É assim há séculos, e ainda será sempre. Temos costumes, convenções, que devem ser respeitados. Qualquer pessoa deve se adaptar ao sistema, e não querer que ele se adapte às suas fantasias. Pobres, por mais que se esforcem, nunca serão bem aceitos entre pessoas como nós.

Fabiano expressou sua discordância e desagrado, e ela deu a cartada final:

— Sei que para pessoas da sua idade, a vida ainda é repleta de sonhos e fantasias. Tudo é muito bonito e romântico. Mas veja esse caso: quando eles estavam numa roda de amigos, o tal homem só abria a boca para falar besteira. Não podia trocar experiências falando de negócios, nem de viagens, nem das coisas mais elementares como gastronomia, artes. Enfim, não tinha preparo para estar entre os nossos. O fracasso e a rejeição seriam uma questão de tempo. Se, além de tudo, ele não fosse um ladrão, talvez pudessem continuar juntos, mas viveriam, com certeza, isolados do nosso meio e ela sofreria da mesma forma. Por favor, não comente nada com seu pai; ele já implica com Vera e se souber dessa história nem sei qual será sua reação.

— Laís, tudo isso é repugnante. Vou dar um mergulho.

Saiu e atirou-se na água. Precisava pensar, ficou verdadeiramente abalado com a história. Estava apaixonado por Luciana, a filha da empregada! O que iria acontecer? Será que Laís não estava exagerando? E se a diferença social realmente interferisse no seu romance? Até agora tudo tinha sido maravilhoso, mas eles namoravam em segredo. Como seria quando estivessem frequentando a alta sociedade paulistana?

Laís comemorava intimamente mais um passo rumo à vitória.

*

Rita não tinha mais paz nem sossego. Várias vezes pensava em falar com Arthur sobre a situação da filha, mas detinha-se diante dos pedidos de Luciana, que antes gostaria de conversar com Fabiano.

— Mãe, dê-me só mais alguns dias. Prometo que darei um jeito de estar sozinha para contar tudo a ele.

Rita ficava contrariada, mas achava que era um direito da filha.

— Mais esta semana. Esse rapaz não tem feito muito esforço para que vocês se encontrem. Não vejo empenho da parte dele. E já deveria ter falado com o pai também.

— Ele vai falar, só que agora também poderá anunciar que vamos ter um filho. E se ele não tem me procurado é porque aquela bruxa sempre dá um jeito de me manter afastada dele, e até do sr. Arthur.

— Tenho receio por você! Outro dia Fabiano chegou quando já estava amanhecendo; você estava dormindo e não viu. E ele estava visivelmente embriagado.

Luciana engoliu em seco, mas retomou a segurança em seguida.

— Na nossa situação tenho de ser compreensiva. Ninguém sabe de nada ainda, e ele tem o direito de se distrair. Não posso impedi-lo. E não seria justo. Eu não tenho visto mais minhas amigas por vontade própria e, também, porque agora me sinto indisposta e fico muito enjoada. Mamãe, eu gostaria muito que a senhora se sentisse tão confiante no futuro quanto eu.

Mas infelizmente não era assim que Rita se sentia. Não estava segura com Fabiano, mesmo gostando muito dele. Não o achava responsável e estava receosa com relação à seriedade que ele dava ao namoro com Luciana. Mas por estar de mãos atadas, deu um voto de confiança à filha.

Laís continuava a armar sua teia com o apoio de Vera.

— Hoje eu consegui conversar com Fabiano, e acho que ele está começando a se questionar e a abrir os olhos. Acho que é só uma questão de um pouco mais de tempo — dizia para a amiga, com quem falava quase diariamente contando as novidades.

Vera alimentava o plano de Laís porque também tinha esperança de que Fabiano e Laura se acertassem. Mas não era só por essa razão. Ela também tinha exatamente a mesma forma de pensar de Laís.

Passados uns dias, Luciana demonstrou que estava diferente e Laís percebeu. A moça estava sentindo a pressão da mãe para falar com Fabiano, mas continuava tendo dificuldades para chegar até ele. Por outro lado, Fabiano não a tinha mais procurado, o que a deixava ansiosa e nervosa. Laís percebeu a tensão crescer dia a dia, e sentiu que havia um barril prestes a explodir. Quanto mais tensos estivessem Fabiano e Luciana, mais difícil seria o diálogo. Desde que tivera a conversa com a madrasta, o rapaz enfrentava um grande embate interior, e, por essa razão, estava evitando encontrar com a namorada. Precisava colocar as ideias em ordem, pois, no momento, só tinha certeza de que a amava... mas agora, esse sentimento já não lhe parecia o suficiente.

Laís, com sua vivência, sabia que assuntos delicados deviam ser conversados em um ambiente harmônico e tranquilo. Quando percebeu que o clima na casa estava ficando cada vez mais tenso, resolveu dar continuidade ao que planejara. Arthur era o único que, apesar da sincera preocupação com o que Laís havia lhe contato, permanecia alheio ao andamento dos acontecimentos. A empresa passara por problemas que ele conseguira resolver a contento, mas, depois disso, parecia que nada mais funcionava como antes, e ele estava sempre envolvido em busca de soluções para conseguir evitar novos imprevistos.

Certa tarde, notou que Fabiano estava agitado, andando de um lado a outro sem parar. Teve certeza de que ele queria falar com Luciana, que ela manteve o dia todo ao seu lado. Quando eles se cruzavam dentro de casa, ela percebia a troca de olhares e sinais, mas logo dava um jeito de afastá-los novamente. Em determinado momento pensou com intensa satisfação: "Estão no ponto! É hora de soltar as feras e deixar que se matem!".

Aproveitando a proximidade de Fabiano, Laís disse para Luciana:

— Acho que vou para o meu quarto descansar. Hoje não tenho mais nenhum compromisso e quero relaxar, talvez até dormir um pouco. Você tem trabalhado e se dedicado muito, minha querida, portanto, pode ter o resto do dia livre. Só precisarei de você amanhã — e despediu-se com um sorriso.

Luciana ficou absolutamente perplexa com o tom amável utilizado por Laís, mas a possibilidade de estar livre para se encontrar com Fabiano a fez não dar importância ao fato. Em poucos minutos, ele estava na porta da casa de Luciana, e ambos combinaram de se encontrar no mesmo ponto da rua onde ele sempre a pegava quando saíam. Iriam para algum lugar longe da mansão, onde pudessem estar juntos sem correr o risco de serem interrompidos.

— Mãe, é hoje! Vou sair com Fabiano e tudo será resolvido. Estou tão ansiosa que meu coração parece que vai saltar do peito — falou Luciana enquanto se vestia e rodopiava alegre pelo quarto.

Rita a observava com o semblante fechado. Apenas rezava pela filha e para que tudo saísse da forma como ela estava sonhando. Ao se despedirem, Rita beijou-lhe a testa e disse apenas:

— Deus a acompanhe e proteja.

Como sempre faziam, Luciana saiu na frente a passos rápidos, e, em seguida, o carro de Fabiano cruzou o portão em direção à rua. Laís, triunfante, seguia os passos do casal escondida por detrás da cortina de seu quarto.

Quando Luciana entrou no carro do namorado, ambos se abraçaram e se beijaram com a intensidade da saudade que sentiam. Partiram para o restaurante onde Laís os vira juntos pela primeira vez. Fabiano preferia que ficassem sozinhos em outro lugar, mas Luciana disse que queria conversar com ele primeiro, e depois iriam para onde ele quisesse.

Depois de uma intensa troca de carinhos e palavras amorosas, já instalados à mesa do restaurante, Luciana começou a falar lentamente, procurando reter ao máximo aquele momento que considerava ser um dos mais felizes que teria na vida:

— Meu amor, tudo o que estamos vivendo é tão maravilhoso que jamais imaginaria existir algo ainda maior e que pudesse nos trazer mais felicidade!

— Eu também estou muito feliz. O que importa é que estejamos juntos e aproveitemos cada minuto. O que vale é o agora, é viver o que sentimos sem pensar em mais nada.

Luciana sentia seus olhos brilharem:

— Eu também pensava assim, meu amor, mas agora tudo vai mudar. Vamos pensar no futuro que teremos, no quanto ainda vamos construir e no quanto ainda nos amaremos e seremos felizes.

Ele a beijava sem atentar para o que ela dizia:

— Para que pensar no futuro? Deixe que as coisas aconteçam sem esse tipo de preocupação. Temos de usufruir de nossa paixão neste momento!

Ela respirou fundo e finalmente noticiou:

— Fabiano, temos de pensar no nosso futuro sim, a partir de agora. Eu estou grávida!

Ele a olhou incrédulo:

— O que você disse?

Ela, sorrindo, repetiu:

— Nós vamos ter um filho!

Sentindo-se sufocado, Fabiano deixou o corpo pender para trás e se encostou na cadeira, afastando-se da namorada. Ela estava tão exultante que não divisou que a expressão dele se anuviara.

Perturbado, sem conseguir assimilar o que ela sentia, ele falou em um tom indolente e apático:

— Nós temos de resolver esse problema!

Ela o olhou insegura.

— Problema? Que problema?

— Como assim, que problema? Você só pode estar brincando.

Laís estava certa. Com a pressão sofrida nos últimos tempos, ambos estavam com os nervos à flor da pele, e a falta de compreensão e entendimento já começava a se fazer presente.

Fabiano continuou:

— Essa gravidez é um problema. Você não me disse que não tomava nenhuma precaução.

— E você se preocupou com isso quando fomos para a cama na primeira vez? Não lembro sequer de você ter mencionado algo a esse respeito. E minha gravidez não é um problema!

— Em que mundo você vive, Luciana? Já imaginou quando todos souberem?

Luciana estava começando a se irritar:

— Todos quem? Para nós só importa a reação de seu pai. Mas sei que ele ficará feliz. Minha mãe já sabe.

Fabiano se surpreendeu:

— Rita já sabe? E não fez nada?

— Ela queria falar com o sr. Arthur, mas eu pedi que esperasse. Queria antes contar a você.

— Ainda bem que ela não falou nada. Meu pai nem deve saber disso. Imagina que choque teria!

— Mas nós vamos ter de acabar contando. É nosso futuro que está em jogo, o futuro do nosso bebê.

Fabiano calou-se por alguns instantes se dando conta de que a visão da relação que ele tinha era bem diferente da dela. Sentiu uma pontada de culpa, mas tinha de ser sincero.

— Que futuro? Nós nunca planejamos futuro nenhum. Nunca falamos nada a respeito, muito menos sobre bebês!

Luciana achou que ia desfalecer, mas conseguiu manter-se firme:

— Fabiano, não estou entendendo essa sua forma de falar. Nós nos amamos...

— Sim, estamos apaixonados, mas mesmo assim, falar de futuro é outra coisa.

Ela sentiu-se aliviada ao ouvi-lo falar do amor deles.

— Então, se nos amamos, não existe problema. Nós vamos nos casar, ter nosso filho e tudo vai ficar bem.

Ele foi enfático:

— Não, Luciana, nós não podemos nos casar, entende?

Os olhos da moça imediatamente encheram-se de lágrimas. Com a voz embargada ela perguntou:

— Como não podemos? Estou com medo; não acredito que você está dizendo essas coisas.

— Eu não posso me casar com você. Ficarmos juntos, namorarmos, aproveitarmos a vida lado a lado, sem compromisso, tudo bem. É o que vínhamos fazendo e estava ótimo. Mas ninguém falou em casamento. Sou muito novo para ter um filho. É muita responsabilidade, não estou preparado.

— Nem eu estava — disse Luciana já não conseguindo conter o pranto —, mas juntos vamos superar tudo. Você vai ver!

— Você está vivendo uma fantasia, mas a realidade é diferente. Desculpe, jamais me casaria com alguém que não fosse do meu nível social. Não daria certo, você sofreria e eu também — concluiu lembrando-se das palavras de Laís.

— Não acredito! Você não pode pensar assim. Eu não teria me enganado tanto.

— Desculpe, de coração! Eu me apaixonei de verdade por você, mas sempre vivi cada instante ao seu lado sem pensar em algo mais para a frente. Você não vê? A sociedade jamais veria com bons olhos nosso casamento e ficaríamos sem amigos, sem convites... Laís disse...

Fabiano não conseguiu completar a frase:

— Eu sabia que tinha o dedo daquela megera nessas suas ideias! — disse Luciana com a voz carregada de rancor.

— Luciana! Isso é jeito de falar? Principalmente de alguém que tem feito de tudo para lhe proporcionar boas oportunidades na vida?

— E você acredita nisso? Ela mente, é falsa, humilha-me, maltrata-me quando vocês não estão por perto.

— Você está se mostrando mal-agradecida e eu estou decepcionado.

— E agora? O que vou fazer?

— Calma, dê-me um tempo para pensar e resolvemos tudo.

Ele acalmou o tom áspero da voz, chegou bem perto dela e disse:

— Hoje estamos muito nervosos para continuar essa conversa. Vamos para casa. Falaremos novamente com a cabeça mais fria e acharemos a solução. Mas, por favor, entenda, não podemos ter esse filho e não vamos nos casar. Está tão bom como está. Para que mudar? Você não estava feliz até esse problema aparecer?

Ele continuava se referindo ao filho como um problema. Luciana estava destruída, arrasada. Ambos voltaram sem trocar uma palavra durante todo o trajeto. Ela desceu do carro perto de casa e saiu correndo, passando pelo portão aos prantos, soluçando tão alto que temeu que todos ouvissem. Fabiano, em vez de entrar em casa, tomou outro rumo, sem vontade de ver ninguém.

Laís, da varanda presenciou a chegada da moça. Pelo estado dela, constatou que tudo havia ocorrido como esperava. Era certo que haviam brigado, e seus argumentos unidos à magnífica história que inventara sobre a prima do marido de Vera cumpriram muito bem sua função.

Agora era esperar para ver como Fabiano reagiria nos próximos dias. Mas Laís daria seu jeito para que ele não aceitasse o filho de forma alguma.

treze
Um grande engano

Na casa de Rita o clima era de desespero:

— Minha filha, não adianta chorar. Temos de pensar na atitude que vamos tomar. Você é menor de idade e Fabiano terá de arcar com sua responsabilidade! Mas isso tudo vai criar uma situação terrível com nosso patrão. Não sei se teremos saída. Eu bem que os avisei para ficarem longe um do outro.

Desde a noite anterior, quando saíra com Fabiano, Luciana não conseguia parar de chorar:

— Mãe, eu não consigo acreditar que isso esteja acontecendo. Ele deixou claro que não vai se casar comigo. Mesmo apaixonado por mim, disse que não podemos ter uma vida juntos, que enquanto estava tudo escondido não tinha problema. Ele tem vergonha de mim, não quer aparecer comigo na frente de seus amigos pedantes e esnobes

— falou, atirando-se na cama e sentindo que o mundo estava prestes a acabar.

— Não vou facilitar as coisas para nos iludirmos; a situação é séria e não sei mesmo o que fazer. Será que agora ele vai contar ao pai?

Luciana a olhou com total descrença e desilusão:

— Acho que não terá coragem. Ele mesmo disse que foi bom a senhora não falar com o sr. Arthur. Talvez tenhamos de tomar essa atitude.

Rita contraiu todos os músculos da face. Isso seria o fim de toda a paz que sempre reinara naquela casa. Finalmente, teve de admitir para si mesma e para a filha:

— A verdade é que depois que dona Laís apareceu na vida de todos nós, tudo mudou. Quem determina os rumos da casa e das pessoas que aqui vivem agora é ela, que tem feito de tudo para implantar a discórdia e a desconfiança.

— É verdade, a senhora viu como Fabiano a defendeu?

— Eles estão cegos e envolvidos por ela. Eu avisei que seria uma luta desigual. Ela nunca nos suportou e na hora que souber o que está acontecendo, com certeza vai envenenar o sr. Arthur e o Fabiano contra nós.

Mãe e filha ficaram alguns momentos em silêncio, contidas na dor que assolava o coração delas naquele momento. Foi quando Rita, buscando forças em toda a fé que possuía, falou determinada:

— Estou cansada, filha. Foram anos de dedicação a esta casa, ao sr. Arthur e ao Fabiano. Sei que vocês erraram, que o que fizeram trará muitos problemas, mas o sr. Arthur tem de saber. Ele terá de saber inclusive tudo o que a mulher dele tem feito quando ele não está por perto. Nós quatro, de certa forma, formávamos uma família, e essa Laís chegou para destruir tudo. E se ela os engana com relação a nós, sabe-se lá quais são suas reais intenções com esse casamento. Tenho a sensação de que o sr. Arthur e o Fabiano ainda podem sofrer muito com as artimanhas dela. É minha obrigação tentar abrir os olhos de nosso patrão. A situação já é grave, e de qualquer maneira a tempestade vai assolar nossa vida, então, que pelo menos eu tente fazê-los enxergar. Se não der certo, terei ao menos minha consciência tranquila.

Luciana ficou orgulhosa, mas ao mesmo tempo temia pelo que a atitude da mãe pudesse desencadear. Mas concordou que era o melhor rumo a tomar. Fabiano era um covarde, e se ele não iria fazer nada, elas fariam.

Nesse dia, Laís acordou muito bem-disposta. Via o castelo de Luciana ruir bem diante dos seus olhos. Logo se livraria das duas para sempre. Mas para dar continuidade ao seu excelente desempenho, manteve uma postura sisuda e discreta quando ligou para o marido convidando-o para almoçar. Ele se preocupou com o tom de voz da mulher e disse que aguardaria ansioso o horário do encontro para saber o que estava acontecendo. Na hora marcada, ela já o esperava no restaurante.

— O que aconteceu, minha querida? Vejo pela sua expressão que tem novidades... e não parecem boas.

— Realmente o problema se agravou muito. Arthur. Não sei como devemos agir. Temos de ter calma para não piorarmos a situação.

O marido a olhou com os olhos vidrados de atenção. Ela prosseguiu:

— É verdade que Luciana se relaciona com aquele homem da Hípica há muito tempo. Andei sondando e soube que ele é bem rude, e quando deseja algo, não mede esforços para conseguir. Os outros funcionários do clube dizem que ele é fechado no trabalho e faz sua função corretamente, mas na vida pessoal, é violento e se as coisas não andam como ele quer, é capaz de fazer até ameaças.

— Meu Deus! Como o clube admite uma pessoa assim?

— Foi o que lhe falei; parece que no trabalho ele é irrepreensível. O problema é na vida pessoal. E como nunca criou nenhuma situação desagradável, o clube na verdade não tem motivos para demiti-lo.

— E como Luciana foi se envolver com um tipo assim?

— Disseram que ele, embora já sendo homem maduro, exerce grande atração sobre as mulheres, e o que é pior, de todas as idades. Tem fama de amante espetacular, sabe ser gentil na hora da conquista, e isso deve ter fascinado um coração jovem como o de Luciana. Mas você ainda não sabe o pior: ele a engravidou!

— O quê? Não é possível! — exclamou Arthur com a voz elevada muito acima do que costumava usar.

— Calma, querido, olhe sua saúde. Não fique assim.

— Como não vou ficar? Vi essa menina crescer, tenho carinho por ela, não posso ficar indiferente. E, Rita, está sabendo disso?

— Creio que da gravidez, não. Soube por outro empregado da Hípica que o tal homem estava cantando aos quatro ventos que Luciana daria um filho a ele. Mas Rita sabe que o namorado da filha não é da escola, porém não consegue conter Luciana, que está cada dia mais agressiva e rebelde.

— Eu não posso acreditar! Tenho de tomar uma atitude, preciso ajudar Rita. Ela vai ficar desnorteada quando souber da gravidez e quem é o pai.

— Eu tive uma conversa franca com Luciana, mas ela não está receptiva a conselhos.

— Ela a destratou? — questionou Arthur muito aborrecido.

— Não, de forma alguma. Não teria coragem de fazer comigo o que está fazendo com a mãe. Disse a ela que já sabia de toda a situação e que queria ajudá-la, inclusive contando a você. Ela disse que não quer que ninguém interfira. Que vai resolver tudo com a mãe. Ou seja, é melhor não nos metermos agora.

— Não, de jeito nenhum. Temos de fazer alguma coisa imediatamente.

Laís sabia conduzi-lo para que fizesse como ela queria:

— Disse para Luciana que se em quinze dias ela não conseguisse resolver, nós entraríamos na história e você daria um jeito de ajeitar tudo.

Arthur concordou, mas ainda se mostrava impaciente. Mas faria como a esposa lhe pediu. Ela era prudente e sabia o que estava fazendo.

À noite, reunidos no jantar, Arthur, Laís e Fabiano quase não comiam nem conversavam. O ar estava pesado, e quando Rita foi servi-los, nenhum do três a olhou ou lhe dirigiu a palavra. Arthur, porque não conseguia encará-la e ver seu sofrimento; sentia-se impotente. Fabiano, porque sentia vergonha e sabia que Rita censurava sua atitude, que Luciana com certeza já contara a ela. E, Laís, apenas pelo prazer de ignorá-la. Ela retornou à cozinha sentindo-se arrasada, sem saber ao certo o que estava acontecendo, mas nada podia fazer. Teria de pegar Arthur sozinho.

Só depois de algum tempo, Fabiano se deu conta de que o pai estava cabisbaixo e com ar aborrecido. Pensou que Rita teria falado com ele, e um frio o atingiu no estômago. Será que o pai estaria zangado? Mal se falaram no decorrer da refeição. Arriscou perguntar ainda vacilante:

— Pai, percebo que o senhor não está bem. O que o aborrece?

Laís olhou para o marido, que se limitou a dizer:

— Sérios problemas, filho.

— Mas posso ajudá-lo? Está aborrecido comigo? — soltou buscando uma pista.

O pai virou-se ternamente para ele:

— Você? Claro que não. Você sempre me dá alegrias.

Fabiano suspirou aliviado. Arthur ainda não sabia de nada.

— Não há nada que eu possa fazer? São os negócios?

Novamente Arthur e Laís se entreolharam.

— Meu filho, vamos nos recolher ao meu escritório. Você saberá cedo ou tarde e prefiro eu mesmo lhe contar. Vai ser um choque para você também. Venha comigo.

Laís interveio:

— Querido, tenho algumas coisas para acertar com Rita.

Quando pai e filho estavam sozinhos, Fabiano perguntou curioso:

— Realmente parece um problema grave. O que está havendo?

— Meu filho, não é nada que diga respeito diretamente à nossa família, mas é com pessoas por quem temos carinho e consideração, e o problema é realmente sério.

Fabiano estava muito intrigado e ouvia atentamente. Arthur continuou com expressão desanimada:

— Sempre tive por Luciana admiração e respeito. Mas essa menina parece que saiu do eixo e anda fazendo coisas que magoaram profundamente Rita, e suas atitudes tiveram consequências muito graves.

Ao ouvir o nome de Luciana seu coração disparou. Não entendia do que o pai estava falando se o assunto não o envolvia.

— O que ela fez de tão grave?

— Você nem vai acreditar: ela se envolveu com um dos cavalariços da Hípica, um homem maduro, que se aproveitou da ingenuidade dela e, por causa dele, Luciana mudou totalmente seu comportamento. Tem sido agressiva e não obedece mais à mãe, faz o que quer e parece até que anda relaxando nos estudos.

Fabiano estava atônito. Não entendeu nada. Como Luciana namorava outro homem? Perguntou-se cercado de dúvidas e confuso.

— Mas como assim? Nunca soube que Luciana namorasse alguém. Faz tempo?

— Relativamente algum tempo, não sei ao certo, mas é coisa de meses. Eles se conheceram quando ela ia para o clube com Laís.

O rapaz precisava controlar suas emoções, mas estava começando a sentir o ciúme lhe corroendo, ao mesmo tempo que seu orgulho ferido o deixava irado.

— Mas isso é verdade, mesmo? Pode ser alguma intriga ou um mal-entendido...

— Não há mal-entendido, meu filho. Luciana está grávida desse homem!

Fabiano sentiu o corpo ficar rijo. Luciana o teria enganado, então? Será que Laís sempre esteve certa, e a moça só queria dar o golpe nele? "Por esse motivo ela estava com tanta pressa que meu pai soubesse e nos casássemos.. Tinha medo que a sujeira que estava armando fosse revelada."

— Quem lhe contou tudo isso, papai?

— Uma pessoa da nossa maior confiança: Laís. Ela os pegou juntos uma tarde na Hípica. Laís ficou horrorizada com o que viu; Luciana estava se agarrando com esse homem em plena vila dos estábulos, ao anoitecer, se comportando como uma mulherzinha vulgar. Laís não se refez até agora. Ela já estava vendo Luciana com muito carinho, e aquele comportamento lhe mostrou um lado da personalidade dela que desconhecíamos.

"Por essa razão Luciana a odiava tanto. Por medo de que ela a desmascarasse! Pobre Laís que tanto se empenhou em ajudar", pensou Fabiano com o coração tomado pelo desprezo pela namorada. "Mas isso não vai ficar assim; não vou ser feito de bobo desse jeito sem dar o troco!"

— Vou falar com Luciana hoje, papai. Quem sabe posso fazer alguma coisa por ela.

— Não, Fabiano. Não quero que interfira. Apenas lhe contei porque sei que vocês estavam mais próximos e você precisava saber. A sua amizade com ela pode até se tornar perigosa: soube que esse o homem é agressivo e pode achar que você a está importunando, e sabe-se lá o que poderá fazer! Não, fique fora disso.

Fabiano concordou e jurou para si mesmo que não tocaria no assunto com Luciana, mas teria uma conversa definitiva com ela. E seria naquele mesmo dia. A ideia de que ela o traíra, a imagem de Luciana se agarrando com outro homem, a falsidade dela quando dizia que o amava alimentavam um profundo ódio em seu coração. Na verdade, o que ela queria era aplicar um golpe dizendo que o filho era dele. Teria o futuro garantido e ele teria feito papel de tolo. Quem sabe depois ela não pediria o divórcio, sairia com uma polpuda pensão e iria viver ao lado do amante. Talvez eles fossem até cúmplices na intenção de fazer o garotinho rico de otário.

O rancor estava perturbando o raciocínio de Fabiano e ele não via a hora de estar diante de Luciana! Diria a ela que jamais haveria casamento, e que isso era uma decisão definitiva.

Pai e filho não percebiam, mas muito próximo a eles, estavam os espíritos de Olívia, mãe de Fabiano, acompanhada de um irmão que a orientava e instruía. Ela se sensibilizava vendo o sofrimento do filho e o marido sendo traiçoeiramente enganado. Rezava por eles, enviando energias de amor e paz. No momento, apenas isso lhe fora permitido.

*

Laís sabia que havia ganhado e que agora Fabiano não iria mais querer ficar ao lado de Luciana. Armou a armadilha de tal forma que ele jamais saberia ser pai dessa criança e desprezaria a namorada para sempre.

Como havia planejado, Fabiano procurou por Luciana naquela mesma noite, e não havia mais nada o que esconder. Conversaram nos jardins da residência da família e Laís já não se importava. Sem que eles percebessem, ela observava ao longe, na certeza de que a conversa seria decisiva.

— Luciana, acho que não temos muito o que conversar — disse Fabiano friamente.

— Eu não tenho mais lágrimas, você me feriu profundamente. Por que está fazendo isso? Por que fala comigo dessa forma?

— Você disse que me amava e me enganou. Essa gravidez foi planejada, não é? Era esse seu objetivo desde o início — Fabiano falava, controlando-se para não mencionar que sabia sobre o outro homem.

— Eu não acredito que você está pensando nisso. Acha que eu engravidei para lhe dar um golpe?

Ele estava desorientado, dividido entre o amor que sentia por ela, as palavras de Laís e as últimas revelações que chegaram até ele. E tinha a alma corroída pelo ciúme.

— Você é uma moça instruída, bem informada. Deveria saber que precisava tomar precauções. Se não o fez, não pode ser por ignorância dos fatos. As pessoas estão certas quando dizem que as diferenças sociais deixam evidentes a impossibilidade de uma relação entre nós. Laura, por exemplo, jamais agiria dessa forma e me colocaria num problema desses.

— Nunca me senti tão ofendida! E pensar que você sempre foi o grande amor da minha vida, que sonhei durante tantos anos em estar com você. Como pode?

— Acho que não temos mais que prolongar essa conversa. Acabou. Deixe-me em paz que farei o mesmo com você.

— Seu pai vai saber de tudo, minha mãe vai contar e conversar com ele. Você vai ter de assumir nosso filho.

Fabiano a encarou com rancor:

— Sua tola. Meu pai já sabe de tudo. Todos aqui já sabem de tudo! E não se preocupe, ele pediu que Laís tomasse as providências necessárias para resolver esse problema.

Luciana, ao ouvir aquilo, ficou desesperada. Saiu chorando em busca da mãe. Fabiano pegou seu carro e foi se encontrar com a antiga vida que levava. Queria esquecer tudo o que estava acontecendo. Quando Luciana entrou na cozinha, deparou com Rita e Laís conversando. A mãe tinha uma expressão transtornada e a dor que sentia era visível. A patroa tinha um semblante carregado de arrogância e certo vestígio de irônica alegria. Não aguentando mais tanta pressão e cansada de tudo aquilo, Luciana falou agressivamente dirigindo-se para Laís:

— O que está acontecendo aqui? O que fez com minha mãe?

Rita nada dizia, sentia-se esgotada com os últimos acontecimentos e com o que Laís acabara de lhe dizer. Não tinha mais forças para lutar. Laís tratou de responder com muita calma; nada mais a deixava irritada agora. Havia vencido!

— Minha cara, não adianta gritar e espernear. Acabei de conversar com sua mãe e ela entendeu tudo. Agora falta você. Minha família já sabe de tudo, que você espera um filho de Fabiano e que vocês estavam namorando.

Luciana percebeu que Fabiano falara a verdade. Todos já sabiam. Agora tudo se resolveria. Arthur não iria desampará-la. Sentou em uma cadeira e ficou ansiosa para ouvir o que Laís diria a seguir:

— Meu marido ficou muito chocado com a situação e decepcionado com sua atitude. Ele a criou como uma filha e sente-se apunhalado pelas costas, traído pela confiança que tinha em você e na sua mãe.

Ao ouvir aquilo, Luciana não conseguiu reagir. Rita, em pé, apenas chorava em silêncio. Laís continuou:

— Fabiano também está desolado; ele realmente gostava de você e igualmente se sentiu enganado. Você sabia que não deveria engravidar, hoje em dia todas as moças sabem disso, mas nós temos certeza de que você agiu premeditadamente, com a intenção de conseguir um marido rico que a sustentasse para o resto da vida. Mas seu plano deu errado. Arthur e Fabiano não são bobos e você não conseguiu ludibriá-los.

— Isso é mentira! Você fez intrigas e encheu o coração deles de ódio! — gritou Luciana totalmente descontrolada. Rita se aproximou e tentou acalmar a filha. Laís sequer se abalou:

— Não vim até aqui para discutir com você nem para ficar ouvindo suas agressões e mentiras. Sei que deve estar desesperada por ter sido pega em flagrante e não conseguir aplicar seu golpe. Vim aqui para dizer a você e à sua mãe que meu marido e meu enteado não querem mais vê-las, nunca mais! Vocês sairão desta casa amanhã e estão proibidas de entrarem nas dependências sociais da mansão até a hora de partirem.

Mãe e filha escutavam tudo absolutamente inertes, em estado de choque, que as impedia de ter qualquer reação.

— Ainda hoje quero que arrumem tudo o que é de vocês, objetos pessoais, é claro, pois irei averiguar pessoalmente se não estão levando algo que não lhes pertence. Rita, não a quero mais na cozinha, nem hoje nem amanhã pela manhã. Você não trabalha mais para esta família, e até deixarem a mansão ficarão restritas ao espaço da casa que ocupam. Não as quero em hipótese alguma circulando em qualquer outra área.

— Eu gostaria de conversar com o sr. Arthur antes de irmos embora — disse Rita com a voz baixa e embargada.

Laís a olhou com superioridade:

— Você é mais burra do que eu pensava ou está se fazendo de sonsa? Eu já disse que meu marido está muito desiludido com o que vocês fizeram, e se você tivesse um mínimo de decoro, nem se atreveria a fazer um pedido desses.

Rita calou-se e as lágrimas corriam incontidas pelo seu rosto. Luciana já não chorava. Crescia dentro dela o ódio, a revolta e nascia um grande desejo de vingança. Não dizia uma palavra, mas fulminava Laís com o olhar, remoendo em seu íntimo todas as humilhações que ela a havia feito passar. Pensava em Fabiano, na forma como ele a desprezara quando ela dedicava a ele o maior amor do mundo. Pensava na decepção que sentia ao ver a atitude de Arthur, por quem sempre tivera toda a consideração e gratidão.

Laís pôs um ponto final na conversa:

— Não tenho mais nada para falar. Quero as duas fora daqui ainda antes do almoço. Arthur e Fabiano vão sair cedo, e não querem encontrá-las mais aqui quando voltarem. Vocês tiveram um comportamento traiçoeiro com quem sempre lhes estendeu a mão. E para provar que somos infinitamente superiores, peguem isso — e atirou um maço de dinheiro em cima da mesa. — Apesar de terem agido de forma inaceitável e repulsiva, nós ainda temos a caridade de lhes oferecer esse dinheiro, porque meu marido sabe que vocês não devem ter se precavido fazendo uma poupança para o futuro. Você, Rita, gastava tudo para alimentar a ganância de sua filha, que ambicionava uma posição na sociedade. Pagava cursos, escola, quando devia tê-la ensinado os serviços domésticos para que fosse uma boa empregada. Se você lhe tivesse mostrado onde realmente é o lugar de vocês, nada disso teria acontecido. Continuariam a nos servir e viver aqui em paz, cumprindo a função que lhes cabia.

Luciana, com voz firme, apenas perguntou:

— E o filho de Fabiano? Ele não vai assumir?

Laís respondeu com raiva:

— Ele nunca quis e não quer esse filho, que até duvida ser dele mesmo.

Luciana teve vontade de partir para cima da mulher, mas conteve-se. Laís finalizou:

— E se você insistir querendo que ele assuma essa paternidade, se aparecer por aqui com algum processo, pode até ser que ganhe. Mas tenha certeza de que se fizer isso, esse bastardinho que você espera nunca será reconhecido por nossa família. Você quer dinheiro? Pode ser que obtenha, mas continuará sendo desprezada como uma criatura repugnante de quem queremos distância. Nunca, ouviu bem? Nunca será uma de nós! Nunca vocês farão parte da família Gouveia Brandão! Sua entrada será sempre pela porta dos fundos e o dia em que Fabiano se casar, provavelmente com Laura, que é uma moça fina e de quem ele terá orgulho com certeza, e tiverem filhos, jamais permitiremos que venham a conviver com esse bastardo. Você tentou dar o golpe, agora que o crie sozinha. É problema seu! Agora chega! Amanhã de manhã quero-as fora da nossa casa. Mas não esqueçam, vou fiscalizar a saída para ver se não roubaram nada. Se eu der por falta de alguma coisa, imediatamente a polícia sairá no encalço das duas.

Deu as costas e saiu, sentindo-se feliz e realizada. Acabou! Ela conseguira. No dia seguinte resolveria o que dizer para o marido e para Fabiano.

Enquanto arrumavam a pequena bagagem que levariam, mãe e filha conversavam com muito esforço sobre o porquê de todos os acontecimentos parecerem ter sugado as energias delas.

— E agora, minha filha? O que vai ser de nós? Não temos para onde ir, nenhum parente para nos acolher, estou desesperada...

Luciana pegou o maço de dinheiro que receberam e viu que era uma quantia razoável para, pelo menos, os primeiros tempos. Tranquilizou a mãe:

— Eu queria atirar esse dinheiro na cara dela, mas o orgulho agora só nos prejudicaria mais. Temos o suficiente para nos abrigarmos por uns tempos. Depois, conseguirei um emprego e vamos conseguir nos manter, fique certa disso.

— Vamos ter de sair de São Paulo. Tudo aqui é muito caro.

— É verdade, mãe. Em alguma cidade pequena o dinheiro até vai render mais. Mas para onde iremos?

— Vamos para a rodoviária. Lá Deus há de nos indicar o rumo que devemos tomar.

— Podíamos ir para longe... interior de Minas Gerais, Rio de Janeiro, o que acha?

— Qualquer lugar que seja bem longe de toda essa humilhação, dessa vergonha. Como o sr. Arthur pôde agir dessa forma conosco? Eu sabia que talvez ele tivesse dificuldade de aceitar a situação, mas nunca imaginei que ele acharia que tudo foi um golpe, que nos trataria dessa forma! Não me conformo.

— Isso foi influência dessa mulher, mãe! Se ela não estivesse aqui, eu iria me casar com Fabiano e todos seríamos felizes. Mas eles não perdem por esperar.

Rita sentiu um mal-estar com as palavras da filha:

— O que você está dizendo?

— Custe o que custar, eles vão me pagar. Cada um deles!

— Meu Deus, minha filha, não pense assim. A vingança destrói e faz as tragédias se perpetuarem. Você tem meu neto para criar, tem de pensar no futuro e não em vingança.

— Não adianta nem falarmos sobre isso. Eles vão pagar tudo o que estão fazendo. Vou destruir essa família.

— Minha filha, o que você pode fazer contra eles? Não temos nada, e eles têm tudo.

— O mundo dá voltas, mamãe, e o que fizeram não ficará impune. Nem que eu leve a vida toda, vou destruí-los!

Rita balançou a cabeça em desacordo, mas viu que não adiantava insistir. Com o tempo faria a filha desistir daquela ideia.

Naquela noite, ninguém conseguiu dormir na residência da família Gouveia Brandão. Arthur se revirava na cama, pensando nas providências que tomaria no caso de Luciana. Ele não imaginava que Laís já havia se antecipado e resolvido ao modo dela. Ele sentia pena de Rita e se preocupava com o destino da moça, e, de certa forma, sentia que era sua obrigação ajudá-la. Não deixaria que um homem sem caráter e sem escrúpulos destruísse uma vida que ainda estava se formando; a vida de uma jovem que podia ter cometido um erro, mas que sempre havia lutado para manter uma conduta exemplar e esforçada.

Fabiano, em seu quarto, tentava conter a dor que estava sentindo. Arrependia-se por não ter jogado na cara de Luciana que sabia de toda a verdade sobre o caso que ela mantinha com o outro homem. Isso faria com que a culpa por tê-la preterido em nome de sua posição social fosse atenuada. Será que Laís estava certa? Seu pai sempre o educara para que fosse generoso e tratasse todas as pessoas com a mesma consideração e respeito. Arthur dizia a ele desde menino, que Olívia, a mãe, também agia assim, que era uma pessoa muito boa e achava que todas as pessoas são iguais aos olhos de Deus. Mas quando Laís chegou, começou a mostrar que a vida real era diferente. E ainda tinha aquele caso da prima do pai de Laura, uma história que Fabiano não tirava da cabeça. É, talvez Laís estivesse mesmo com a razão; não importava o que ele, o pai ou a mãe pensavam. A sociedade fazia suas cobranças e quem não as aceitasse, não se adequasse, estaria fora dos padrões. E ele não queria isso para sua vida. Mas o coração do jovem estava partido. Ele amava profundamente Luciana e pensou no bebê: seria mesmo seu filho? Estava arrasado! Mas o pai saberia resolver a situação. Quem sabe ele ainda pudesse ter mais uma conversa com Luciana...

Virou para o lado e se forçou a dormir. Precisava descansar e esquecer.

Laís também não conseguia pegar no sono. Estava exultante e excitada demais para relaxar. Seu plano foi arriscado porque para cada lado ela criou uma história diferente e se algo desse errado, fatalmente ela estaria em uma grande complicação. Mas tudo correra como havia planejado. Foi perfeito. No dia seguinte, aquelas duas seriam página definitivamente virada em sua vida. Fabiano estaria livre... quem sabe para ela, um dia!

catorze
Mudanças

O sol não havia nascido quando Rita e Luciana deixaram a mansão da família Gouveia Brandão carregando apenas duas pequenas malas e algumas sacolas, rumo a um futuro desconhecido e incerto. Rita queria ter aguardado Laís como havia sido determinado, para que ela conferisse que não estavam levando nada que não lhes pertencesse. Mas Luciana bateu o pé dizendo que não iam se submeter àquela humilhação. Então saíram ser serem vistas para nunca mais voltar.

Quando Laís acordou e deu por falta das duas, pensou por alguns instantes e voltou para a suíte acordando Arthur com uma atitude agitada e aflita.

— Querido, acorde, por favor! Preciso falar com você; não imagina o que aconteceu.

Arthur abriu os olhos ainda sonolento, mas assustado.

— O que houve?

— Acabei de encontrar Rita. Ela estava saindo com uma pequena bagagem e disse que ia embora atrás de Luciana.

— Atrás de Luciana? Como assim? Do que você está falando?

Querendo ganhar tempo, Laís sugeriu:

— Vá lavar o rosto enquanto pego um café para você. Assim contarei tudo com calma.

Ele hesitou por um momento, mas acabou concordando. Poucos minutos depois, os dois estavam sentados na cama e ele ouvia atentamente a explicação de Laís:

— Eu acordei de repente antes do amanhecer, e como não conseguia dormir, resolvi descer um pouco. Fui à cozinha e ouvi uma movimentação que vinha da casa de Rita. Quando fui conferir, eu a vi saindo com a mala. Eu a interceptei no caminho para saber o que estava acontecendo, e ela me disse que no início da madrugada Luciana fizera as malas dizendo que ia embora morar com o tal sujeito. Rita tentou dissuadi-la, mas como você sabe Luciana anda inconsequente, e a mãe não obteve êxito. Desesperada, começou a imaginar o que iria fazer. Quis em algum momento chamar-nos, mas ficou envergonhada e achando que a filha já estava causando problemas demais. Então decidiu ir atrás dela. Não queria deixar a filha à mercê daquele homem e temia que algo ruim lhe acontecesse. Querido, eu tentei de tudo para fazê-la mudar de ideia, pedi que aguardasse, disse que viria chamá-lo e resolveríamos a questão, mas ela implorou que eu não o fizesse. Afirmou que depois do que acontecera, não tinha mais condições de trabalhar aqui em casa nem de olhar para você. Estava se sentindo muito mal, disse que Luciana ia ter o filho ao lado do pai da criança e uma nova vida começaria para elas. A única coisa que consegui foi que ela aceitasse um dinheiro que peguei apressadamente antes que ela se fosse. Só aceitou porque eu disse que era justo pelos anos de dedicação.

Arthur estava zonzo; mal conseguia falar:

— Meu Deus! Que loucura é essa? Como pode estar acontecendo tudo isso? É inacreditável. Vou acordar Fabiano. Quem sabe podemos achá-las ainda? Não devem estar longe.

— Meu querido, não adianta. Luciana saiu há muito tempo e Rita disse que, tendo dinheiro, pegaria o primeiro táxi. Tinha pressa em encontrar a filha.

— Então vou mais tarde até o clube falar com esse homem. Como é mesmo o nome dele?

Laís deu um pequeno tapa na própria testa e exclamou:

— Poxa, nessa confusão toda nunca me ocorreu de perguntar o nome dele. E sinto desapontá-lo, Rita me disse que ele saiu do clube, que vão morar em outra cidade porque ele tem muitos problemas com várias mulheres aqui e quer viver em paz com Luciana. Pelo menos parece que vai assumir a vida com ela. O que é bom.

Arthur estava inconformado:

— Não é possível que não possamos fazer nada! Rita trabalhou tantos anos aqui, era pessoa da mais total confiança, sabia tudo o que eu e Fabiano gostávamos. E Luciana? Uma moça que tinha tudo para seguir rumo a um bom futuro... É lamentável!

— Não há nada a fazer. Foi uma opção delas, não podemos interferir. Você, durante todos esses anos, deu toda a assistência que podia, fez tudo por elas, mas agora não lhe cabe intervir na escolha de Rita. Só nos resta desejar que tudo corra bem para elas e que um dia voltem para nos fazer uma visita. Acho que depois que esse furacão passar, Rita virá falar com você. Temos de continuar nossa vida, e agora, ainda tenho de encontrar alguém para substituí-la.

Arthur estava triste, mas teve de admitir que a mulher estava certa. Já fizera muito, agora precisava cuidar da vida de sua família e dos negócios. Mas ficou ressentido com a ingratidão de Rita.

Quando Fabiano soube de tudo, ficou arrasado. Não teria a oportunidade de falar com Luciana. Mas então era verdade! O filho não era dele e ela estava mesmo apaixonada pelo tal homem. Que decepção. Ela deixou tudo para trás daquela forma, e ainda teve coragem de dizer que o amava e se sentiu ofendida por ele. Decidiu que não pensaria mais nela. Ela não merecia seu amor. Iria esquecê-la o mais rápido possível.

Na rodoviária, Luciana e Rita tentavam decidir o que fazer sem sequer imaginarem as mentiras que Laís armara. E caíram direitinho na armadilha. Agora estavam naquela situação, sem saber para onde ir e sem certeza do que as esperava. Depois de um tempo analisando e discutindo as possibilidades, vendo preços de passagens e pegando informações, escolheram uma cidade no interior de São Paulo, onde souberam que havia muitos fazendeiros ricos, o comércio estava crescendo e a cidade se desenvolvendo rapidamente. Concluíram que lá deveria existir muitas oportunidades de trabalho, e embarcaram rumo ao desconhecido, munidas de coragem e fé. Durante toda a viagem, Luciana relembrou tudo o que acontecera e as palavras de Fabiano, e seu sentimento de vingança só aumentava, embora o profundo amor que sentia pelo rapaz ainda estivesse presente.

Quando chegaram à pequena cidade, constataram que o dinheiro que possuíam não seria suficiente para alugarem uma casa. Precisavam poupá-lo até conseguirem um trabalho que lhes garantisse o sustento. Ainda na rodoviária, receberam a indicação de uma pensão localizada bem no centro da cidade, boa localização e frequentada por pessoas de bem e trabalhadoras. Foram conferir e acharam o local até agradável. Era limpo, a dona muito educada e atenciosa, e o preço adequado ao que podiam dispor. Foram conduzidas ao quarto e ficaram um pouco decepcionadas ao ver que o banheiro era no corredor. Mas, paciência, elas se ajeitariam. Estavam exaustas, a tarde já estava começando, mas nesse primeiro dia elas queriam apenas descansar. Após um banho, ambas se recolheram às suas camas, arrumadas com lençóis, travesseiros e cobertores de boa qualidade, mas sem nenhum luxo. Assim, pegaram no sono quase imediatamente. Só acordaram quando já estava na hora do jantar. Desceram e as mesas do pequeno salão já estavam quase todas ocupadas. A comida tinha um aroma agradável e ambas perceberam que estavam famintas. Enquanto comiam conversavam:

— Sabe que estou me sentindo bem melhor, mamãe! E animada para recomeçar?

— Fico feliz, filha, que se sinta assim. Eu também estou mais descansada e bem-disposta. Vou lhe confessar uma coisa: só de saber que aquela mulher não está aqui para nos dar ordens e nos humilhar, já me dá outra disposição para o trabalho.

O semblante de Luciana se anuviou:

— Por favor, não vamos mais falar daquela gente. O que eles nos fizeram foi incompreensível e inaceitável, mas agora devemos esquecer.

— Que bom que pensa assim, filha; é isso mesmo que temos de fazer. Mas ainda não aceito a atitude do sr. Arthur. Algo dentro de mim diz que alguma coisa está errada nessa história. Eu o conheço o suficiente para acreditar que talvez ela o tenha manipulado mais do que imaginamos. Ele é um homem bom!

Luciana ficou pensativa e falou:

— Pode ser que a senhora esteja certa, mas ele errou de qualquer maneira por ser um fraco e não tomar as rédeas da situação. E Fabiano eu jamais perdoarei!

— Não fale assim; ele é um bom rapaz, apenas imaturo pelo excesso de mimos que teve a vida toda. Com a má influência de Laís, ele ficou perdido e acabou agindo de forma mesquinha.

— Não me interessa as razões que o levaram a agir assim. Ele não podia ter feito isso comigo e com nosso filho. E aquela Laís não perde por esperar. Ainda vamos nos encontrar — concluiu Luciana com profundo rancor acompanhando suas palavras.

Rita voltou a insistir:

— Esqueça essa vingança, minha filha. Isso vai acabar destruindo sua vida. Jesus disse que não devemos alimentar o ódio nem os desejos de vingança: "Amai vossos inimigos" lembra? Se não consegue perdoá-los, ao menos não lhes deseje mal. Um dia tudo vai passar.

Luciana dirigiu um olhar terno para a mãe:

— Admiro sua fé, mas não posso dizer que farei algo que sei jamais conseguir. Não vou permitir que fiquem impunes depois de todo o mal que nos causaram.

— Essa é uma missão que não lhe cabe, Luciana. Deus tudo vê, e nenhuma atitude que desvie do caminho dos ensinamentos Dele fica impune. Nenhuma falta ou infração cometida contra as suas leis deixam de trazer consequências a quem as praticou.

— Se eles tiverem de acertar contas com Deus, que assim seja. Mas isso será lá no céu. Aqui na Terra terão de acertar contas comigo!

— Pense no seu filho; esses sentimentos ruins farão mal à criança. Até os médicos dizem isso.

Luciana colocou a mão no ventre:

— Meu filho vai ser criado com muito amor, mas saberá um dia toda a verdade, o que a família do pai dele nos fez sofrer. Ele terá condições de reivindicar tudo a que tem direito. Crescerá sabendo se defender de pessoas como aquela gente. Não será iludido como nós fomos.

— Você não quer ensiná-lo a se defender, você quer ensiná-lo a odiar!

— Se para se defender for preciso odiar, que seja. Tudo o que fiz na vida foi amar. Fui correta, estudiosa e boa filha. E o que ganhei com isso? Eu não conhecia nenhum sentimento ruim. Mas me ensinaram que eles existem e para o que servem: para destruir quem causa mal aos outros.

— Você me assusta falando assim — disse Rita com os olhos marejados.

Luciana estava determinada e irredutível. A mãe tentou alertá-la de outro modo, já que a filha não deu ouvidos aos preceitos religiosos:

— E como você pensa em conseguir levar adiante sua vingança?

— Vou encontrar um jeito.

— Eles são ricos, poderosos, conhecem bons advogados, você pode se meter em uma grande encrenca, isso sim. Pessoas simples como nós não têm condições de fazer frente a pessoas como eles.

Luciana lançou um sorriso persuasivo:

— Basta que eu seja como eles!

Rita não conseguiu conter o riso amargurado:

— E como você vai conseguir isso?

— Sendo tão rica quanto eles, sendo aceita na sociedade, tendo o poder de contratar advogados tão bons...

— Você está sonhando alto! Levaria a vida toda para conseguir a fortuna que eles possuem. Vamos esquecer essa história e jantar em paz.

Luciana acatou, mas as ideias ficaram remoendo em seu pensamento.

*

As primeiras semanas de Luciana e Rita na nova cidade foram cansativas. Embora a filha protestasse, Rita saía diariamente em busca de trabalho. Luciana também passava o dia na rua buscando um emprego, mas não estava tão fácil como elas haviam pensado. Na pensão não havia a obrigação de cozinhar ou limpar, mas Rita, quando chegava mais cedo da rua, sempre se oferecia para ajudar em alguma coisa, e acabou conquistando a simpatia de todos.

Um dia, por indicação de clientes que só iam até a pensão para almoçar, Rita conseguiu um trabalho como lavadeira na casa de uma família. Não era um emprego fixo, trabalhava como diarista, mas seu capricho e responsabilidade fizeram com que a fama de sua competência corresse a cidade, e logo ela já estava com todos os dias da semana ocupados.

Luciana não encontrava a mesma facilidade, e o início da gravidez a deixava enjoada e abatida. Os possíveis empregadores achavam que ela era doente ou desconfiavam de sua gravidez. Isso era o motivo da dispensa da seleção do emprego. Cada vez ela ficava mais desanimada, o que fazia com que nem sequer fosse indicada para participar de testes.

Rita, que vira a filha começar a nova etapa da vida tão determinada, ficava aflita ao vê-la agora se entregando à depressão. Como estava ganhando um dinheiro acima do necessário para as poucas despesas que tinham, de vez em quando chamava Luciana para fazerem um lanche fora da pensão, ou lhe comprava uma pequena lembrança. Uma vez chegou a levá-la ao cinema. Tudo com a intenção de deixá-la mais feliz.

A barriga de Luciana já começava a se revelar e sua preocupação aumentava a cada manhã.

— Já se percebe bem minha barriga, mãe. Agora é que não vou conseguir mesmo um emprego. Por causa do apoio das leis às gestantes, ninguém contrata uma mulher grávida.

— Não desanime, minha filha. Eu estou conseguindo ganhar um bom dinheiro, você sabe. Os convites para trabalhar em outras casas de família continuam aparecendo. Acho que vou ter de comprar uma agenda — concluiu rindo tentando fazer graça para a filha.

Ela respondeu também com um sorriso:

— Está ficando importante, dona Rita! Mas não quero que a senhora trabalhe tanto. Eu é que devia estar ajudando-a.

— Eu gosto de trabalhar. Não saberia ficar o dia todo em casa. E você agora tem de se preocupar com meu neto. Já viu o médico que uma cliente me indicou? Dizem que é ótimo, e uma vez por semana atende pacientes sem condições de pagar as caras consultas. Amanhã ele trabalha aqui no bairro. Nós vamos fazer seu primeiro exame. É com isso que tem de se preocupar agora.

Luciana estava feliz com a notícia. Queria sentir segurança e confiança no médico que a atendesse e parecia que a recomendação era boa.

— Fico preocupada com sua saúde! A senhora devia descansar depois de tantos anos de trabalho naquela casa.

— Preocupada? Eu tenho uma saúde de ferro e muita alegria no trabalho.

Essa era uma grande verdade. Rita ficara doente muito poucas vezes, e sempre foram casos corriqueiros, sem nenhuma gravidade.

O tempo foi passando e ambas começaram a aceitar a ideia de que Luciana não poderia trabalhar até o nascimento do filho. A gravidez corria muito bem, e todo o pré-natal estava sendo acompanhado pelo médico que lhes fora indicado. Quando já estava com quatro meses, pôde fazer uma ultrassonografia que a presenteou com a notícia de que esperava uma menina. Rita ficou exultante, assim como ela.

As clientes estavam muito satisfeitas com o trabalho de Rita e ela já estava conseguindo juntar um pouco de dinheiro. Tinha planos de alugar uma pequena casa onde pudesse ter um cantinho para criar a neta e a filha.

Tudo estava indo bem, até que um dia Rita chegou bastante abatida na pensão, após mais um dia de trabalho. Luciana, quando a viu, ficou bastante surpresa:

— Mãe, o que aconteceu? Eu a estou achando com umas olheiras profundas.

— Não é nada de mais, filha; acho que estou pegando uma gripe.

Luciana insistiu para que a mãe procurasse um médico, mas ela se recusou. Nos dias que se seguiram, Rita continuou seu trabalho, mas estava se cansando rapidamente, parecia que suas energias estavam diminuídas pelo excesso de serviço que assumia diariamente.

Luciana, envolvida com a filha que estava para chegar, cuidava de comprar o básico do enxoval do bebê, e a dona da pensão ofereceu um berço para colocar no quarto.

Nas tardes em que Rita passava fora trabalhando, Luciana procurava se ocupar passeando pela cidade, fazendo alguns contatos para que pudesse conseguir um emprego em breve, e arrumando as roupinhas da filha.

Um dia, Rita chegou à pensão no fim da tarde, mais cedo do que de costume. A dona da pensão se surpreendeu e foi até ela:

— Rita, querida, tão cedo em casa?

— Não estava me sentindo muito bem e achei melhor descansar um pouco.

— Estou notando que você não está bem-disposta como sempre. Será uma gripe? O que você está sentindo?

— Não sei, é um cansaço muito grande e não tenho ânimo para fazer nada.

Dizendo isso, Rita dirigiu-se ao sofá com dificuldade, com a respiração arquejante e os passos inseguros, e sentou-se lentamente de forma vacilante.

A dona da pensão se ofereceu prontamente:

— Fique quietinha aí que vou trazer-lhe um pouco de água fresca. Vai se sentir melhor.

Rita ficou sozinha na sala e começou a sentir tudo girando à sua volta. Uma dor aguda atingiu-lhe o peito de tal forma que ela tentou gritar, mas a voz perdeu-se em algum lugar, no fundo da sua garganta. Esforçou-se para se levantar, mas a dor se ramificou para o braço esquerdo, fazendo com que ela deixasse o corpo cair no sofá. Procurou olhar ao redor em busca de ajuda, mas não havia ninguém. Gotas de suor começaram a brotar em sua testa, estendendo-se também pelo pescoço e nuca. Em poucos instantes, estava com a roupa encharcada pela intensa transpiração. Naquele momento, sua angústia parecia não ter fim. Tudo aconteceu em menos de um minuto, logo sua visão escureceu e ela desabou desfalecida, com metade do corpo no sofá e metade quase no chão.

Quando a mulher voltou com a água e deparou com a cena, deixou o copo cair e saiu gritando até a calçada pedindo ajuda para os vizinhos. Logo várias pessoas vieram socorrer Rita. Enquanto umas ficavam ao seu lado esfregando álcool em seus pulsos, outras corriam ao telefone em busca de um serviço de emergência que pudesse vir com urgência. Eles a abanavam aflitos, pois perceberam que a situação era grave. Ela não se movia, estava gelada e muito pálida.

Não tardou para que a equipe de socorro chegasse, e, depois de rápida análise da situação, concluísse que ela devia ser levada imediatamente para o pronto-socorro. Colocaram-na na ambulância, deixaram o nome do hospital para onde iriam levá-la e se foram.

Todos ficaram na calçada vendo o veículo se afastar, sentindo-se impotentes e aflitos com a ausência de Luciana. Ninguém sabia onde localizá-la e resolveram aguardar sua chegada para comunicar o ocorrido. Rezavam para que nada de pior acontecesse.

Já havia anoitecido quando Luciana chegou carregando algumas sacolas e cantarolando feliz. Ao entrar, a dona da pensão e mais duas hóspedes esperavam-na com a expressão sombria e não hesitaram em contar-lhe logo o que havia acontecido. Temiam que ela chegasse ao hospital tarde demais. A moça saiu desesperada, sem saber direito que caminho tomar, mas estava com pressa e tinha algum dinheiro, então decidiu tomar um táxi.

Não demorou a chegar e entrou quase correndo na recepção, onde uma moça de semblante muito tranquilo a atendeu com delicadeza. Luciana quase não conseguia falar:

— Por favor, minha mãe foi trazida para este hospital. Não sei direito o que aconteceu, eu não estava presente. Mas disseram que a trariam para cá. Por favor, eu preciso vê-la.

— Foi algum acidente?

— Não, ela estava em casa quando se sentiu mal. Mas não sei o que foi. Disseram-me que a situação é grave. Pelo amor de Deus, deixe-me vê-la.

Após uma rápida consulta ao prontuário de internações, a moça indicou à Luciana que Rita estava internada na UTI — Unidade de Tratamento Intensivo, e que ela podia se dirigir até o local, apesar de não estar no horário de visitas.

Luciana agradeceu e correu para o andar mencionado. Ao chegar, deparou com uma enfermeira próxima à entrada principal que a deteve:

— Desculpe, senhora, mas ainda não estamos no horário de visita. A senhora é parente de algum paciente?

— Sim! Disseram-me que minha mãe está aí dentro. O nome dela é Rita.

A enfermeira abriu uma grande pasta e consultou alguns papéis. Disse em seguida:

— Sim, Rita. Ela teve um enfarte.

Luciana ficou estática olhando para a moça à sua frente e seus olhos ficaram marejados:

— Enfarte? Como assim? Minha mãe sempre teve uma ótima saúde. Isso não é possível.

A enfermeira sentiu pena de Luciana. Olhou em volta e disse:

— Olhe, o médico responsável pelo caso dela está ali. Ele vai atendê-la, com certeza, e poderá lhe explicar melhor.

Luciana assentiu e foi até um jovem que estava de branco, parado em pé, próximo a um balcão. Ela o achou jovem demais para que pudesse saber de alguma coisa, mas não tinha mais ninguém a quem pudesse recorrer.

Quando se aproximou, o jovem médico foi bastante solícito, e lhe explicou pacientemente que o caso de Rita era realmente grave. O que a salvou foi o rápido atendimento, mas o quadro era preocupante porque ela já estava com outros problemas, como uma infecção renal, que já devia ter sido cuidada, e também com pneumonia. Luciana disse que ela trabalhava como diarista e vivia muito cansada. O médico afirmou que ela devia ter procurado ajuda logo nos primeiros sintomas de que algo estava errado. Agora teria de ficar internada até a saúde se estabilizar. Mas não queria enganar a moça: a situação era séria e a moça deveria se preparar para qualquer desfecho.

Ela pediu para ver a mãe. Ele olhou o relógio e disse que ela teria de esperar por uma hora, quando seriam abertas as visitas. Sugeriu que Luciana fosse até a cantina do hospital para tomar um café enquanto aguardava. E ela assim o fez.

Sentou-se sozinha em uma mesa e não aguentando a pressão, começou a chorar. Isso não podia ter acontecido. Sua mãe tinha de ficar boa logo. Só tinham uma à outra e estavam começando uma vida nova e seriam felizes com o bebê. Ao pensar nisso, tudo voltou à mente de Luciana: as humilhações que Laís as fizera passar, os momentos de amor com Fabiano, a atenção de Arthur durante toda a vida e, depois, o desprezo de Fabiano, sua traição e preconceito apoiado pelo pai e pela madrasta. A tristeza começou a dar espaço ao ódio que levava em sua alma e que havia sido um pouco esquecido. "A culpa de tudo isso é deles! Eles colocaram minha mãe nesse hospital. Se algo pior acontecer a ela, eles serão os culpados! Se não tivessem agido daquela forma, ainda estaríamos na casa, levando a vida tranquila que sempre tivemos."

Foi interrompida em seus pensamentos por uma funcionária que veio avisá-la de que poderia ver Rita naquele momento. Acompanhou a moça até o leito onde a mãe repousava tranquila, sem demonstrar dor nem desconforto. Luciana foi comunicada de que poderia ficar apenas quinze minutos. Aproximou-se. Sentindo a presença da filha, Rita abriu os olhos muito devagar, mas eles brilharam de alegria ao ver Luciana.

— Minha filha, graças a Deus você está aqui. Temia não conseguir mais vê-la.

Luciana ficou chocada:

— Como assim não me ver? Claro que eu viria o mais rápido possível. E logo a senhora vai sair daqui, não gosto desse tipo de conversa.

Rita a olhou com amor e serenidade:

— Minha querida, você está esperando um filho, uma grande bênção que recebe em sua vida. Alegre-se, mesmo que algumas coisas não aconteçam como você gostaria.

Luciana a olhou indicando que não queria prosseguir naquele assunto, mas Rita insistiu:

— Talvez eu não possa estar mais ao seu lado por muito tempo, e você tem de ter em mente que agora uma vida dependerá única e exclusivamente de você, da sua força e coragem.

Segurava a mão de Luciana, que não se conteve, irrompendo em um pranto convulsivo:

— Você vai ficar boa, mamãe. Logo sairemos daqui e teremos nossa própria casa.

Rita insistiu:

— Você precisa ser forte e encarar a realidade; sinto que não posso mais continuar. Foram muitos anos de dedicação e muito trabalho na mansão do sr. Arthur. Depois de todas essas preocupações, sinto que não tenho mais forças para prosseguir. Mas você tem toda a vida pela frente, e agora a vida da sua filha também.

— A culpa é deles! — disse Luciana revoltada. — Eles vão me pagar muito caro.

Rita sentia muita pena da filha, mas tinha de ser firme:

— Não pense em vingança. Viva sua vida sem alimentar essa revolta. Quero ir em paz sabendo que você vai levar uma vida tranquila e refazê-la ao lado da sua filha. Quem sabe até encontrando um bom homem por quem vai se apaixonar e a ajudar a criar a criança. Seja feliz, minha querida. Eu a amo e só quero seu bem.

Rita fechou os olhos e soltou seu último suspiro.

Luciana se desesperou, olhou para cima, dirigindo-se a Deus:

— Por quê? Por que fez isso comigo? — E chorando muito, baixou o tom de voz, acariciou a cabeça de Rita e continuou baixinho: — Eles vão me pagar, mamãe, não ficarão impunes.

Enquanto isso, Rita se viu volitando ao encontro de um casal que a esperava com imensa ternura e de braços abertos. Havia muita luz ao redor deles. Rita sentia-se segura e reconfortada por aquele brilho intenso. Ela ainda olhou para a filha mais uma vez e se foi com eles.

quinze
Uma decisão dolorosa

Com a ajuda dos amigos da pensão e de alguns vizinhos, Rita foi enterrada em uma simples, mas comovente cerimônia. Ela, apesar de estar na cidade havia tão pouco tempo, já era muito querida por toda a vizinhança. Luciana estava extremamente abatida, e quando tudo acabou e todos retornaram para suas casas, Mirtes, a dona da pensão, preparou um chá bem forte de cidreira para ajudá-la a se tranquilizar. Enquanto saboreavam a bebida, Luciana se abriu com a amiga:

— Ah, Mirtes, não consigo me conformar com tudo isso. Ela era ainda tão jovem, tinha muito o que aproveitar. Estava tão feliz com a chegada da netinha!

Mirtes lia muitos livros espíritas, e quando surgia uma oportunidade, gostava de aplicar seus poucos conhecimentos para ajudar as pessoas próximas:

— Luciana, sua mãe, assim como todos nós, estava nesta vida para trabalhar pelo seu progresso moral, e cada um está em maior ou menor grau de adiantamento espiritual. Rita passou por esta encarnação como uma pessoa de bem, que procurava seguir a conduta de amor ao próximo e da retidão de caráter e atitudes e, com certeza, já havia concluído essa etapa de seu aprendizado. Como dizem, a missão de Rita entre nós foi cumprida.

Luciana, que nunca havia se aprofundado nesses assuntos, discordou:

— Não acho isso, não. Ela ainda precisava fazer muitas coisas aqui. Nem pôde conhecer a neta. E ela era meu alicerce, não sou nada sem ela.

Mirtes prosseguiu sentindo dificuldade para se expressar:

— Quando falei em missão, isso inclui você. Vamos ver se consigo me explicar: Rita, como sua mãe, deu à luz e cuidou de você por muitos anos, dedicando-lhe atenção e amor. Ela fez o que podia para fazer de você uma pessoa correta, e vejo que conseguiu. Agora, com tudo o que você recebeu de sua mãe, vai seguir seu próprio caminho em busca do seu progresso, do aprimoramento do seu espírito. Você tem o livre-arbítrio para seguir o caminho que quiser, mas se não usar todo o conhecimento que adquiriu com o auxílio de Rita para trilhar uma vida no bem, ela terá feito a parte que lhe cabia, mas você estará desperdiçando a oportunidade de crescer e evoluir. Agora, a missão dela está cumprida, e você deve prosseguir com a sua, com a mesma coragem e fé de sua mãe.

É também uma forma de gratidão para quem tanto a amou. A morte é o agente da mudança, por onde ela passa tudo se transforma, e como tudo o que Deus faz, ela é sempre para melhor.

— Não acredito que a morte seja para melhor. Ela só espalha tristeza e dor.

— É porque você está observando-a pela visão materialista. A morte não existe, ela é apenas uma viagem. Quem morre vai viver nas outras dimensões do universo. Dependendo do que fez na vida pode ir para lugares de luz ou abismos de trevas.

Luciana começou a se interessar pelo assunto.

— Então tenho certeza de que minha mãe está num bom lugar. Foi a melhor pessoa que já conheci.

— Tenho certeza de que Rita agora está amparada pelos espíritos bons e foi conduzida a uma colônia espiritual onde poderá se recuperar, estudar, trabalhar e até ajudá-la.

— Onde você aprendeu tudo isso, Mirtes? — perguntou Luciana emocionada.

— Aprendi com o Espiritismo, uma doutrina que surgiu na França e foi organizada em livros por Allan Kardec.

— E como você pode comprovar que essa doutrina é verdadeira?

— Pela experiência. Tenho absoluta certeza de que a vida continua depois da morte, que vivemos muitas vezes aqui na Terra e em outros mundos e que estamos reencarnados aqui para evoluir reparando os nossos erros do passado e passando pelas diversas provações da vida.

— Se isso é verdade eu e minha mãe fomos pessoas ruins em outra encarnação para estarmos sofrendo tanto — disse Luciana reflexiva.

Mirtes continuou, sentindo-se intuída pelo seu mentor.

— Pode ser que seja verdade. Nós todos ainda somos ignorantes e maus, por tudo isso prejudicamos nosso semelhante atraindo para nossa vida o sofrimento reparador a fim de podermos avaliar nossa conduta e percebermos que só o bem produz sementes de felicidade e alegria, que um dia germinarão. Se vocês estão sofrendo e não tem justificativa na vida presente, certamente estão harmonizando erros de outras encarnações, quando usaram a maldade para ferir, corromper, fazer valer a vaidade e o orgulho. Nada fica impune, e o resultado de nossas ações voltará para nós onde quer que estejamos. Ao sofrermos, devemos pedir perdão a Deus pelos atos praticados no pretérito e aprender o que a dor quer nos ensinar.

— A dor só me ensinou a ser mais amarga — queixou-se Luciana.

— A dor é nossa amiga, acredite Luciana. Se passarmos por ela e não assimilarmos o que ela nos quer ensinar, permaneceremos devedores das Leis Divinas, que tudo faz para nosso progresso moral e espiritual.

— Isso tudo é muito novo para mim e não quero me aprofundar.

— Você tem todo o direito, mas eu a aconselho a estudar a vida espiritual. Você se abalou muito com a morte de sua mãe, o que é natural, mas se conhecesse a vida astral e tivesse certeza da imortalidade, estaria sofrendo menos. O conhecimento espiritual nos ajuda a atravessar os momentos de dor com mais coragem e fortaleza.

— O que devo fazer para ter esse conhecimento?

— Leia os livros de Allan Kardec e do espírito André Luiz. Eles nos ajudam a entender como a vida funciona e nos torna seres mais lúcidos, amorosos e pacíficos. A doutrina espírita explica os problemas do mundo. Anomalias que nenhuma filosofia conseguiu desvendar, desigualdades de aptidões e oportunidades que nenhuma religião conseguiu explicar encontram resposta no Espiritismo. Leia! Tenho certeza de que vai lhe fazer grande bem.

Luciana ficou pensativa por uns instantes, mas resolveu mudar de assunto:

— Lerei depois, agora preciso decidir o que fazer da vida. O dinheiro que minha mãe deixou é pouco e não vou conseguir me manter por muito tempo.

Mirtes sentiu um desconforto diante das palavras de Luciana. Ela sabia que não teria condições de ajudar a moça. Estava numa situação delicada. Falou constrangida:

— Isso é realmente um problema. Eu não tenho como ajudá-la; você sabe que vivo do que consigo arrecadar aqui na pensão, que não é muito. Eu posso deixá-la ocupando o quarto até o bebê nascer, mas depois, se você não tiver como pagar o aluguel, terá de desocupá-lo. Eu vivo disso, preciso desse dinheiro. Sinto muito!

Luciana sentiu que o chão estava sumindo debaixo de seus pés. Como ela conseguiria um trabalho em estado adiantado de gravidez? E depois que a menina nascesse, como sair para procurar emprego? Com quem deixaria a criança?

Mirtes, percebendo a angústia dela, procurou amenizar os fatos:

— Agora não é momento para pensar nisso. Foi um dia difícil e você precisa descansar. Tudo vai se ajeitar, e Deus sabe de todas as nossas necessidades; portanto, a solução virá. Você deve ir para o seu quarto. Procure dormir um pouco. Mais tarde, farei uma sopa bastante nutritiva para deixá-la forte e mais animada.

Luciana subiu para o quarto e se deitou. Não conseguia dormir. Pensava na mãe e lágrimas enchiam seus olhos. Lembrou-se de Fabiano. Como ele pôde agir daquela forma com ela? Dizia que a amava, mas na hora de demonstrar seu amor, fugiu da responsabilidade sem sequer querer saber do bebê. E Arthur? O que o fez tratá-las com tanta desconsideração? Rita fizera de tudo por ele e pelo filho a vida toda e recebeu toda aquela ingratidão como pagamento? Não era justo. Sua cabeça estava confusa e ao mesmo tempo que sentia respeito e carinho pelo patrão, que sempre a tratara tão bem, um sentimento de repulsa cada vez mais forte pela atitude dele surgia em seu peito. Com Fabiano era ainda pior; não o perdoava por fazê-la sofrer daquela maneira. E Laís? No fundo ela era a grande culpada de tudo. A lembrança da mulher fez com que Luciana sentisse o estômago revirar em uma náusea intensa. Ela se levantou, saiu do quarto e foi ao banheiro. Jogou um pouco de água no rosto e quando pegou a toalha e olhou-se no espelho, sua imagem era de uma mulher muito mais velha. Os olhos estavam avermelhados e com olheiras profundas. Sua expressão estava tensa e abatida. Sentia-se feia e deprimida.

Voltou para o quarto lembrando-se das tardes em que passeava pelo jardim, folheando suas revistas de moda, esperando ver Fabiano chegar sempre agitado, lindo e feliz. Pensou nas vezes em que se amaram, nos carinhos que trocaram e no quanto ele a fez feliz enquanto estavam juntos. E novamente pensou em Laís. Revirou-se na cama e sentiu a face rubra de ódio. "Ela vai me pagar! Todos vão me pagar! Eles mataram minha mãe. Vou me vingar. Vão sofrer tudo o que sofremos durante todo esse tempo!" Vencida pelo cansaço, adormeceu.

Os dias foram passando e Luciana procurava ajudar Mirtes no que podia. A dona da pensão permitiu que ela ficasse sem pagar nada até o parto, mas depois teria de conseguir um trabalho. E o dia do nascimento chegou. Luciana foi para a maternidade municipal sozinha com suas dores. Mirtes tinha de cuidar dos hóspedes e não pôde acompanhá-la, mas prometeu ir vê-la assim que estivesse livre de seus afazeres.

Luciana sentiu medo e solidão. Não deixou de pensar na mãe e em Fabiano por um instante sequer, e sua filha veio ao mundo entre lágrimas de emoção e saudade. Durante a gravidez, ela se divertiu lendo sobre o significado dos nomes. Agora, olhando para sua pequena menina, tão linda e tão indefesa, escolheu o nome de Leila. Era um nome de origem árabe, que significava negra como a noite, que era o sentimento de Luciana naquele momento, mas que também indicava uma pessoa independente e determinada, que alcançaria o sucesso em tudo na vida. E ela ensinaria à filha a conquistar uma posição na qual jamais precisasse passar pelo que ela estava passando.

Mirtes, no dia seguinte, foi à maternidade buscar Luciana e Leila, levando-as para casa. Prontificou-se a ficar com a menina enquanto Luciana saía em busca de trabalho, e assim foi feito. Mas os dias passavam e a moça não conseguia o desejado emprego. Não possuía experiência profissional e estava difícil conseguir uma oportunidade. A dona da pensão, embora generosa, começava a se preocupar. Além de deixar mãe e filha ficarem sem pagar o aluguel, ainda ajudava com as necessidades básicas da menina, como leite, fraldas e remédios, quando necessário. Mas a situação começou a ficar insustentável, e ela precisava do quarto para alugar a outra pessoa. Não tinha coragem de falar, mas deixava transparecer sua preocupação. E Luciana se deu conta de que teria de ir embora.

Uma noite, quando todos já haviam se recolhido, Luciana perambulava pelo quarto sem saber o que fazer. A realidade era cruel, e ela tinha consciência de que não teria condições de criar a filha. Pensou em pegar a criança e levá-la até o pai. Ele poderia dar à menina uma vida de princesa. Mas logo deixou a ideia de lado, porque Laís deixou claro que a criança não seria bem-vinda por ninguém da casa.

A moça chorava copiosamente; não conseguia decidir o que fazer. Leila dormia tranquila, linda e alheia a todo o sofrimento que a rodeava. Como um autômato, Luciana começou a arrumar sua pequena bagagem. Não tinha ideia para onde iria, mas tinha de partir. Deixou um bilhete para Mirtes agradecendo por todo o apoio e se desculpando por sair daquela maneira. Colocou o bilhete na mesa da sala e, sem fazer qualquer ruído, cruzou a porta para a rua rumo ao desconhecido, no meio da madrugada, com a filha nos braços.

Caminhou por horas sem saber para onde ir, até que, exausta, sentou-se em um banco de praça. A noite estava fria e Luciana agasalhou a filha e a aconchegou carinhosamente nos braços. Lançou um olhar desesperado para o céu e pensou: "Meu Deus! O que eu fiz para ter uma sorte triste assim? Sempre fui boa pessoa, nunca desejei mal a ninguém. Por que, meu Deus? O Senhor não está sendo justo comigo. Quem devia sofrer, quem faz mal aos outros, continua sua vida feliz e sem problemas. E eu, minha mãe, minha pequena filha... nós não merecíamos isso! Onde está sua justiça? Os bons sofrem e os maus ganham? Enquanto pensava, Luciana já não conseguia controlar as lágrimas. A revolta e o ódio cresciam dentro de seu coração. Estava dilacerada, mas tinha de tomar a decisão mais difícil de sua vida!

Levantou-se e caminhou em direção à maternidade onde dera à luz Leila. Ao lado do imponente, mas antigo prédio de quatro andares, havia um terreno vazio. Estava cuidado e limpo e Luciana deduziu que alguém deveria cuidar daquele espaço com frequência. Não sabia se a área pertencia ao hospital, mas com certeza não era um lugar abandonado e parecia seguro. No muro da frente, que ficava na rua principal e que durante o dia era movimentada, havia uma porta que ficava um pouco recuada e que dava acesso ao terreno vazio. Da calçada, existia um pequeno corredor de pouco mais de um metro, coberto com telhas bem cuidadas, e que levava à tal porta, que estava trancada. Abrigada pelo telhado e oculta pela escuridão da noite, Luciana colocou suas coisas de lado e sentou-se no chão, abraçada à filha. Leila começou a choramingar e Luciana a amamentou olhando a filha com ternura e amor. Quando a menina voltou a dormir, Luciana a acomodou no pequeno cesto que havia ganhado de presente de uma conhecida, pegou um pedaço de papel, e escreveu um bilhete:

> *Meu nome é Leila. Minha mãe me ama muito, mas não pode cuidar de mim. Por essa razão, ela pede a Deus que alguém me acolha e me dê a segurança e o sustento que ela não pode me dar. Obrigada! Que Deus abençoe a quem me ajudar!*

Luciana pegou novamente a filha nos braços. Sentia que ia morrer de tanta dor, mas não lhe restava opção. Seu choro se tornou convulsivo e ela não conseguia largar a menina. Olhou-a com as lágrimas turvando sua vista e disse:

— Meu amor, eu a amo muito! Você foi a maior alegria da minha vida. Não posso submetê-la a uma vida incerta e de privações. Você nunca saberá o mal que lhe fizeram, que fizeram a nós. Há de aparecer uma alma boa e generosa que cuidará de você e vai lhe dar tudo o que eu jamais poderei lhe dar.

Deu um beijo na testa de Leila e a recolocou no cesto com o bilhete preso à sua roupinha com um alfinete. Ajeitou a sacola com os pertences da menina ao lado do cesto, pegou sua bolsa e a pequena mala com suas roupas, olhou uma última vez para a filha e saiu correndo, desnorteada e arrasada, sem olhar para trás, porque sabia que se vacilasse, não conseguiria seguir em frente.

Não sabia para onde iria, pois o dinheiro que tinha era pouco e teria de ser economizado ao máximo. Continuou vagando sem direção até que chegou a uma rodovia, que ela não sabia o nome. O dia começava a dar os primeiros sinais de amanhecer, mas ela não sentia nada, nem cansaço nem fome. Parecia que depois de ter abandonado a filha, seu corpo todo se entorpecera, nem lágrimas mais havia em seu olhar. Ficou em pé, na beira da estrada, sentindo que se morresse naquele instante, poderia descansar e acabar com todo o sofrimento. Nesse momento, sentiu a vista ofuscada pelas luzes fortes dos faróis de um grande caminhão que vinha em sua direção. Instintivamente, fez sinal e o motorista parou, abrindo a porta e lhe oferecendo carona. Sem relutar, ela entrou e sentou-se ao lado do desconhecido sem ter noção do seu destino. Acostumado com a vida pelas estradas afora, o homem não fez perguntas e ficaram muito tempo em silêncio. Só depois ele perguntou:

— Você não vai me dizer para onde quer ir?

— Não tenho querer. Para quem não tem para onde ir, todo lugar é igual. Tanto faz.

O homem a olhou com curiosidade:

— Não quer nem saber para onde estou indo?

Ela apenas fez um sinal negativo com a cabeça. Ele percebeu que ela estava sem rumo, mas notou que era moça bonita, apesar do sofrimento estampado no rosto.

— Vai em busca de emprego? — tentou ele novamente buscando iniciar algum diálogo.

— Não tenho profissão e não consigo nenhum emprego.

O caminhoneiro era um homem vivido, maduro e logo viu que a moça estava perdida e desamparada. A vida pelas estradas era repleta de aventuras e ele conhecia muita gente e muitas mulheres. Luciana não sabia, mas estavam indo para o Rio de Janeiro. Lá, ele conhecia Lourdes. Ah, Lourdes! Que mulher fogosa e quanta alegria dava a ele sempre que ia ao Rio de Janeiro. Ela era dona de um bordel muito conhecido da cidade, e suas meninas eram bem mais jovens que ela, mas ele gostava das suas formas voluptuosas e de sua vasta experiência na arte do prazer. Pensou que Lourdes gostaria de conhecer a moça: bonita e jovem poderia render um bom dinheiro. Ele mesmo estava tentado a investir naquele corpo que, indiferente ao seu lado, instigava-o pelo mistério. Mas jamais se envolvia com nenhuma mulher durante o trabalho. Entre uma carga e outra, divertia-se sem reservas e já perdera a conta das mulheres que passaram pelos seus braços. Mas Lourdes, essa era a melhor.

— Tenho uma amiga muito íntima no Rio de Janeiro que talvez possa ajudá-la. Quer que eu a leve até ela?

Luciana não demonstrava nenhum interesse em nada, nenhum sentimento ou emoção. Apenas assentiu com a cabeça sem nem olhar para o homem.

Ele deu um sorriso de satisfação pensando que Lourdes seria ainda mais generosa com ele diante desse "presentinho" que estava levando para ela. Olhou Luciana dos pés à cabeça e falou, para depois se calar até chegarem ao destino:

— Você vai gostar dela; vai ter casa, comida e ninguém vai se meter com você ou lhe fazer nenhum mal, porque essa minha amiga cuida muito de quem trabalha para ela. Mas em troca, você terá de fazer seu trabalho direitinho! Mas isso, tenho certeza, você fará — e riu baixinho satisfeito.

Luciana nem ouvia o que ele falava. Apenas via em sua mente as imagens de Laís, Arthur e Fabiano. Via sua mãe morta e sua filha abandonada no meio da noite. Não sentia mais dor, nem saudade, nada. Estava também morta por dentro, seca e sem viço.

Não sabia quem era Lourdes, não sabia o que iria encontrar, mas nada mais importava.

dezesseis

Iniciando uma nova vida

Era domingo de manhã quando o caminhão encostou diante de um grande depósito próximo à Praça XV, no centro do Rio de Janeiro. O motorista virou-se para Luciana, que permanecia alheia ao que se passava a sua volta, e disse com objetividade:

— É aqui que tenho de descarregar o caminhão. Você pode me esperar aí mesmo onde está e depois eu a levo até a casa da amiga que lhe falei.

Vendo que Luciana permanecia impassível, continuou:

— Ou se quiser, pode descer e tomar o rumo que achar melhor, para mim tanto faz.

Ela o olhou com indiferença:

— Vou esperar aqui! — respondeu com a voz fraca e seca.

O homem se afastou e logo ela começou a ouvir outras vozes se aproximarem. As pesadas portas da parte de trás do caminhão se abriram e ela sentiu a movimentação da retirada da mercadoria, que devia ser algo muito pesado, pois o veículo balançava a todo o instante e parecia ter muita gente fazendo aquela tarefa. Talvez tenha sido a agitação do momento, mas Luciana pareceu acordar de um transe. Finalmente começou a observar tudo à sua volta. O lugar não era bonito. Havia muitas portas de alumínio, como portas de garagem, mas a maioria estava fechada. Um grupo de moradores de rua estava recostado a um canto, protegidos por uma marquise de um prédio muito antigo, que parecia até estar abandonado. Havia homens, mulheres, crianças e dois cães. Todos estavam muito malvestidos, e algumas crianças quase não usavam roupas. Duas mulheres fumavam algo que Luciana não soube identificar, mas notou não serem os cigarros comuns que ela conhecia. O lixo estava espalhado por alguns trechos da rua e também muito próximo daquelas pessoas, mas parecia que elas não se importavam. Um mau cheiro invadia as narinas de Luciana e ela não sabia identificá-lo, mas depois teve a impressão de ser cheiro de peixe estragado. Sentiu-se zonza por alguns instantes e só então se deu conta de que não sabia há quantas horas estava sem comer.

Ficou por mais de uma hora esperando sentada dentro do caminhão. As pernas estavam dormentes e o corpo dolorido. Assustou-se quando o homem abriu abruptamente a porta do lado do motorista e entrou esbravejando algo que ela não conseguiu entender. Ele parecia muito aborrecido e por alguns instantes ela sentiu certo receio. Ele ligou o motor e começou a movimentar o pesado veículo, dizendo para ela:

— Se eles trabalhassem como eu, não fariam corpo mole. Para ganhar a vida é preciso trabalhar duro, e essa gente quer dinheiro fácil. Não gosto de vagabundos. Você não acha que estou certo?

Ela lhe dirigiu um olhar franzindo a testa, que ele respondeu com mais algumas palavras proferidas de forma ininteligível. Depois, com um pouco mais de calma, concluiu:

— Estou faminto, e minha amiga detesta que cheguem à casa dela com fome. Você também deve querer comer algo...

Luciana sentiu seu estômago roncar:

— Também estou com muita fome e sede — respondeu pela primeira vez de forma um pouco mais amigável.

O homem deu uma risada:

— Ora, ora, não é que a moça sabe se comunicar direitinho?

Ela fechou a cara emburrada, mas ele nem ligou:

— Tem uma padaria no fim desta rua que serve um café da manhã bom e barato, e o lugar é limpo. Detesto ambientes sujos, embora eu pareça um grosseirão sem educação. Vamos encher a barriga — e riu alto novamente. — Depois vamos para a casa de minha amiga, que é aqui perto.

A padaria estava relativamente vazia e Luciana procurou um banheiro onde pudesse se lavar um pouco. Ao voltar para o salão, o companheiro de viagem já a esperava a uma mesa com duas xícaras de café com leite, dois sanduíches de queijo com mortadela, e dois ovos mexidos.

Ela sentou-se de frente para ele e começaram a comer em silêncio, de forma voraz.

Quando já estavam quase terminando, ele tentou novamente iniciar uma conversa:

— Você me parece uma moça de boa educação e ainda muito jovem. Acho até que é menor de idade — disse isso torcendo o nariz. — Não quero confusão para o meu lado; você não está fugindo de casa, não é?

Ela acabou de engolir o pedaço de pão e respondeu com segurança:

— Não sou menor de idade e não estou fugindo de casa, pode ficar tranquilo.

Ele a encarou com desconfiança:

— E onde está sua família? Seus pais? Marido?

— Não tenho ninguém neste mundo. Meus pais morreram e vivo só há muito tempo.

— E para onde queria ir quando a peguei na estrada? Devia ter um rumo...

— Não ia para nenhum lugar... Ou para o mundo!

— De onde você é?

— De São Paulo, mas saí de lá muito pequena, nem lembro mais como é a cidade.

Ele analisou as palavras dela e sua expressão, tentando decifrar o mistério escondido por trás daquela beleza tão jovem! Mas ela havia criado uma barreira que parecia intransponível.

— Acho que você não quer falar muito, não é?

— Acertou. Não gosto de falar de mim. Mas não sou mal-educada e quero agradecer-lhe pela carona.

— Não se preocupe com isso, na vida que levo isso é o que existe de mais natural. Sempre dou carona para todo tipo de pessoa, e você não faz ideia do que já vi.

Ela finalmente se interessou em perguntar:

— Essa sua amiga... Não vai se aborrecer de você chegar à casa dela comigo? Como ela pode me ajudar? Terá trabalho para mim?

O caminhoneiro coçou o queixo, depois a ponta da orelha, e foi direto ao assunto:

— Trabalho tenho quase certeza de que ela terá para lhe oferecer; só não sei se você vai querer.

Ela o interrompeu:

— Claro que quero. Preciso muito de um trabalho.

— Ela é dona de uma casa de diversão para homens!

Luciana o olhou surpresa. E ele foi enfático:

— Ela é dona de um bordel. Tem certeza de que vai querer trabalhar lá? Você é jovem e bonita, vai conseguir muitos clientes, com certeza. Mas tem de ter raça para aguentar essa vida. Mas o dinheiro também é bom. Lourdes é generosa com suas meninas.

Ela apoiou os cotovelos na mesa e segurou o queixo com as duas mãos, pensativa. Por fim tornou:

— Leve-me até ela. Vamos ver o que acontece!

Ele deu de ombros. Ambos se levantaram, pagaram a conta e voltaram ao caminhão. Em menos de quinze minutos, já estavam estacionando na frente da casa de

Lourdes. Luciana desembarcou olhando curiosa para o antigo imóvel em estilo colonial. A fachada era pintada de azul-claro, a tinta era encardida e com jeito de que estava ali havia muitos anos. Alguns pontos estavam descascando. A casa possuía dois andares. No térreo havia uma grande e pesada porta dupla de madeira e muito alta, de cada lado da porta havia uma vitrine fechada com grossas cortinas vermelhas que impediam a visão do interior do ambiente. No andar de cima viam-se três sacadas com guarda-corpo de ferro trabalhado e portas de treliça, que lembravam as casas de fazendas antigas. Pareciam quartos, contudo não era possível definir, pois tudo estava fechado. Não havia movimento algum e Luciana achou que a casa estava vazia. Mas quando o homem tocou a campainha, em poucos segundos uma mulher de aspecto muito esquisito veio atender. Ela parecia muito velha, mas o corpo era franzino como o de uma menina de no máximo doze anos. Quando viu quem estava à porta, abriu um grande sorriso:

— Quem é vivo sempre aparece! Já vi que a função vai ser boa na casa hoje — completou dando um tapa no braço do visitante.

Ele gargalhou e falou alto:

— Deixe de ser uma velha fuxiqueira e chame sua patroa.

A mulher estava numa animação incontida e divertida:

— Antes de falar com ela, não quer ver a nova decoração do meu quarto? — ela o convidou com uma piscadela maldosa.

— Mas você está mesmo uma velha metida! Mulher, se enxerga! Desde quando Lourdes a tirou da cozinha para o salão? Deixe de conversa e nos coloque para dentro de uma vez ou vai nos deixar na calçada o dia todo?

Só então, a mulher reparou em Luciana. Olhou-a com tanta curiosidade que parecia virá-la do avesso.

— Hum! Carne nova no pedaço, é?

O homem gritou com ela:

— Vamos logo, mulher, ou digo para Lourdes tirá-la da cozinha e colocá-la para limpar latrinas — e riu, empurrando sem muita força a mulher para o lado e abrindo caminho para o interior da casa, por onde ele e Luciana entraram.

Assim que passaram, Luciana se viu diante de um salão com aspecto austero. As paredes eram de madeira escura, e as cadeiras, poltronas e sofás eram recobertos com estofados da cor de vinho tinto. Quadros de gosto duvidoso adornavam algumas paredes, e algumas mesas ocupavam todo o espaço central. Havia ainda um piano encostado em um canto, e Luciana achou que ele estava ali havia séculos, a julgar pela sua aparência envelhecida. Todo o ambiente recendia a perfume barato, e ela torceu o nariz. Lustres de vidro colorido, com ares de cristal, completavam a decoração com candelabros de péssimo gosto, que repousavam em cada uma das mesas.

Estava distraída observando tudo quando uma voz rouca, mas potente, invadiu o ambiente fazendo a moça se encolher:

— Então, o homem mais cheiroso do mundo sentiu saudades desse corpo que tanto o quer? — disse Lourdes se jogando nos braços do caminhoneiro.

Ele a abraçou forte e se agarraram tanto que Luciana sentiu-se constrangida. E então, pelo canto do olho Lourdes a viu. Afastou-se lentamente do parceiro e examinou a estranha com visível interesse.

— É sua amiga? — dirigiu-se ao homem sem tirar os olhos de Luciana.

— Eu a conheci na estrada. Está sozinha e precisando de trabalho. Achei que você gostaria de conhecê-la.

Lourdes aproximou-se e Luciana recuou um passo, agindo na defensiva diante da desconhecida. A mulher percebeu o medo da garota e procurou acalmá-la:

— Não precisa ter medo. Quero apenas conversar com você. Como se chama?

Ela respondeu baixinho:

— Luciana. E sou maior de idade! — disse isso, mas nem ela mesma sentiu convicção em suas palavras.

A mulher e o homem se entreolharam.

— Você já trabalhou na noite?

Ela respondeu negativamente com a cabeça.

— Pelo menos conhece os homens? Já dormiu com algum? Ou será que é virgem? Se for, achei minha mina de ouro — riu e bateu palmas como se comemorasse o achado.

— Sinto muito, mas não sou sua mina de ouro.

— Hum, que pena! Pode não ser, mas com certeza é a moça mais bonita que vi aparecer por aqui. Tenho uns amigos que ficarão encantados com você. Dê-me licença um instante — pegou a mão do homem que observava a tudo em silêncio e foram para a outra sala.

Luciana permaneceu em pé onde estava, e por alguns instantes, lembrou-se de Laís. Reviveu em sua mente as humilhações que havia passado, a arrogância com que a outra a tratava, e uma fúria imensa foi voltando a dominá-la. Quando Lourdes reapareceu, perguntou:

— Você está certa de que vai encarar o trabalho com a minha equipe?

Naquele momento surgiu uma pessoa decidida:

— Não só quero trabalhar com você, como serei sua melhor garota. Quero seus melhores clientes! Tenho boa cultura, sou bonita e educada, e ainda posso trazer muito dinheiro para você. E também sei como dar prazer a um homem e fazer com que ele queira sempre mais. Você não vai se arrepender. Mas, em troca, minha comissão terá de ser muito compensadora. Combinado?

A dona do bordel ficou boquiaberta:

— Nossa, onde está a mocinha tímida que entrou aqui há poucos instantes?

— Tenho contas a acertar com algumas pessoas! Mas para alcançar meu objetivo tenho de ganhar muito dinheiro.

— Calma aí! Não se iluda, você não vai ficar rica. Terá uma boa vida, mas enricar aqui, só eu! E jamais se esqueça de que vai trabalhar para mim.

— Uma mão lava a outra. Aumento seu rendimento, mas você terá de me dar uma boa comissão. Não vou me deitar com qualquer um por poucas moedas enquanto você enche os bolsos.

Lourdes olhou para o amante:

— De onde você tirou essa criatura? Parece que a Bela se transformou em Fera!

O homem achava graça daquilo tudo. Ninguém ousava falar com Lourdes daquela maneira. Mas ele a conhecia bem e percebeu que o jeito abusado da garota havia fisgado a mulher direitinho.

Lourdes cruzou os braços e se pôs na frente de Luciana, mas a moça não se intimidou. Finalmente, a mulher disse:

— Vou chamar Paulina para lhe mostrar seu quarto; você já a conhece, foi quem os recebeu. As outras meninas saíram, e mais tarde vai conhecê-las. Hoje e amanhã não abriremos. Teremos tempo de conversar e acertar os detalhes. Vai ajeitar suas coisas — disse isso e deu um grito: — Paulina, venha cá!

Luciana se aproximou do homem, estendendo-lhe a mão:

— Acho que ainda nos veremos bastante. Obrigada por tudo.

Ele sorriu sem jeito, também tinha sido fisgado! Luciana subiu acompanhando Paulina.

*

O quarto de Luciana não tinha luxo, mas não deixava de ser confortável. A decoração seguia o padrão que ela havia visto no salão do andar de baixo. Uma cama de casal com muitas almofadas e travesseiros, uma poltrona em um canto, um guarda-roupa de duas portas com um aspecto um pouco mais novo e, para sua surpresa, um banheiro só para ela. Um papel adornado com pequenas flores douradas recobria toda a parede, e na janela havia pesadas cortinas vermelhas que não deixavam a luz natural entrar. Luciana as abriu, escancarou a janela e só então reparou no entorno da casa onde estava. Era um lugar com muitos pontos comerciais e ela percebeu que a casa de Lourdes não era o único bordel do local. Saberia mais tarde que estava próxima à Praça Mauá, no centro da cidade, lugar onde várias boates e inferninhos haviam se estabelecido pela proximidade com o cais do porto. Os estivadores e marinheiros eram bons clientes e presenças constantes em cada uma das casas noturnas.

Curiosa, abriu a porta do quarto e notando que tudo estava quieto, saiu para olhar os outros cômodos. Pelo que havia visto da fachada, não imaginava a grandiosidade da casa por dentro. Era um casarão antigo, com muitos quartos e corredores compridos. Chegou a abrir algumas portas e percebeu que todos possuíam o mesmo estilo de decoração, básica e escura. Ouviu um barulho e correu de volta para seu quarto. Entrou, fechou a porta e ouviu vozes femininas e muitos risos, que em instantes tornaram-se distantes até não serem mais ouvidos.

Estava colocando algumas roupas nas gavetas quando Lourdes bateu à porta e entrou.

— E então, já está com tudo em ordem?

— Já estou quase acabando.

— Venha cá, sente-se aqui — convidou Lourdes apontando para a cama. — Você acha que estará pronta para o trabalho daqui a dois dias?

Luciana respirou fundo. Buscava determinação pensando em Laís:

— Sim, estarei. Não se preocupe que farei tudo direitinho. Você não vai se arrepender de me contratar.

— Minha intuição me diz que não me arrependerei mesmo. Você tem um padrão diferente das outras meninas que trabalham comigo. Tem mais educação, vê-se que teve preparo na vida. As outras ficarão um pouco enciumadas, mas, para você, indicarei os clientes mais exigentes, pois sei que saberá se comportar à altura da classe deles. Por esse tratamento diferenciado, você vai recebê-los aqui em seu quarto como as outras, mas se eles quiserem levá-la para qualquer outro lugar, terá autorização para sair. Tem alguns clientes que vão querer levá-la até para festas e jantares, por causa da sua boa estampa. A vaidade masculina não tem limites. O pagamento é feito diretamente a mim, e a cada semana separo o valor da comissão e entrego a todas o que lhes cabe, aos sábados. No domingo vocês têm o dia livre para sair, mas na segunda, mesmo sem função à noite, todas têm de trabalhar na limpeza, compras etc.

Luciana sinalizava que estava entendendo tudo perfeitamente. Lourdes continuou:

— Você falou em vingança e contas a acertar. Não quero confusão no meu estabelecimento. É algum problema com homem?

— Não e sim, mas não trarei meus problemas para dentro da sua casa, pode ter certeza. Além do que, essas pessoas moram muito longe daqui, e não criarei nenhum tipo de confusão.

— Melhor assim! Já coloquei algumas para fora por me criarem problemas. Se eu tiver de fechar minha casa, todas vocês vão ficar sem ter onde morar e sem trabalho. Portanto, preservar nosso ambiente é o mais importante. Às oito horas esteja na copa para o jantar e aí conhecerá as outras. O que você faz no seu domingo de folga é problema seu, mas durante todos os outros dias terá de prestar contas comigo. Se eu desconfiar que estou sendo enganada ou pior, roubada, você está fora. Namorado aqui é proibido. Antigamente umas meninas arrumavam namorado e eles apareciam aqui na hora do trabalho e a maioria não suportava ver sua garota nos braços de outros, e sempre saía briga. Então, nada de namorados aqui dentro. Isso acho que é tudo. Alguma dúvida?

— Não, nenhuma, tudo está muito claro!

Lourdes a olhou com uma expressão amigável e falou:

— Não sei da sua vida nem quero saber. Não sou sua amiga muito menos sua mãe, não quero sentimentalismos nem me envolver com os problemas de ninguém. Temos um negócio, e só isso. Mas saiba — fez uma pequena pausa escolhendo bem as palavras —, gostei de você! Mas isso só significa que a farei trabalhar bem para ganhar bem. E ponto!

A mulher saiu e Luciana se deu conta da realidade que teria de enfrentar. Sentiu medo, jamais imaginou levar a vida daquela forma. Mas as tentativas de conseguir outro tipo de emprego foram todas frustradas, e viu naquele caminho sua única saída. Iria juntar muito dinheiro e um dia procuraria a família Gouveia Brandão. Ela não seria mais a empregadinha como Laís a chamava, e poderia finalmente se vingar.

Quando foi apresentada a todas as garotas, no início não se sentiu bem acolhida. Como Lourdes previra, elas ficaram enciumadas e com inveja de sua beleza e educação. Mas o jeito especial de Luciana logo as conquistou, e se não ficaram amigas, pelo menos não havia hostilidade.

Na primeira noite de trabalho, Luciana estava tensa, chegou a pensar em desistir. Mas tinha um objetivo: vingança! Esse era seu combustível para aguentar o que quer que fosse. Olhou para a cama e viu a roupa que usaria na sua estreia e que foi providenciada por Lourdes pessoalmente. Era um vestido preto muito curto e justo, com apenas duas tiras grossas de tecido que lhe cobriam os seios e eram amarradas em volta do pescoço. As costas ficavam inteiramente nuas. Um par de sapatos também pretos, de saltos finos e altos completavam o vestuário. Para dar brilho, colocaria um par de brincos que imitavam brilhantes, uma grossa pulseira também de pedras e dois anéis que refletiam a luz como diamantes. Recebera a recomendação de como deveria ser a maquiagem e, assim, passou lápis preto contornando os olhos, muita sombra verde, uma quantidade generosa de *blush* e um batom encarnado, que fez sua boca sobressair. As unhas estavam pintadas com um esmalte vinho tão escuro que parecia quase preto. Colocou algumas gotas de perfume entregue por Paulina e o achou muito enjoativo, mas tinha de usá-lo. Quando estava pronta, parou em frente ao espelho de corpo inteiro, olhou-se e não se reconheceu. Sentiu um imenso nó na garganta e teve vontade de tirar tudo aquilo e fugir dali. Mas várias imagens invadiram sua mente: Leila, sendo deixada no cestinho no meio da noite; Rita, em seu último suspiro; Laís, Fabiano, a mansão, a festa na piscina... o tapa que levara da mulher de Arthur. Seus olhos ganharam força e pareciam em brasa. Aprumou a postura, ergueu com altivez a cabeça e saiu do quarto em direção ao salão.

O motorista que a havia ajudado estava sentado no balcão do bar, e quando a viu não conseguiu esconder o fascínio que a nova imagem dela causava. Lourdes se aproximou dele e murmurou em seu ouvido:

— Nem pense nisso! — e saiu dando um beliscão nas gordas bochechas do homem.

Todos os olhares estavam voltados para a moça que observava tudo à sua volta. Com as luzes, a música, as mulheres e os homens que circulavam, o ambiente já não parecia tão formal e escuro, mas adquirira um ar vulgar e festivo. Luciana procurava não pensar nem julgar nada, pois se o fizesse, com certeza iria embora. Em vez disso, ficava concentrada em seu objetivo: vingança!

Lourdes a pegou delicadamente pelo braço e a levou até um homem sentado em uma mesa mais ao fundo do salão. Fez as apresentações e retirou-se. Luciana o analisou: deveria ter entre cinquenta e sessenta anos, mas estava bem conservado. O cabelo era grisalho, mas bem cortado, e sua roupa era de qualidade. Deveria ser alguém com posses. Ele bebia vodca e já estava bastante entusiasmado. Pegou Luciana pela mão e a colocou sentada em seu colo. Não queria muita conversa, e logo começou a acariciar o corpo dela e beijar-lhe seguidamente o pescoço. Luciana apertava os olhos sentindo nojo e repulsa, mas tinha de seguir em frente. Ele lhe ofereceu um gole da bebida e quando ela recusou, ele insistiu, virando o copo em sua boca. O homem estava impaciente e muito atrevido, colocando por diversas vezes as mãos por baixo de seu vestido sem cerimônia. Foi então que ela percebeu que várias pessoas observavam tudo o que estava se passando com ela e que isso as estava excitando. Sentiu um constrangimento sem tamanho e achou melhor sair dali e levar o homem para o seu quarto. Sabia que teria de fazer seu trabalho, então que fosse logo para acabar rápido.

Passou pouco mais de uma hora com ele, e fez tudo exatamente como devia ser feito. Durante todo o tempo fixava em sua mente os acontecimentos passados, só assim conseguiria prosseguir. Quando o homem acabou de usá-la como bem queria, vestiu-se e disse:

— Você foi a melhor que peguei até hoje. Parecia tímida, mas nossa... Você sabe tudo! — falou com uma expressão de desejo. Pegou a carteira e continuou: — Sei que o pagamento deve ser feito lá embaixo com a cafetina, mas olha, você trabalhou tão direitinho que merece uma boa gorjeta! Tome, guarde para comprar um perfume e ficar ainda mais cheirosa para mim — e jogou uma nota em cima da cama que daria para comprar uma caixa com vários perfumes.

Ele saiu do quarto e fechou a porta. Luciana pegou o dinheiro e caiu em prantos. Correu para o banheiro e tomou um banho esfregando uma esponja com força por todo o corpo enquanto as lágrimas escorriam por seu rosto de forma incontrolável.

Mal tinha saído do chuveiro e ouviu uma batida leve na porta. Enrolou-se na toalha e quando a abriu, deparou com Paulina no corredor, acompanhada de outro homem, desta vez um tipo grosseiro, vestido de forma um tanto cafona, com colares e grossas pulseiras de ouro. Luciana se assustou, mas nem teve tempo de esboçar nenhuma reação. Paulina foi logo dizendo:

— A madame lhe enviou esta visita. É um amigo generoso dela e deve ser muito bem tratado.

Luciana apertou a toalha junto ao corpo e ficou segurando a porta, imaginando que conseguiria barrar a entrada daquele homem horroroso. Mas ele abriu um grande sorriso para ela, e foi entrando sem cerimônia, pegando-a pela cintura e fechando a porta com o pé, deixando Paulina na vontade de esticar o pescoço e ver um pouco do que aconteceria ali.

Sem a menor gentileza, o homem arrancou a toalha, jogou-a no chão, deitou Luciana na cama e usufruiu seu corpo por um tempo, que pareceu a ela uma eternidade. Ela se deixou conduzir como se fosse uma boneca. Fechou os olhos e não sentiu mais nada!

Após uma longa noite que parecia não terminar nunca, ela tomou seu último banho e desabou na cama. Estava deprimida e cansada. Sentia repulsa pelo próprio corpo e obteve a certeza de que, naquela noite, a jovem Luciana que um dia havia vivido feliz na mansão dos Gouveia Brandão com sua mãe, morrera para sempre!

dezessete
Ótimas notícias

Os dias de Luciana no bordel estavam começando a render um bom dinheiro. A notícia de que havia uma nova mulher na casa, que além de jovem e linda, era educada, tinha boa presença e na intimidade levava os homens à loucura se espalhou rapidamente. Como Lourdes havia previsto, homens ricos, fazendeiros, empresários e até políticos foram em busca de momentos de prazer ao lado de Luciana. Ela já não atendia qualquer um que chegasse como nos primeiros dias, e Lourdes começou a cuidar da agenda da moça, onde os compromissos incluíam viagens para fim de semana, jantares e festas. As roupas que usava agora eram escolhidas por ela, e Lourdes teve de admitir que a moça entendia de moda realmente, tinha muito bom gosto, e quem a visse pronta para um compromisso, jamais diria que ela era uma garota de programa.

Além da comissão que recebia, passou a ganhar gorjetas cada vez mais significativas, e já começava a ganhar presentes, entre eles, algumas joias. Tudo que recebia, Luciana guardava em uma caixa muito bem escondida em seu quarto e fechada com chave. Mas quando resolvia contabilizar os ganhos, desanimava-se imaginando quanto tempo ainda levaria para alcançar a fortuna que desejava para poder enfrentar a família de Fabiano. Mas sua determinação não tinha limites, e ela continuou conquistando cada vez mais ardentemente os homens, que lhe dariam o que ela queria e precisava para alcançar seus objetivos.

Já havia algum tempo que levava aquela vida, e o resultado de noites regadas a sexo e álcool já se faziam notar em sua aparência. Perdera completamente a inocência que carregava no olhar e no sorriso. A face trazia algumas linhas de expressão muito marcadas, a pele já não apresentava o mesmo frescor, mas continuava linda; talvez até mais, com um jeito mais maduro e sensual.

Sua sorte começou a mudar quando conheceu José Américo, um senhor de quase setenta anos, mas que aparentava estar ainda chegando aos sessenta. Era bem alto, tinha um tipo nórdico, os cabelos brancos, muito bem cortados, e profundos e brilhantes olhos azuis. Ele nunca fora à casa da Praça Mauá, não frequentava aquele tipo de lugar. Mas chegou aos seus ouvidos a fama de Luciana, e ele mandou que seu assistente pessoal entrasse em contato com a dona do negócio, solicitando uma entrevista em um lugar determinado.

José Américo era um homem muito rico, dono de várias empresas, que incluíam mineradoras, fazendas, restaurantes de luxo e uma das maiores fábricas de construção de iates do mundo. Era viúvo; pai de uma única filha, casada com um dos diretores de uma de suas empresas. Não gostava do genro e reclamava pelo fato de ambos terem optado por não lhe dar netos. O casal gostava de festas, viagens e achava que uma criança atrapalharia a vida deles. A filha não tinha uma relação amorosa com o pai, e a convivência deles beirava o formal. Ela esbanjava muito dinheiro e vivia com o marido usufruindo muito mais do que necessitariam para ter uma vida já confortável. Os gastos eram absurdos, e essa constatação incomodava muito o empresário, que trabalhou desde muito jovem para conseguir construir seu império.

Quando Lourdes tomou conhecimento da identidade do cliente que queria conhecer Luciana, procurou agendar imediatamente a reunião, que foi marcada em um restaurante discreto onde ele não seria reconhecido. Quando ela o viu sentado com elegância, vestindo um terno azul-marinho muito bem confeccionado e fumando com classe um cachimbo de aparência caríssima, quase caiu de costas. Entre os frequentadores de sua casa, passavam homens com posição social elevada, mas nenhum que chegasse aos pés daquele que estava diante dela. Quando a viu, levantou-se educadamente para recebê-la, o que a fez sentir-se uma pessoa importante. Puxou a cadeira para que ela sentasse, e iniciou a conversa:

— Senhora Lourdes, é esse seu nome, não?

Ela estava se esforçando para manter a naturalidade, mas estava à beira de um ataque de ansiedade diante de tanto luxo. Queria gritar de euforia.

— Sim, Lourdes Maria a seu dispor.

— Senhora Lourdes, não disponho de muito tempo e também não quero ser por demasiado inconveniente. Agradeço ter aceitado meu convite e peço desculpas por fazê-la se deslocar para lugar tão distante de sua casa.

Ela mal conseguia respirar, imaginando o que viria a seguir. Ele continuou:

— Soube que tem uma moça que trabalha para a senhora, de nome Luciana. Estou certo?

Ela sorriu demonstrando orgulho:

— Sim, Luciana. Uma beleza de moça, o senhor precisa conhecer. Um espetáculo de tão linda. E também é moça fina e de classe.

Antes que ela prosseguisse, ele a interrompeu:

— Por favor, senhora, agradeço seu empenho, mas já possuo todas as referências e informações de que necessito sobre a moça. Sei que ela será muito adequada aos meus propósitos.

Ela lhe dirigiu um olhar inquiridor:

— Gostaria de saber quais são os seus propósitos.

Ele fez sinal para o garçom e pediu que trouxesse um *scotch* para ele e uma taça de vinho para sua acompanhante. Quando o rapaz acabou de servi-los, José Américo virou-se calmamente para ela e disse:

— Sessenta mil reais é o que pretendo pagar por trinta dias de exclusividade com essa moça. Esse propósito satisfaz sua curiosidade?

Lourdes achou que ia desmaiar. Nunca vira tanto dinheiro assim e jamais com nenhuma de suas meninas tivera tal rendimento. Diante dessa proposta, ela mal conseguia raciocinar. Tremia dos pés à cabeça e custava-lhe acreditar que Luciana valesse tanto. Antes que o homem mudasse de ideia, ela se apressou em responder com dificuldade, quase gaguejando:

— Satisfaz totalmente minha curiosidade. Com certeza, satisfaz muito!

— Eu lhe darei cinquenta por cento no início do período e o restante quando ela terminar o serviço.

Lourdes apenas assentiu com a cabeça. Quem era ela para discutir qualquer coisa numa situação dessas?

Ele continuou:

— Vou enviar meu motorista amanhã à noite para buscá-la, e ele levará o valor para a senhora pessoalmente. Faça com que ela esteja pronta às nove da noite. Ele vai levá-la a um hotel já escolhido, e lá ela permanecerá até o fim do período de seus serviços. Irei encontrá-la mais tarde, e a senhora lhe recomende que me aguarde. Isso é tudo que é necessário dizer neste momento. Ela talvez faça alguma viagem comigo, mas não creio que a senhora vá colocar algum empecilho...

— Claro que não, de jeito nenhum, ela estará à sua disposição da forma que quiser.

— Que ótimo! Tenho de me retirar agora. Meu carro vai levá-la de volta à sua casa. Muito boa tarde. Ah! Ia me esquecendo: tenho apenas uma exigência que se não for cumprida, desfaço o acordo. Exijo sigilo absoluto. Passar bem.

O elegante homem se retirou deixando a cafetina em estado de choque, não conseguindo assimilar a realidade da proposta que acabara de receber. Sabia que havia feito um bom negócio ao pegar Luciana, mas jamais imaginou algo assim. Estava muito satisfeita e em poucos minutos já fazia planos para utilizar a pequena fortuna. Ao voltar para o bordel, foi ter com Luciana em seu quarto para lhe contar as novidades. Luciana vibrou de alegria também, pois essa sua comissão seria espetacular, e era bem provável que ganharia mais joias. Mas ao mesmo tempo, estava intrigada com a situação:

— Lourdes, claro que estou achando tudo isso muito bom, mas não acha que é muito dinheiro para gastar com alguns dias de sexo? Será que esse homem é normal?

— Ah! Você às vezes parece aquela menina ingênua que chegou aqui. Eu lhe falei que a vaidade masculina nos surpreende. Ele não quer apenas sexo. Decerto vai apresentá-la aos amigos para deixá-los com inveja. Ele a quer para desfilar e mostrar aos outros o quanto ainda pode ser viril. E escolheu alguém como você porque não parece uma prostituta.

Luciana fechou a cara. Ainda não gostava dessa expressão, e Lourdes notou o desagrado:

— Não adianta fugir, mocinha. Um nome mais bonitinho não vai mudar o que você é. Mas vamos deixar de bobagens, porque chegou a grande oportunidade da nossa vida. E se não agarrá-la com unhas e dentes é porque é muito burra. Quem sabe não consegue segurar o homem e acaba como mulher dele! Soube que é viúvo. Seja esperta. Terá o que quiser para o resto da vida.

— Não estou interessada em ter um homem fixo. Tenho um objetivo, e me prendendo a alguém meus planos teriam de ser desfeitos.

Lourdes suspirou:

— Olha só, por causa desse seu desejo de vingança, que até hoje não sei o que é, você está deixando as boas oportunidades passarem por sua vida. Esqueça isso e trate de se arrumar.

Luciana foi taxativa:

— Jamais esquecerei, e essas pessoas ainda vão me pagar.

A cafetina deu de ombros e começou a ajudar Luciana a arrumar sua bagagem. No dia seguinte, o motorista chegou e a levou. Ele era muito discreto, e não conversaram durante o percurso. Quando chegaram ao destino de Luciana, ela ficou pasma com o hotel: cinco estrelas, extremamente luxuoso e enorme.

O motorista a acompanhou até a recepção, fez o *check in* e a lembrou que o patrão chegaria mais tarde. Ela subiu para o apartamento e quando entrou, quase caiu de costas. Era uma suíte enorme, ricamente decorada, com uma varanda de frente para o mar de Copacabana. Como ficaria ali por um mês, arrumou suas roupas no amplo armário e foi tomar um banho e se aprontar para esperar José Américo. Estava muito curiosa para conhecê-lo e imaginava como seria se deitar com um homem já tão idoso; seria a primeira vez. Os outros com quem deitara não eram todos jovens, mas nenhum na casa dos setenta anos.

Já passava das 22h30 quando bateram à porta. Luciana trajava um elegante e discreto vestido salmão, que evidenciava seu belo corpo, mas sem parecer vulgar. Ao contrário de outros tempos, a maquiagem era suave e apenas realçava seus traços mais bonitos. O cabelo estava preso em um rabo de cavalo adornado por um elástico da cor do vestido. Quando abriu a porta, o espanto foi mútuo. José Américo ouvira falar de Luciana, mas não estava preparado para tanta beleza e elegância. Já Luciana, que esperava ver um senhor idoso, admirou-se diante daquela figura máscula e imponente, um homem de idade, mas com o corpo forte e a postura altiva, e por que não dizer, muito bonito. Ambos ficaram por alguns instantes inertes, ainda tomados pela surpresa, até que finalmente ela o convidou a entrar. Serviu-lhe uma bebida e ambos se sentaram no sofá.

Luciana, que esperava ser de pronto seduzida e levada para a cama, achou aquela situação bastante singular, pois ele não parecia estar ali para isso. Depois que deu o primeiro gole em sua bebida, ele falou com a voz baixa, mas impostada:

— Vejo que não mentiram ao me falarem de sua beleza.

Luciana pela primeira vez em muito tempo, sentiu-se verdadeiramente lisonjeada e agradeceu com um sorriso. Ele continuou:

— Acredito que essa situação esteja sendo um tanto diferente do que você imaginava, não é?

— Confesso que sim.

— Eu não a contratei para ter trinta dias de sexo com você. Preciso que você realize um trabalho muito importante para mim, pelo qual será muito bem remunerada.

Nesse momento, a curiosidade de Luciana se manifestou por inteiro. Então de fato, aquela era uma situação muito especial e ela ficou de certa forma envaidecida por não ser apenas sexo, embora não tivesse ideia do que teria de fazer.

— Peço que jamais comente com ninguém sobre o que vou lhe contar. Nem com sua cafetina — dizendo isso, José Américo se arrependeu, pois não parecia estar diante de uma prostituta. — Desculpe, não queria falar dessa maneira.

Luciana falou com suavidade:

— Não se desculpe! Sinceramente não me ofendeu. Prossiga, por favor.

— Eu preciso que você me ajude a desmascarar um bandido da pior espécie.

Ela sentiu um calafrio:

— Bandido? Como assim?

— Não se assuste! Não é um marginal qualquer. É meu genro. Ele é um homem sem escrúpulos e nunca aprovei o casamento de minha filha, mas não consegui impedi-la de cometer essa loucura. Sei que ele tem várias mulheres, e não sei se ela finge não ver ou se é enganada mesmo. Mas o pior de tudo: acredito que ele vem me roubando há muito tempo, mas não tive ainda como provar. Desconfio que, como diretor de uma de minhas empresas, ele tenha conseguido arrumar uma forma de desviar muito dinheiro para uma conta pessoal, e, se eu estiver certo, esse valor é realmente imenso.

— Que horror! Imagino sua angústia em saber que seu próprio genro é capaz de fazer uma coisa dessas.

Desculpe, senhor, mas apesar do meu trabalho, sempre primei pela honestidade e acho inadmissível uma conduta assim.

Ele sorriu satisfeito:

— Que ótimo! Minha intuição mais uma vez acertou quando me indicou que você seria a pessoa certa para esse trabalho.

— Mas como poderei ajudá-lo?

— Como lhe falei, esse meu genro tem muitos defeitos e vícios, entre eles as mulheres, a ganância e a bebida. O meu plano é que você seja vista como minha nova namorada. Estará comigo em todos os lugares e será apresentada a ele numa ocasião qualquer. Tenho certeza de que ele ficará louco para possuí-la e, no momento certo, você dará asas a ele para que pense que poderá alçar altos voos. Sei que ele possui um apartamento onde costuma ter seus encontros com as amantes, e posso apostar que os documentos sobre esses desvios e depósitos em sua conta estão escondidos lá. Você terá de ter livre acesso ao ambiente para tentar localizar esses papéis e trazê-los para mim.

— Mas, como sua namorada, o senhor acha que ele vai ousar se insinuar para mim?

— Não acho, tenho certeza. Depois que enviuvei, claro que tive algumas namoradas, e ele sempre teve inveja da minha posição e porque, apesar da minha idade, tive a sorte de contar com a companhia de mulheres bonitas e que não estavam interessadas em meu dinheiro. Ele sempre dava um jeito de flertar com elas discretamente, e elas acabavam me contando. Sei que fará o mesmo com você. O valor do desvio é realmente muito grande, e se você me ajudar a recuperar esse montante, serei generoso na sua recompensa.

— Mas Lourdes vai me dar a comissão pelo valor já pago a ela.

— Eu não quero que ela saiba dessa outra parte do trabalho. Deixe que pense que você está aqui por outra razão. Mas esse trabalho que fará para mim é extremamente importante. Não é só pelo dinheiro que você vai me ajudar a recuperar, mas principalmente por me ajudar a desmascarar esse desclassificado e colocá-lo na cadeia, que é o seu lugar.

— Desculpe, senhor, mas sua filha vai sofrer! Talvez fique até aborrecida com o senhor.

— Na verdade, acho que ela vai me odiar. Mas tenho esperança de que enxergue a realidade depois; ainda é jovem e poderá refazer sua vida com alguém que realmente tenha caráter e, quem sabe, ainda me dar netos.

Luciana assentiu com um sorriso. Estava ansiosa para saber qual o valor do roubo, sentia-se personagem de um filme de ação tipo James Bond. Mas nem precisou perguntar, ele logo esclareceu:

— Pelos meus cálculos, ele já deve ter desviado algo em torno de trinta milhões de dólares.

A moça ficou estarrecida, mas ficaria ainda mais com o que ele falaria a seguir:

— Não creio que goste dessa vida que está levando. Meu tino para os negócios aliado à minha intuição e sensibilidade me fizeram ser o homem que sou hoje. E sei que você está fazendo esse tipo de trabalho naquele lugar movida por razões muito fortes. Você vai me ajudar a pegar esse bandido, e quero ajudá-la a recomeçar sua vida. Assim, ambos sairemos ganhando.

— Obrigada, senhor. Mas por que esse interesse em me ajudar?

— Já disse, costumo ouvir minha intuição, e sei que escolhi a pessoa certa e que você merece uma oportunidade de refazer sua vida com dignidade.

Os olhos de Luciana ficaram marejados e ele aproximou-se dela com carinho desinteressado:

— Não fique assim. Durante toda minha vida tive a sorte de também encontrar pessoas que me apoiaram em momentos difíceis. Nem tudo foi sempre um mar de rosas. E não entenda isso como um favor; você fará um trabalho sério para me ajudar e é justo que receba um valor à altura.

Ela enxugou uma lágrima que insistia em querer correr pelo seu rosto, quando ele finalizou:

— Quando tudo estiver terminado, você receberá três milhões de dólares, e poderá recomeçar sua vida onde quiser. Sei que terá responsabilidade para levar uma vida correta e honesta. E antes que eu me esqueça de dizer, acho pouco provável que eu a leve para a cama, fique tranquila, embora eu a considere muitíssimo atraente e sedutora.

Luciana quase desfaleceu e caiu em prantos.

dezoito

Um abraço de ternura

José Américo combinou com Luciana de passarem quatro dias sozinhos fora do Rio de Janeiro. Seria uma boa oportunidade para se conhecerem melhor e criarem a intimidade e cumplicidade necessárias para colocar o plano em prática. Eles precisavam manter uma postura de natural proximidade, e com certeza esse tempo seria suficiente para se conhecerem melhor.

No dia seguinte, o motorista passou no hotel logo cedo pela manhã e pegou Luciana, que já o aguardava ansiosa para ir ao encontro do novo amigo. Pelo menos era assim que ela o estava vendo. Durante o trajeto para o local ainda desconhecido para ela, ficou admirando a paisagem da cidade e estava encantada com a beleza. Sentia que aquele lugar lhe abriria novas portas, um mundo novo, onde poderia finalmente reconstruir sua vida e, acima de tudo, levar a cabo sua vingança. Era essa agora a razão de todos os seus passos, de toda sua vida. Não conseguia pensar em Laís sem que isso alimentasse cada vez mais o ódio dentro dela. E quando se lembrava de Fabiano, a dor que sentia em seu coração era tão intensa que parecia física. Apesar da decepção que sentira diante da atitude dele, ainda o amava profundamente, e não conseguia ter para com ele o mesmo ressentimento que tinha por Laís e Arthur. Mesmo com relação a Arthur, a raiva não era tão intensa. Ela não conseguira apagar de sua história tantas coisas boas que ele havia feito por ela. Mas Laís era diferente. Não devia nada àquela mulher, e ela com certeza sentiria a força do seu ódio com maior ferocidade. E quando se lembrava de Leila, pedia sempre a Deus que estivesse bem e no aconchego de uma boa família que lhe desse amor, carinho e uma boa educação.

A velocidade do carro diminuiu e resgatou Luciana de suas lembranças, trazendo-a de volta à sua realidade. Olhou atentamente pela janela em busca de José Américo, mas não o viu. Estavam em algum lugar que lhe parecia uma marina, com vários tipos de barcos, todos muito luxuosos e bonitos. O motorista estacionou, abriu a porta para ela e foi pegar sua bagagem no porta-malas. Pediu que ela o acompanhasse e se dirigiram para o *deck* que os levaria até as embarcações que estavam atracadas uma ao lado da outra. E foi de uma delas, um magnífico iate que devia ter uns quarenta metros de comprimento, que José Américo acenou para Luciana com um largo sorriso. Ela acenou de volta e ele desceu pela rampa de embarque indo ao seu encontro.

— Senhor, que maravilha de iate! É lindo!

Ele sorriu novamente fixando a expressão quase infantil de Luciana admirando a máquina à sua frente.

— Obrigado. Realmente é um belo barco. Você vai gostar dos dias que passaremos aqui. Mas precisamos combinar uma coisa imediatamente: pare de me chamar de senhor. Acho que não é a forma de tratamento mais adequada entre um casal enamorado.

Luciana ficou envergonhada, mas teve de concordar com ele:

— Só não sei se será fácil chamá-lo de outra maneira.

— Claro que será. Pense que estamos iniciando uma boa amizade, e não faz sentido que você me trate por senhor todo o tempo.

O olhar dela ficou triste de repente:

— Mas eu estou aqui a trabalho, e o senhor é meu cliente.

Ele franziu a testa e a olhou com seriedade:

— É fato que a contratei para fazer um trabalho para mim, mas não sei em que isso impede que sejamos amigos. Eu costumo fazer de meus funcionários bons colegas, além de colaboradores, e alguns de fato se tornam ótimos amigos.

— Nossa, isso é tão raro! Os patrões geralmente buscam manter distância dos empregados.

— Sei que muitos agem assim, e com certeza não obtêm bons resultados de suas equipes. Os empresários deveriam valorizar mais os funcionários e perceber que um trabalhador satisfeito produz muito mais e com muito mais vontade. O respeito aumenta a autoestima de qualquer pessoa, e a faz sentir-se motivada a trabalhar cada vez mais e melhor. Já existem empresas que entendem isso, e as minhas funcionam assim.

— O senhor... — José Américo fez um sinal negativo com a cabeça e riu. — Desculpe, você, está de parabéns. Agora entendo que essa é uma das razões do seu sucesso.

— Fiz questão de que passássemos esses dias sozinhos para que você saiba mais a meu respeito e também para que eu a conheça melhor. Viu! Já estamos no caminho. Venha, vamos embarcar.

— Para onde iremos? — perguntou Luciana feliz com tanta novidade.

— Não temos destino certo. Ficaremos navegando e passaremos por várias praias, mas não gostaria de ficar em terra nenhum desses dias. Temos tudo de que precisamos aqui. Está bom para você?

— Claro que sim. Tudo será como você quiser. Vamos, então.

Ao entrarem, Luciana não cabia em si de tanta admiração. Tudo no interior da embarcação era grandioso e perfeito. José Américo a levou até a suíte que ocuparia e ela jamais imaginou que pudesse ser tão grande.

— Minha querida — falou José Américo com autêntico carinho — fique à vontade para se acomodar e ajeitar suas coisas. O copeiro trará algo refrescante para você beber e depois podemos nos encontrar no salão principal.

— Muito obrigada pela forma como está me tratando. Não imagina o quanto isso está sendo importante para mim.

Ele nada disse e se retirou. Instantes depois, o copeiro bateu à porta carregando uma jarra de suco e um jornal.

Luciana agradeceu e ele saiu. Sentou-se à pequena mesa de dois lugares, serviu-se de suco e resolveu dar uma olhada nos jornais. Folheava a publicação buscando alguma notícia interessante quando sentiu uma profunda onda de choque atingir-lhe de repente. Em uma das páginas, em destaque, estava um foto de Laís ao lado de Fabiano e Arthur. A respiração de Luciana ficou ofegante e suas mãos começaram a tremer. Com dificuldade, começou a ler a matéria que fazia referência à foto. Dizia que Arthur, apesar de alguns pequenos contratempos que vinha enfrentando na empresa, viajara a negócios levando a família. Após os compromissos de trabalho, iriam juntos para uma estação de esqui nos Estados Unidos para descansarem por alguns dias. Ela apertou o papel entre suas mãos com toda a força e releu a notícia várias vezes sentindo em cada uma delas, seu ódio aumentar: "Eles estão felizes, viajando e se divertindo! Fizeram tanto mal a mim e a minha mãe e agem como se tivessem a consciência tranquila. Que pessoas mesquinhas e egoístas! Mas um dia essa alegria irá desaparecer, e eu estarei lá para fazê-los pagar por tudo o que fizeram." Mas seu coração se enternecia ao olhar para a imagem de Fabiano. O amor que sentia por ele era maior que tudo e por mais que desejasse não conseguia odiá-lo.

Quando saiu da suíte para encontrar com José Américo, carregava um ar triste e sombrio, que não passou desapercebido ao empresário:

— Você estava tão bem quando nos despedimos há pouco. Mas agora percebo que está triste, parece até ter chorado. O que aconteceu?

Luciana sentiu-se constrangida e tentou disfarçar:

— Não foi nada, apenas um mal-estar. Deve ter sido porque é a primeira vez que ando de barco.

José Américo não se conteve e deu uma risada:

— Você é a primeira pessoa que ouço falar que tem enjoo antes mesmo de começar a navegar!

Luciana também conseguiu dar uma risada e falou:

— Bem, eu nunca soube mentir mesmo. Mas agora me superei! E obrigada por me fazer sorrir novamente.

— Venha, vamos nos sentar aqui. Conte-me o que está acontecendo.

Ela sentiu que realmente podia confiar nele, e acabou relatando toda sua vida, até o dia em que se conheceram. Em vários momentos não conteve o pranto, e José Américo lhe ofereceu um lenço. Sentia-se penalizado com o sofrimento dela. Ao término do relato, ele falou:

— Existem pessoas muito cruéis de fato, e incrivelmente preconceituosas. Acham que o dinheiro e a riqueza lhes conferem credenciais de pessoas melhores e superiores aos demais. Os que pensam assim, na verdade, estão em posição muito inferior a outros que têm muito menos bens materiais. São pessoas arrogantes que, por não possuírem um brilho interior, usam o dinheiro como muleta e passaporte para serem aceitas na sociedade. Não possuem um conteúdo interessante e nada têm para oferecer em sabedoria. Muitas vezes, nem cultura. Então, impõem-se por meio da única moeda que possuem: o dinheiro. Conheço muita gente assim, o que é lastimável.

— Mas a sociedade é movida pelo dinheiro. Quanto menos você tiver, mais será excluído. A verdade é que os pobres são sempre menosprezados.

— Não é bem assim. Você já sabe que eu não penso dessa forma. E existem muitas pessoas boas no mundo, pessoas que valorizam quem quer que seja, independente de posição social. Pessoas que já entenderam que o dinheiro é sim, importante. Ele nos traz conforto e facilita muito a vida. Mas ele não traz boa educação nem felicidade. Conheço muitos ricos grosseiros e infelizes. Veja o caso de Laís. Uma pessoa para agir dessa forma não deve ser feliz. Deve sofrer dramas íntimos que ninguém jamais saberá. Dramas que ela mesma deve renegar para não ter de deparar com sua verdadeira pobreza.

Luciana reagiu de forma ríspida:

— Pouco me importa o que ela sinta ou deixe de sentir. Ela matou minha mãe, fez-me perder o amor da minha vida e nossa filhinha.

José Américo era só compreensão:

— Sei o quanto você sofreu e ainda sofre com tudo isso. Você não teve como evitar que ela a humilhasse de todas as formas utilizando-se de seu poder e dinheiro. Mas pode evitar que ela lhe faça um mal ainda maior, que é destruir o que há de bom em você, seu caráter e sua conduta voltada para o bem. Ela pode lhe tirar tudo, mas não pode tirar a sua essência, a menos que você permita.

Luciana ficou calada analisando o que ouvira, e José Américo pediu licença um instante, retirando-se estrategicamente para deixá-la sozinha com seus pensamentos. Pouco tempo depois, Luciana saiu atrás dele:

— José Américo, o que você quis dizer exatamente?

— Você entendeu. Ela só lhe fará um mal maior se você permitir.

— Mas o que eu poderia ter feito naquela época?

— Você disse que nem você, nem sua mãe conseguiram falar com Arthur. Não sei, mas tenho a vaga sensação de que toda essa história foi muito bem armada por essa mulher. Talvez se vocês tivessem sido mais ousadas e falado com ele a todo custo...

— Mas ela nos disse que ele não queria mais nos ver.

— Ela disse; mas como vocês puderam ter certeza de que isso era verdade?

Luciana calou-se novamente. Ele prosseguiu:

— Claro que ela se utilizou das armas de que dispunha para intimidá-las. Sentia-se numa verdadeira guerra contra vocês e as atacou diretamente. Vocês se sentiram acuadas e cederam, caindo na armadilha preparada por ela. O medo, entre outros tantos sentimentos, faz-nos perder a razão. Por medo, vocês esqueceram toda a vida feliz que viveram naquela casa, ao lado de Arthur e Fabiano. Por medo, esqueceram todo o bem que ele sempre lhes fez e julgaram que ele de uma hora para outra se tornara outra pessoa, alguém que seria capaz de fazer mal a quem sempre cuidou dele e do filho. Veja, ela lançou o mal contra vocês, e vocês permitiram que as atingisse. E agora, se você alimentar esse ódio, esse desejo de vingança, ela estará vencendo definitivamente essa guerra. Entendeu?

— É verdade, nós aceitamos tudo o que ela falava sem questionamentos. Nunca saberemos que tipo de intrigas ela fez.

— Da mesma forma que ela pode ter colocado palavras na boca do marido, pode ter feito a mesma coisa, dizendo a ele coisas sobre vocês que o magoaram. Nenhuma de vocês procurou tirar a história a limpo. Qualquer pessoa pode se voltar contra outra e procurar feri-la de alguma forma. A maneira como será a reação a esse ataque, fará toda a diferença. Se um desconhecido lhe disser que você é burra e feia, o que você sentirá?

Ela franziu o cenho:

— Vou achar que ele é louco! — respondeu rindo.

— E se eu disser que você é burra e feia?

Ela não respondeu. Mas, para ele, o silêncio foi uma boa resposta:

— Que bom que significo algo para você, porque se fosse eu a lhe dizer isso, você iria se magoar. Isso não deve acontecer. Você sabe que é inteligente e bonita, então, nada que outra pessoa disser ao contrário disso, deverá afetá-la. Você deve ter consciência de seu valor, e dessa forma, será bem mais difícil alguém lhe causar algum mal. Lembre-se sempre disso. Você pode absorver uma agressão ou simplesmente ignorá-la. Você tem o poder de evitar que a magoem. A verdade e a força estão bem aí, no fundo de sua alma.

Luciana sentiu-se tão segura e tão grata, que não pensou antes de caminhar até ele e dar-lhe um abraço carregado de ternura, que foi igualmente retribuído.

*

Cada momento que passava ao lado de José Américo era para Luciana a descoberta de uma nova forma de olhar a vida. Ele tinha a capacidade de fazer tudo parecer muito simples, e ela estava ávida por conhecer e aprender mais. Ele, por sua vez, procurava com muita paciência sanar toda a curiosidade dela.

Ele contou como começou sua empresa, a forma como conduzia seus negócios, os problemas e dificuldades que teve no caminho. E imaginou o que ela faria com o dinheiro que receberia pelo trabalho que estava fazendo:

— Luciana, você já tem em mente o que vai fazer quando conseguirmos atingir nosso objetivo e você encerrar seu trabalho para mim?

— Logo que você me falou o valor que iria me pagar, eu não consegui nem raciocinar direito, mas passado o primeiro impacto, tudo ficou claro. Vou abrir minha empresa de *design* de moda.

Ele a olhou admirado:

— Você está colocando o carro na frente dos bois, como se dizia no meu tempo.

— Como assim?

— Você acha que realmente tem condições de abrir sua empresa daqui a alguns meses? — perguntou sorrindo.

Luciana sentiu-se uma tola. Ele continuou:

— A impulsividade é a grande inimiga do bom empreendedor, jamais esqueça isso. Você terá um excelente capital em muito pouco tempo, mas vai perdê-lo mais rápido ainda se não souber planejar como utilizá-lo.

— Para falar a verdade, possuir tanto dinheiro me dá certo medo.

— Novamente o medo assombrando sua vida. Você não tem de ter medo. Esse dinheiro você vai ganhar de forma honesta, com o seu trabalho. Você não o roubou nem prejudicou ninguém inocente para consegui-lo. Então, por que ter medo?

Ela assentiu mostrando que afinal, ele estava certo. Ele prosseguiu:

— Em primeiro lugar, você deve investir em sua formação profissional. Muita coisa aconteceu com você nos últimos tempos, mas deve se voltar novamente aos estudos. Só assim terá condições de realizar seu sonho de trabalhar com moda. Sei que você ambiciona ser uma grande estilista, mas tem de se preparar. Pegue seu dinheiro e faça uma excelente escola da área, leia, estude e procure se aprimorar também na área da administração. Você comandará uma empresa, seu desejo será progredir e crescer, e é importante que você saiba conduzir sua administração, mesmo que tenha alguém especializado para cuidar disso.

Luciana o olhava atentamente, procurando absorver o máximo possível a experiência que ele lhe passava. Ela sonhava em se tornar poderosa, muito rica, só assim poderia olhar em igualdade de condições para a família Gouveia Brandão.

José Américo lhe falou sobre investimentos, deu dicas de viagens e lugares que ela deveria conhecer, mostrou pontos importantes da economia e finalizou com o que ele achava fundamental:

— Sempre aja com honestidade. O mundo dos negócios nem sempre é bonito. Muitas vezes, precisamos tomar medidas difíceis, desprovidas de qualquer sentimentalismo, mas jamais medidas desonestas. As tentações são inúmeras, e sempre surgirá alguém com uma proposta de dinheiro fácil e ilegal. Jamais ceda e não abra mão de seus princípios. Hoje sou um homem respeitado por agir assim. Muita gente não gosta de mim, mas sinceramente, não faço questão de que esse tipo de pessoa faça parte da minha vida. Veja o caso do meu genro. Ele, com certeza, age acreditando na impunidade, mas todas as falcatruas que utiliza para se apoderar de meu dinheiro, devem ter lhe rendido momentos de muito estresse. E sua felicidade é ilusória, pois está prestes a acabar. Não dê margem para que possam puxar o seu tapete. Construa sua vida sobre fortes alicerces, de modo que possa sempre andar com a cabeça erguida.

— Mas a vida que tenho levado me deixa muito envergonhada!

— Essa sua situação é diferente. Você não está armando golpes em cima de seus clientes para enriquecer de maneira ilícita. Infelizmente, você encontrou essa como sendo a única porta aberta em determinado momento. Tem sofrido com isso, mas está, de forma admirável, tentando aproveitar uma oportunidade que a vida está lhe dando. Talvez você se envergonhe dessa passagem e queira enterrar esse passado. É um direito seu, mas guarde sempre as lições que aprendeu durante esse tempo. E, minha querida, esqueça essa história de vingança. Cuide de sua vida e esqueça esse passado também.

Luciana contraiu os músculos da face:

— Minha mãe também dizia isso, para que eu esquecesse essa gente. Mas você também quer se vingar de seu genro.

— Não, de modo algum. Eu não quero me vingar. Quero apenas recuperar o que ele me roubou e impedir que continue aplicando seus golpes. Imagino que eu não seja sua única vítima. Alguém tem de fazer isso. E acredite: dizem que é doce o sabor da vingança, mas, na verdade, ela não tem sabor algum. Ouça com atenção o que lhe digo.

— Como você pode saber? Já se vingou de alguém?

— Não, nunca fiz absolutamente nada para me vingar. Mas em duas ocasiões, pessoas que me prejudicaram muito, acabaram tendo em sua vida problemas tão sérios que eu poderia assistir de camarote a derrocada deles e aplaudir. Mas quando tomei conhecimento dos sofrimentos que enfrentavam, percebi que eu não sentia nada. Não fiquei feliz, não vibrei nem tampouco tive pena. Surpreendi-me, mas descobri que a vingança não tem qualquer sabor. Não vale a pena em nenhum sentido. Você talvez não goste de ouvir isso, mas ela só tem sabor para almas e mentes pequenas.

Aquelas palavras tocaram fundo o coração de Luciana. No íntimo, ela não queria alimentar aquele sentimento, mas era mais forte que ela. José Américo sabia que, com o tempo, ela entenderia.

Aqueles dias passaram muito rápido, e quando voltaram ao Rio de Janeiro, estavam tão à vontade um com o outro que ninguém duvidaria que estivessem namorando.

Logo a notícia do novo romance de José Américo começou a se espalhar, e ele circulava pelos lugares mais conhecidos, sempre acompanhado de Luciana, alimentando a curiosidade alheia. Muitos convites começaram a chegar diariamente, todos querendo conhecer a nova "felizarda" como a chamavam. E foi muito fácil, em uma dessas ocasiões, Luciana conhecer a filha e o genro de José Américo. E exatamente como ele havia previsto, não demorou para que o homem começasse a flertar com Luciana.

Devidamente orientada pelo empresário, ela deixou que o outro se aproximasse e acreditasse estar sendo bem-sucedido em suas investidas. Até que o momento tão esperado chegou. Acreditando ter Luciana totalmente atraída por ele, partiu para o ataque. Em uma das festas, José Américo, percebendo que o genro já havia se excedido muito na bebida, viu que a hora havia chegado. Alegando uma pequena indisposição, disse que iria se retirar, mas que queria que Luciana aproveitasse o restante da noite. A filha, que estava muito irritada com a bebedeira do marido, ofereceu-se para acompanhá-lo. Ele mostrou-se favorável à atitude dela e muito grato. Era a oportunidade que esperavam. Mal haviam saído e Luciana foi abordada da maneira mais grosseira:

— E então, minha mulher já saiu com o velho.

O homem estava tão bêbado que seu hálito causava ânsia em Luciana. Ele nem deu tempo para que ela respondesse:

— Minha mulher é insuportável. Você não imagina como sofro nas mãos dela — ele falava com a língua enrolada e fazendo cara de coitado —, é uma dondoca, filhinha de papai, mas quando preciso dela, sempre me deixa na mão. E aquele velho! Estou cansado de ser explorado por ele. Mas olhe, vou lhe contar um segredinho: logo vou me livrar de todos eles, e você pode vir comigo. Vamos sumir no mundo e aproveitar tudo o que temos direito. Somos jovens, você é linda, vai ficar aturando aquele velho por quê?

Luciana o olhava com asco, não só pelo seu jeito trôpego, mas também pela forma como se referia a José Américo. Ela já nutria um carinho muito grande pelo amigo, e sua vontade era esbofetear aquele homem. Mas tinha de seguir em frente e começou a achar que sentiria muito prazer em desmascará-lo.

Quase em silêncio todo o tempo, Luciana o acompanhou para o apartamento que havia sido citado e o estado do homem era tão deplorável, que pouco depois de chegarem, ele desabou no sofá e dormiu profundamente. Era o que Luciana e José Américo imaginavam que aconteceria. Assim, ela pôde vasculhar cada canto em busca das provas de que precisava. Depois de quase uma hora, encontrou todos os documentos. Sentiu um imenso alívio ao deixar o local e seguir para o hotel, não sem antes se certificar de que deixara tudo arrumado de modo que ele, ao acordar, não percebesse de imediato o que havia ocorrido.

Na manhã seguinte, logo cedo, José Américo chegou ansioso ao hotel. Quando Luciana lhe apresentou o que havia conseguido, ele disse:

— Finalmente vou colocar esse bandido na cadeia, e agora que sei onde está meu dinheiro, conseguirei, por meio da justiça, que me seja restituído. E devo isso a você. Mas como lhe falei, embora eu saiba que estou agindo corretamente, não fico feliz com tudo isso. Sei que minha filha vai sofrer ao confirmar que se casou com um canalha. Mas um dia ela entenderá e acredito que vá me agradecer e me perdoar.

Luciana estava triste, e ele logo notou:

— O que houve? Ficou nervosa com tudo isso, não foi?

— Fiquei sim, não posso negar. Mas estou triste realmente. Você foi muito importante para mim e jamais esquecerei tudo o que me ensinou. Os dias que passei ao seu lado valeram mais do que qualquer dinheiro no mundo. E sei que agora não nos veremos mais.

Ele fez um carinho no rosto de Luciana:

— Provavelmente não nos veremos. Tínhamos um negócio, um trabalho a realizar, e ele está concluído. Por falar nisso — falou pegando um papel no bolso — aqui está o seu pagamento. Abri uma conta em seu nome e o depósito já está feito. Como o gerente da agência bancária é velho conhecido meu, avisei que você passaria lá depois para assinar os formulários necessários.

Luciana não pegou o papel. Apenas olhou para ele com os olhos cheios d'água.

— Não fique assim, menina. Você tem uma vida inteira para construir e nossos caminhos daqui para a frente tomam rumos opostos. Se algum dia precisar de algo, você sabe onde me encontrar. Mas tenho certeza de que será forte e suficientemente inteligente para fazer de sua vida um grande sucesso.

— Por que sempre acabamos perdendo as pessoas de quem gostamos? — falou Luciana sentindo que não aguentaria mais uma despedida.

— As pessoas de quem gostamos, que são importantes na nossa vida, sempre estarão presentes de uma forma ou de outra. Muitas vezes, a presença física não é possível, mas isso não as elimina de nosso coração. Eu, quando perdi minha esposa, achei que não iria suportar, que não conseguiria viver sem ela. Ela foi o grande e único amor da minha vida. Mas, com o tempo, aprendi que sobrevivemos, sim, e a melhor homenagem que eu podia fazer a ela, era ser o homem forte e determinado que ela conheceu e por quem se apaixonou. Nunca fui um homem religioso, mas dizem que a vida continua. Se isso for verdade, espero que ela continue a se orgulhar de mim. E outra lição que aprendi ao lado dela foi que a felicidade de cada um está dentro de sua própria alma. Eu sentirei falta dela até o último dos meus dias; faria qualquer coisa para tê-la de volta, mas tive de conhecer e buscar a felicidade dentro de mim mesmo, só assim eu poderia continuar vivendo. Nunca devemos, por maior que seja o amor, depositar nossa felicidade nas mãos de ninguém.

Luciana também achou que morreria quando perdeu Fabiano, e agora estava ali, diante do homem que lhe deu a oportunidade de recomeçar e lhe ensinou tantas coisas. Seria eternamente grata a ele, mas sabia que ele estava certo. Apesar do carinho que surgiu entre ambos, era o momento de cada um seguir seu rumo.

Ela o abraçou. Comovida, agradeceu-lhe por tudo e o deixou ir com lágrimas nos olhos, mas com muita coragem no coração.

Quando voltou ao bordel, Lourdes estava eufórica por ter recebido o restante do pagamento. Deu a parte que cabia à Luciana, que aceitou sem fazer menção de que agora era uma mulher muito rica, pois prometera a José Américo que nada falaria sobre tudo o que acontecera. A mulher se surpreendeu quando Luciana avisou que estava de partida. Ela tentou convencê-la a ficar, argumentou que juntas chegariam longe e que depois desse cliente, era certo que outros do mesmo porte apareceriam. Mas diante da determinação da moça, só lhe restou lamentar estar perdendo sua melhor garota.

Naquele mesmo dia, Luciana deixou a casa onde passou por momentos que jamais gostaria de voltar a se lembrar, mas também onde conheceu o homem que mudaria sua vida para sempre.

Não tinha destino certo, apenas a confiança e a esperança no futuro. Só não teve coragem de admitir para José Américo que não desistira da ideia de se vingar daqueles que acreditava terem destruído sua vida.

dezenove

Uma vida bem-sucedida

A tempestade varria a cidade e seus raios e trovões eram assustadores, mas também fascinantes.

Da grande janela de sua ampla sala, Luciana observava uma Baía de Guanabara quase invisível, encoberta pela névoa provocada pela forte chuva. O dia parecia triste, como triste estava também seu coração. Pensava em José Américo. Naquela manhã, recebera a notícia de que ele havia morrido. Já estava muito idoso, havia passado muito tempo desde que se conheceram. Vinte anos! Durante todo esse período nunca mais se viram, mas um sempre acabava tendo notícias do outro pela mídia ou por intermédio de pessoas conhecidas. Luciana, quando deixou a casa de Lourdes, mudou-se para a Europa para se matricular na melhor escola de moda que conhecia, e em uma ocasião José Américo esteve na Itália, onde ela estava morando, mas apenas se falaram uma única vez por telefone. Ela sabia que, mesmo longe, ele acompanhava sua vida, e sabia também que em qualquer emergência poderia contar com ele. Era como se ele fosse um "anjo", assim como tantos que aparecem no nosso cotidiano e muitas vezes não entendemos que estão ali não para compartilhar nossa vida, mas para nos mostrar o caminho, nos encorajar, ou simplesmente nos estender a mão. Eles surgem sem que seja preciso chamá-los, e devemos deixá-los partir para que continuem seu caminho. E José Américo se fora para sempre, mas como ele disse uma vez, estaria definitivamente no coração de Luciana, um coração que se fechara para o amor e a felicidade.

Depois dos anos de estudo na Europa, Luciana viajou por vários países, sempre em busca de novidades e conhecimentos. Seu dinheiro, seguindo os passos indicados por José Américo, havia sido bem investido e rendera bons lucros. Ao voltar para o Brasil, possuía um capital generoso e suficiente para abrir sua empresa e viver uma vida muito confortável. Em cinco anos de atividade, os lucros se multiplicaram rapidamente. Ela tornou-se uma empresária conhecida em todo o mundo da moda. Era muito respeitada e uma palavra sua provocava alvoroço em toda a mídia especializada, porque todos sabiam que logo em seguida uma nova tendência explodiria no mercado. Era convidada a dar palestras e estava sempre presente como convidada de honra nos desfiles mais importantes e significativos no Brasil e no exterior. Tornou-se uma mulher extremamente elegante, mas de uma beleza sóbria e clássica. Sua postura era admirada e temida, pois todos sabiam que levava seus negócios de forma bastante austera e correta, e não admitia falhas nem deslizes de caráter em ninguém com quem mantivesse qualquer relação profissional.

Mas se no mundo empresarial Luciana era uma personalidade, sua vida pessoal era um grande mistério, e não faltavam curiosos tentando descobrir algo que valesse uma rentável capa de qualquer revista, cujo foco era nutrir o desejo irrequieto das pessoas sobre a vida de ricos e famosos.

Quando voltou ao Rio de Janeiro, Luciana comprou uma grande cobertura em frente ao mar de uma das praias mais conhecidas e charmosas da cidade. Era um apartamento extravagante nas dimensões, principalmente para quem optara por viver sozinha. Mas era nesse seu espaço que ela passava todas suas horas de folga e desfrutava uma intimidade à qual pouquíssimas pessoas tinham acesso.

Uma das raras pessoas a terem esse privilégio era Suzanne, sua melhor amiga e secretária. Conheceram-se em Milão quando Luciana já estava lá havia alguns anos. Suzanne era uma estudante dedicada, que sonhava em ser uma grande estilista. Era de uma família sem muitos recursos, mas que dedicara todos os esforços para realizar o sonho da única filha. Ela trabalhava como garçonete em uma cantina para poder custear sua permanência na cidade. Seu bom caráter e sua trajetória de luta e coragem conquistaram Luciana, que viu na moça a imagem de si mesma em um passado não muito distante. Logo descobriram muitos pontos em comum e a alegria de Suzanne e sua jovialidade eram um alento ao solitário coração de Luciana, que retribuía passando a ela sua experiência de vida e a apoiando em muitos momentos. Quando estava para retornar ao Brasil, ela convidou Suzanne para vir junto e trabalhar com ela. A partir daí, tornaram-se inseparáveis e confidentes uma da outra. A moça era a única pessoa que sabia de todo seu passado e era com quem Luciana podia contar também nas horas ainda difíceis ao relembrar tudo o que havia sofrido. Mas também era ao seu lado que vivia seus raros momentos de descontração.

Além de Suzanne, também possuíam livre acesso à sua casa, Mário, fiel administrador de seus negócios, Augusto e Júlia. Mário era um homem poucos anos mais velho que Luciana, solteirão, extremamente bonito e atraente, e não lhe faltavam candidatas a conquistar um lugar definitivo em seu coração, mas esse já estava ocupado por sua chefe. Ele se apaixonara desde que a vira pela primeira vez, mas sabia que não teria nenhuma chance de ter seu amor correspondido. Ela, por sua vez, desconfiava dos sentimentos dele, mas nunca o incentivou, e ele, para não perder a sua amizade e confiança, mantinha seu sentimento em segredo e sentia-se feliz por poder ser uma das poucas pessoas que partilhavam da sua vida íntima.

Augusto era seu advogado e quem cuidava de tudo o que ela precisasse, tanto pessoal como profissionalmente. Era fiel a ela e tinha um caráter inatacável. Formavam uma parceria de sucesso havia muitos anos. Júlia, sua esposa, era a pessoa mais doce que Luciana havia conhecido na vida. Estava sempre disposta a ajudar qualquer um que estivesse passando por dificuldades. Era espírita convicta, e por várias vezes foi ela que levou tranquilidade ao seu conturbado mundo interior. Mas, apesar de sentir grande alívio quando estava com a amiga, tinha dificuldade em aceitar as colocações que ela fazia sobre a doutrina espírita, achando que não havia como entender tantas injustiças nem como agir com bondade e compreensão com pessoas que só faziam o mal por onde passavam.

Luciana ouviu uma batida leve na porta e virou-se para receber Suzanne que lhe trazia o jornal do dia. O escritório, àquela hora, já estava em plena atividade, mas nesse dia Luciana estava reservada e quieta em sua sala. Contrariando tudo o que havia sido dito por sua mãe e por José Américo, ela jamais deixou de pensar nos Gouveia Brandão, e sempre, mesmo de longe, acompanhava todos os passos da família. Dessa forma, pôde testemunhar cada episódio da queda do império de Arthur. Seus negócios, desde o primeiro momento de dificuldade, nunca se recuperaram totalmente. Ele lutava para manter a empresa forte, mas a cada nova crise ficava mais difícil. E corria "à boca pequena" que Laís estava contribuindo para a ruína do marido. Apesar dos problemas que atravessavam, ela continuava a gastar muito dinheiro de forma totalmente descontrolada. Jamais admitiu para a sociedade que precisavam economizar, e como os boatos andavam rapidamente nas rodas que frequentava, parecia que gastava ainda mais para provar que sua vida continuava no mesmo padrão de sempre. Arthur havia perdido totalmente a autoridade sobre a mulher, e com tantas preocupações, acabava não se envolvendo com o que ela fazia e desistira de cobrar-lhe responsabilidade.

Depois que Luciana se foi, Fabiano ficou transtornado com as dúvidas que lhe atormentavam a alma. Nunca teve certeza se o filho que Luciana esperava era dele, mas e se fosse? Com o tempo e a cabeça mais fria, começou a se questionar sobre a história contada por Laís, mas nunca teve como forçá-la a falar a verdade, e sem nenhuma prova, nada podia fazer. Desiludido, voltou ao estilo de vida que levava antes de se apaixonar por Luciana, cada dia com uma mulher diferente, saindo todas as noites e voltando ao amanhecer do dia, sempre embriagado.

Quando Suzanne entrou com o jornal, sua expressão era tensa e ela pediu que Luciana se sentasse:

— Aconteceu uma coisa terrível, e eu preferia que você não soubesse, mas não teria como evitar por muito tempo que a notícia chegasse até você.

Luciana, que recebera a notícia da morte de José Américo logo nas primeiras horas do dia, não podia imaginar o que mais poderia lhe causar algum abalo. Sentou-se à sua imponente mesa de trabalho e estendeu a mão para pegar o jornal, que Suzanne parecia relutar para entregar:

— Vamos Suzanne, mostre-me logo esse jornal. O que pode tê-la deixado assim tão desconcertada?

A moça folheou algumas páginas, e entregou o exemplar aberto na manchete que ocupava quase meia página:

Filho do rico empresário paulista Arthur Gouveia Brandão comete tentativa de suicídio! ...A família ainda muito chocada com o ocorrido não quis falar com a imprensa, mas sabe-se que a situação dele é grave, mas tudo indica que ele não corre risco de morte. De acordo com a direção do hospital, Fabiano Gouveia Brandão ingeriu grande quantidade de tranquilizantes associados a alguma bebida alcoólica, e sua vida foi salva pelo rápido atendimento e socorro que lhe foi prestado, mas seu estado ainda inspira muitos cuidados...

Luciana ficou lívida e sentiu uma vertigem, não acreditando no que acabara de ler. Suzanne apressou-se em dar-lhe um copo com água e um calmante, pois tinha exata noção do impacto do acontecimento sobre Luciana.

— Calma, minha amiga, beba isso e respire fundo!

— Meu Deus, como Fabiano pôde cometer uma loucura dessas! Como será que ele está? Suzanne, veja que hospital é esse e ligue para lá. Sabemos que as informações da imprensa às vezes são desencontradas. Traga-me notícias, por favor, o mais rápido possível.

Suzanne saiu apressada e Luciana ficou com o impresso aberto sobre a mesa, onde fitava com lágrimas nos olhos a foto de Fabiano. Pensava o que o teria levado a cometer um ato tão drástico! Estava muito nervosa, não conseguia entender. Pegou o interfone e chamou Augusto:

— Por favor, descubra como está a situação da empresa de Arthur Gouveia Brandão. Preciso saber em que condições está a empresa hoje. A família acaba de escapar de uma grande tragédia.

— O que aconteceu?

— O filho de Arthur acabou de tentar o suicídio. Está hospitalizado, mas não sei seu real estado de saúde.

— Desculpe perguntar, Luciana, mas qual o seu interesse nos negócios de Arthur Gouveia Brandão? O ramo dele não tem nenhuma relação com você ou seus investimentos.

Luciana levantou-se e caminhou até a janela. Fez uma pequena pausa e falou:

— Digamos que meu interesse seja pessoal. Conheci a família muitos anos atrás. Não tenho amizade com eles, mas razões para achar que talvez eu possa ajudá-los de alguma forma.

Augusto ficou surpreso, mas sabia que Luciana não gostava de ser questionada em suas atitudes, então se limitou a se retirar sem mais perguntas e procurar as informações que ela queria.

*

O burburinho logo tomou conta do escritório. Todos os funcionários perceberam uma grande tensão no ar, e Luciana deu ordens de não ser incomodada de forma alguma e por ninguém. Apenas Suzanne e Augusto entravam e saíam a todo momento de sua sala.

Enquanto isso, num dos maiores e melhores hospitais da capital paulista, Arthur permanecia abatido, sentado na sala de espera, ansioso por novidades sobre a saúde do filho. O empresário estava irreconhecível. As grandes e sucessivas dificuldades financeiras haviam apagado todo seu vigor físico. Agora ele aparentava muito mais idade do que tinha na realidade, e a atitude extrema do filho foi o ápice da sua ruína pessoal e profissional. Laís, voluntariamente, encarregara-se de cuidar da imprensa e dos amigos que apareciam em busca de notícias. Ela possuía um mecanismo de defesa muito utilizado por diversas pessoas: ignorava qualquer situação que a ameaçava ou lhe desagradava. Fechava-se numa crença virtual, onde as peças e fatos aconteciam da forma como ela julgasse mais conveniente, fazendo disso sua realidade, na qual ela doentiamente de fato acreditava. Agindo dessa maneira, os acontecimentos que atingiam tão duramente seu marido e enteado passavam por ela como um "imprevisto contornável", como ela mesma qualificava. Sua soberba e arrogância permaneciam inalteradas, e isso já causava profundo desapontamento no coração de Arthur, que não conseguia mais nutrir o amor inicial pela esposa.

O médico se aproximou do pai aflito:

— Senhor Arthur, aconselho-o a ir para sua casa descansar. Não há nada que o senhor possa fazer pelo seu filho neste momento.

— Obrigado por sua preocupação, mas quero estar perto de Fabiano quando ele acordar.

— Isso não vai acontecer dentro das próximas 24 horas. Ele está medicado e seu quadro é estável. Mas vai permanecer na UTI ainda pelo menos por mais dois dias.

Não é permitido que fique nenhum acompanhante, e o senhor pode voltar no horário de visita. Assim, quando ele se recuperar e recobrar a consciência o terá ao seu lado bem-disposto e forte para poder ajudá-lo.

Arthur, que permanecia sentado sem forças para se erguer, apoiou lentamente os cotovelos nos joelhos, levou as mãos ao rosto e abaixou a cabeça, sentindo-se sem coragem de argumentar e concluindo que o médico estava com a razão. Voltou-se em voz baixa e concordou:

— Está bem, doutor, vou para casa. Preciso de um banho quente e algumas horas de sono.

— Faça isso e verá que suas energias irão se recompor rapidamente.

— Por favor, qualquer alteração que ocorra me avise imediatamente.

— Claro! Mas posso lhe assegurar que Fabiano passará o dia e a noite bem. Está dormindo tranquilo e nada de mal vai lhe acontecer.

— O senhor sabe onde está minha esposa?

— Ela estava no saguão principal terminando uma entrevista com a imprensa. Quer que mande alguém chamá-la?

Arthur chegava a se envergonhar ultimamente das atitudes de Laís, e, desolado, apenas fez um sinal negativo com a cabeça e despediu-se do médico.

Ao passar pelo aglomerado de repórteres que cercavam sua mulher, estancou por alguns instantes para que ela o visse, e seu olhar denunciava sua reprovação ao comportamento dela. Rapidamente, ela desvencilhou-se de todos e foi em sua direção. Ele a recebeu friamente:

— Meu Deus! Será que nem numa hora tão difícil você consegue deixar seu egocentrismo de lado?

— O que você está dizendo? Eu estava apenas informando sobre a saúde de Fabiano. Todos que gostam dele aguardam notícias.

— Será que você não percebe que são um bando de carniceiros querendo ver sangue? Eles querem saber da nossa falência e da tragédia, que quanto pior terminar, mais eles venderão seus jornais e revistas. E você está adorando aparecer na mídia, não adianta negar.

— Você está sendo injusto e cruel. Estou apenas tentando ajudar e recebo essa ingratidão.

Arthur deu de ombros:

— Que me importa! Estou indo para casa. Você me acompanha?

Ela olhou em volta e o saguão estava vazio. Não havia mais nada a fazer ali.

— Eu vou com você. Também preciso descansar. Voltaremos à noite?

— Não, o médico disse que até amanhã à tarde não teremos novidades.

Ela sentiu-se aliviada. Aquele cheiro de hospital lhe causava náuseas e estava feliz em voltar para casa. Saíram em silêncio rumo ao estacionamento.

*

Luciana pegou o telefone impaciente:

— E então, Suzanne? Alguma novidade? Não é possível que você não tenha conseguido nenhuma informação segura até agora sobre Fabiano! Será que terei eu mesma de tomar as providências?

Suzanne, do outro lado da linha, não se abalou. Conhecia o jeito da amiga e a admirava da mesma forma, já sabia como lidar com seu temperamento difícil. Luciana respeitava Suzanne, Mário, Augusto e Júlia e os tratava muito bem nunca deixando que nenhum problema da vida deles ficasse sem solução. Partilhavam momentos de alguma descontração quando iam jantar em sua casa, saíam raramente juntos, mas a forma como ela se colocava diante da vida ainda criava uma barreira que mantinha os quatro sempre atentos para não aborrecê-la. Ela, mesmo com eles, sabia ser dura e inflexível em sua postura. Júlia era quem mais prestava atenção no comportamento de Luciana, e sempre conversava muito com o marido a esse respeito.

— Ah, Júlia! Por que Luciana guarda tanto rancor em seu coração? Não sabemos quase nada de seu passado, mas o que terá acontecido para deixá-la assim, tão reservada e sempre mantendo seus sentimentos sob tão rígido controle?

Júlia acariciava o cabelo do marido enquanto falava:

— Ela possui uma alma muito sofrida, e não sabemos por quê. Mas ela criou uma espécie de "elo" com esse sofrimento e agora não consegue rompê-lo.

Augusto respeitava a crença da esposa e se interessava pelo assunto, mas ainda não havia começado a estudá-lo profundamente:

— Como assim, meu amor? Você quer dizer que ela sofre porque quer?

Júlia sempre procurava palavras simples que transmitissem suas ideias de forma que qualquer pessoa pudesse compreendê-las:

— De certa forma sim.

— Mas ninguém gosta de sofrer nem vai optar por isso — disse Augusto bastante intrigado.

— Não é bem uma questão de opção. As pessoas não saem por aí dizendo: "eu quero ser um sofredor" — respondeu Júlia com um sorriso.

— Então, como é?

— Algumas pessoas não querem sofrer, mas passam a vida alimentando esse sofrimento, e depois acusam os outros, a falta de sorte, até Deus pela sua dor e por não conseguirem alcançar o que almejam. Não sabemos que acontecimentos machucaram tanto o coração de nossa amiga, mas veja tudo o que ela construiu na vida. É bonita, poderosa e rica, mas nunca a vimos apaixonada ou interessada por alguém.

— É verdade! Com certeza ficou assim por alguma desilusão amorosa.

— É provável, mas seja lá o que tenha acontecido, foi muito tempo atrás, e, apesar disso e de tudo o que ela possui, provavelmente não se libertou desse passado, e deve alimentar seus fantasmas diariamente. Ela tem todas as condições de formar uma família, ser totalmente feliz, mas o que a impede é sua forma de pensar. Sua energia não está focada no presente. Está presa ao passado e, em seus momentos consigo mesma, tenho certeza de que em vez de fazer planos para construir sua felicidade afetiva, fica remoendo fatos que já deveriam estar enterrados. Quando uma pessoa não perdoa nem se liberta do passado, ele volta com mais força, sofrimento e dor.

— Mas ela é tão inteligente, como não tem consciência de que poderia mudar isso?

— Isso não tem relação com inteligência, mas com aceitação e percepção de que tudo o que move a vida é a energia, e que nossa forma de pensamento é a energia mais poderosa que existe. Se nos conectamos muito a uma determinada ideia, ela acaba atraindo uma energia equivalente e cria esse elo. Quanto mais atenção você dá a alguma coisa, mais ela estará presente na sua vida. O pensamento é uma energia viva e atuante, e é essa energia que move os acontecimentos em nossa vida.

Augusto coçou a testa e questionou:

— Uma vez um amigo me disse que a coisa que mais tinha medo era de ser assaltado. Quando saía de casa estava sempre preocupado que algum bandido o abordasse no carro. Não conseguia ter sossego. Tomava todas as precauções e, mesmo assim, já havia sofrido três assaltos. Graças a Deus, sem gravidade. Não é engraçado isso?

— Exatamente. Ele focou a energia dele nessa situação, e acabou atraindo exatamente o que ele queria repelir. Existem inúmeros exemplos sobre isso, como pessoas que querem encontrar o companheiro ideal, mas sempre se envolvem com tipos completamente diferentes do que sonharam. Apesar de idealizarem certo padrão, seus pensamentos estão focados em outras características que chegam na forma de companheiros diferentes do que haviam imaginado. E aí, novamente culpam o destino. Eu mesma tive uma amiga que sempre reclamava por só namorar homens mais fracos e sem iniciativa. Com algumas conversas que tivemos, percebi que ela era uma pessoa extremamente independente, determinada e de alma muito livre. Ela não havia se dado conta de que jamais conseguiria conviver com um homem poderoso e dominador. O que ela idealizava não correspondia ao que o seu íntimo precisava. Depois de algum tempo ela entendeu a situação e acabou encontrando um bom rapaz, companheiro e que atendia ao seu lado mulher, sem tolher seu jeito livre de ser. Entendeu que era assim que seria feliz, e estão juntos até hoje.

— Ou seja, Luciana quer ser feliz, mas enquanto seu foco estiver no passado ela não conseguirá, é isso?

— Diga francamente, meu amor, você conhece algo na vida de Luciana que a impeça de encontrar um amor, de ser uma pessoa leve que goste de se divertir, de ter amigos? Existe alguém ou alguma limitação na vida dela que a impeça de ser feliz?

Augusto pensou por alguns instantes:

— Realmente não. Ela tem tudo o que qualquer pessoa precisaria para ser feliz.

— É o que digo. A infelicidade dela não é nem culpa desse passado. Se alguém a fez sofrer, sabe-se lá onde está essa pessoa agora e que tipo de vida leva, talvez nem se lembre mais dela. E enquanto quem lhe fez mal segue em frente, ela parou no tempo e atribui ao passado sua infelicidade, quando tudo já está distante e não tem mais o poder de afetá-la. O que a impede é o que está em sua mente e em seu coração. Fora os erros do passado que precisamos expiar, nada mais pode nos causar mal, só o presente. Conheço pessoas que sofrem antecipadamente imaginando coisas terríveis que podem acontecer e que no fim nunca acontecem. Essas acabam sofrendo, desgastando-se por nada. E outras que carregam o sofrimento que já passou, e que acaba acompanhando-as por toda a vida.

— Gostei disso, Júlia. Vou guardar essa frase: "Nada mais pode nos causar mal, só o presente".

Júlia deu um beijo no marido e concluiu:

— Sabemos que existem espíritos que desencarnaram com essa energia de sofrimento e a carregam por todos os lugares. Quando percebem um canal aberto em alguém que mantém sintonia com essa energia, eles se aproximam e alimentam esses pensamentos de dor, de ódio. E a pessoa vai ficando cada vez mais envolvida por esses sentimentos destrutivos. Sinto que Luciana infelizmente possui espíritos ao seu lado que a incentivam, enviando vibrações que a fazem continuar ligada a esse passado que tanto a machucou. Mas eles só conseguem atingi-la porque ela entrou em conexão com eles. Os espíritos desencarnados se aproximam do que lhes chama a atenção, daquilo com que se identificam.

— Por tudo isso você sempre fala sobre a importância de orarmos e mantermos pensamentos de amor, elevados e voltados para a felicidade e o bem.

— Claro, se mantivermos nossos pensamentos vibrando de forma positiva e feliz, teremos sempre uma legião de amigos, tanto no plano terrestre como no plano espiritual para nos ajudar a superar as dificuldades e conquistar nossos objetivos e vitórias.

Augusto olhou para a esposa com um intenso brilho no olhar:

— Sabe que eu a amo demais! — e com um sorriso aproximou-se e deu-lhe um beijo apaixonado.

vinte
Revelações

Augusto entrou na sala de Luciana com todas as informações que ela havia pedido. Foi direto ao assunto sem fazer perguntas:

— Luciana, a situação de Arthur Gouveia Brandão é realmente desesperadora. A empresa está com dívidas enormes e são poucas as chances de recuperação. Acredito que em questão de dias a falência deve ser decretada.

— Não imaginei que fosse tão sério. Isso significa que ele pode perder tudo?

— Sim. Se acontecer o pedido de falência, até os bens pessoais dele podem ser vendidos judicialmente para quitar as dívidas.

Luciana mal acreditava no que estava ouvindo. Lembrou-se da mansão onde vivera por tantos anos e reviu em seus pensamentos o grande e bem-sucedido empresário Arthur. Não entendia como ele pôde chegar àquele ponto. Augusto continuou:

— Recebi informações de que a tentativa de suicídio do filho dele teria estreita relação com esses fatos. Parece que ele não suportou a ideia de se tornarem pobres da noite para o dia.

— Então essa situação me parece irreversível...

— Exatamente! Arthur Gouveia Brandão é um empresário falido e está em maus lençóis. Parece também que a mulher dele dilapidou sua fortuna com gastos excessivos. Talvez ele não tenha muito com o que recomeçar. Já vi outros casos de empresários que passaram por essa situação e acabaram fazendo o mesmo que o filho de Arthur fez agora. Só que muitos foram bem-sucedidos e deram fim à própria vida. Tudo isso é lamentável.

Luciana estava inquieta e andava de um lado a outro quase sem falar. Augusto sabia que quando ela agia assim era porque estava organizando as ideias e um plano de ação.

— Está certo, Augusto. Acho que isso era tudo o que eu precisava saber. Obrigada, e se precisar de mais alguma coisa eu o chamo. Pode ir agora, preciso decidir o que fazer.

O advogado retirou-se deixando a chefe articulando seus próximos passos. Em poucos minutos, ela abriu a porta e dirigiu-se até a mesa de Suzanne:

— Por favor, providencie uma passagem para hoje... Ou melhor, para as próximas horas, para São Paulo. Assim que estiver com ela em mãos, leve até minha sala. Cancele todos os meus compromissos para os próximos dias.

Virou as costas e voltou para sua sala. Suzanne levou alguns segundos para reagir. Quando se deu conta das intenções de Luciana, foi atrás dela:

— Você não pode fazer isso!

Luciana a olhou de maneira muito séria:

— Não posso fazer o quê?

— Você sabe! Não pode ir atrás daquela gente.

Diante do silêncio da amiga, Suzanne concluiu:

— Você vai acabar se machucando. O que aconteceu com eles, com Fabiano, não lhe diz respeito. Você não pode ir vê-los. Não vai ser bom para você.

— Eu preciso ver de perto como Fabiano está; e se para isso eu tiver de enfrentar Arthur e Laís, eu o farei! Não há nada que eles possam fazer para me prejudicar.

— Você sabe que não é verdade. Eles podem magoá-la sim. Você ainda ama Fabiano e isso a deixa muito vulnerável.

Em um raro momento de fraqueza, Luciana ficou com os olhos marejados:

— Suzanne, você é a única pessoa que sabe tudo o que passei, e só você é capaz de me entender. Por mais que eu tenha tentado todos esses anos, jamais consegui esquecer Fabiano, jamais consegui esquecer nossa filhinha, e essa dor me acompanha em todos os dias da minha vida. Nunca consegui odiá-lo, embora tivesse todos os motivos para isso. E agora ele está passando por uma situação terrível. Preciso vê-lo.

— Sei que não vou conseguir fazê-la desistir da ideia, mas, por favor, preserve-se. Não permita que Laís ou Arthur a machuquem. Nem mesmo Fabiano. Quer que eu a acompanhe?

— Não será necessário. Estou segura e não tenho medo. Tudo o que aquela gente podia tirar de mim, já tirou.

— Bem, vou marcar o voo para daqui a duas horas. Acho que você não precisará de mais tempo que isso para se organizar.

— Está ótimo; vou direto daqui, nem preciso de bagagem. Volto hoje mesmo, em qualquer horário, à noite.

— Você me liga assim que tiver saído do hospital? Ficarei apreensiva aguardando notícias.

— Vou ficar bem, não se preocupe; mas eu ligo sim. Agora por favor, deixe-me um pouco sozinha. Preciso pensar. Só avise ao motorista que esteja pronto para levar-me ao aeroporto dentro de uma hora.

Suzanne saiu chateada por não conseguir impedir Luciana de viajar.

Na UTI, ouviam-se apenas os sons dos equipamentos que mantinham cada paciente unido à vida por um laço, em muitos casos frágil e incerto. Fabiano repousava em seu leito por meio de um coma induzido. De hora em hora uma enfermeira ia checar seus sinais vitais e o soro que o mantinha alimentado e hidratado. Enquanto o corpo físico de Fabiano permanecia imóvel, seu perispírito foi desprendido por uma intensa luz azul, mesclada de tons violeta, que preencheu o ambiente e o fez sentar-se na cama. Ao olhar para o lado e ver que seu corpo permanecia deitado, sentiu certa confusão e não entendia como estava sentado e deitado ao mesmo tempo. Antes que pudesse aprofundar seus questionamentos, virou-se novamente em direção à luz e viu Olívia, sua mãe, que lhe estendia os braços e sorria para ele, transbordando de amor e ternura. Fabiano estava completamente desnorteado, mas sentiu-se comovido ao reconhecer a mãe, que lhe falou com a voz que ele jamais esquecera:

— Fabiano, meu querido, venha comigo. Chegou a hora de você conhecer seu passado para entender sua vida atual.

— Mãe! Minha querida mãe, sinto sua falta. Não sei o que está acontecendo aqui, agora, mas leve-me com você. O que preciso conhecer? De que passado a senhora está falando?

— Não fique ansioso, meu filho, tenha calma e você entenderá tudo, inclusive as ligações com as pessoas nesta sua passagem terrena. Dê-me sua mão.

Ele estendeu a mão para a mãe e juntos volitaram rumo ao despertar da consciência de Fabiano. De repente, ele se viu em um belíssimo jardim cercado por uma grandiosa construção onde bem ao centro estava uma bela catedral. Fabiano olhava tudo com curiosidade e sem compreender ainda o que estava acontecendo. Sua mãe apenas esperava e o observava, pois sabia que as perguntas logo viriam. E assim aconteceu:

— Mãe, que lugar é esse? Por que me trouxe aqui? Não sei onde estou, mas tenho uma sensação estranha, como se estivesse voltando para casa.

— De certa forma está, meu filho. Aqui foi sua casa durante muito tempo.

— Eu morei aqui? Neste castelo?

— Aqui não, mas nesta cidade. Isso que você chama de castelo, é a fortaleza de Pedro e Paulo, e esta catedral leva o mesmo nome. Estamos em São Petersburgo.

— Onde?

— Na Rússia, meu filho, lugar onde você nasceu e viveu por muitos anos. Vamos caminhar e conversar sobre isso.

A sensação de familiaridade crescia em cada lugar em que eles passavam. Mas o moço ainda estava confuso. Ao chegarem diante de um belo palácio, Fabiano parou para ver um casal que passeava pelo jardim. Estava atônito e disse:

— Eu os conheço. São meu pai e Laís! Como pode?

— Vou contar-lhe tudo. Você viveu aqui em São Petersburgo com seu pai, um duque muito conceituado e sua mãe, também de família tradicional da aristocracia russa. Só que sua mãe desencarnou muito cedo e seu pai casou-se novamente com uma moça muito mais jovem.

— Essa moça era Laís?

— Nessa época ela se chamava Olga. Venha, vamos entrar no palácio.

— Eles vão nos ver — disse Fabiano sentindo certa aflição.

— Não se preocupe com isso. Ninguém nos verá. Acompanhe-me.

Ao entrarem no imenso salão principal, lá estava Olga, só que desta vez sozinha. Fabiano já não perguntava nada; sentia-se vidrado diante das imagens que transitavam na sua frente como um filme. De repente, a mulher correu e entrou em uma pequena sala, que parecia um escritório. Fabiano e Olívia a acompanharam. Ela entrou na sala, fechou a porta e passou a chave. Por outra porta lateral, entrou um homem, que fez Fabiano sentir uma vertigem.

— Mãe, sou eu!

Olívia segurou sua mão para acalmá-lo. O homem entrou e Olga se atirou em seus braços e ambos começaram a se beijar e se abraçar, cheios de desejo. Envolvidos pela volúpia dos amantes, Olga e Vladimir se entregaram ao prazer sem reservas e pudores.

Fabiano transpirava e olhava aquela cena aterrorizado.

— Mãe, aquele com Laís sou eu. Eu era amante da mulher de meu pai?

— Seu nome era Vladimir, e vocês eram amantes. Ela perseguiu você até conseguir conquistá-lo.

— Vamos sair daqui! Não quero mais ver isso.

Comovida ao ver a angústia do filho, Olívia o levou para um pátio ao ar livre, para que ele pudesse se acalmar. Ele estava se sentindo envergonhado e não se conformava com a cena que presenciara.

— Como eu pude fazer isso com o meu próprio pai? Eu o traí dentro de sua própria casa — disse levando as mãos à cabeça, desolado.

Olívia deixava que ele falasse tudo o que estava sentindo. Ele ainda teria muitas revelações.

Vários empregados do palácio começaram a atravessar o pátio e novamente a movimentação chamou a atenção de Fabiano. Eles iam e vinham sem pressa, como se estivessem em sua rotina diária. Para ele tudo era intrigante, das roupas ao idioma. Surpreso, entendia cada palavra. As cenas passavam de maneira estranha, como se os dias mudassem sem amanhecer e sem anoitecer. Via os mesmos rostos desfilarem diversas vezes à sua frente, mas com vestuários e comportamentos diferentes. De repente, Vladimir surgiu correndo em direção a uma moça que estava sentada perto de uma fonte. Fabiano sentiu seu corpo ficar rijo de tensão e exclamou:

— Luciana!

Olívia interveio com suavidade:

— Aléxia! O nome de Luciana nesse período era Aléxia.

Fabiano não conseguia desgrudar os olhos dos dois, que ficaram sentados lado a lado, trocando olhares apaixonados.

— Não entendo. Parece um casal enamorado.

— E eram. Vladimir na verdade era apaixonado por Aléxia, mas como ela era filha de uma das costureiras do palácio, ele nunca assumiu seu amor. Ele a seduziu e ela engravidou. Como Vladimir jamais assumiu a paternidade da criança, e Aléxia não tinha condições de cuidar da filha, ela e a mãe deram a menina para adoção e fugiram com vergonha e medo da reação do duque caso descobrisse tudo.

Em instantes, eles estavam novamente sozinhos no jardim em frente ao palácio. Fabiano só sentia sua angústia aumentar:

— Meu Deus, como eu pude fazer tudo isso? Traí meu pai, engravidei Luciana e a deixei desamparada, que vergonha, que tristeza!

— Calma, meu filho, você apenas está começando a conhecer os fatos. Não se precipite, nem julgue nada, nem ninguém. Você precisa apenas entender o sábio mecanismo da vida.

Ele não conseguia se acalmar. Seu coração estava pesado e sentia que ainda teria revelações mais terríveis pela frente.

— E o que aconteceu com Luciana e a mãe? O que aconteceu comigo depois que elas fugiram? Meu pai descobriu minha traição? — perguntava quase sem parar para esperar pelas respostas.

Mais uma vez, Olívia tentou aquietar o coração do filho:

— Você precisa estar mais calmo para compreender os fatos. Venha, suas respostas nos esperam.

E volitaram para outra parte da cidade, onde Fabiano ainda teria muitas surpresas.

*

A Rússia estava passando por um evento que mudaria o rumo de sua sociedade. O czar Alexandre III havia falecido e seu filho, Nicolau II assumiu o governo, e a Rússia viu crescer os muitos investimentos na área industrial, principalmente em centros mais populosos como Moscou, São Petersburgo, Odessa e Kiev. Nessas cidades começaram a se concentrar as populações de operários, que viviam em extrema pobreza, recebendo salários miseráveis e trabalhando de doze a dezesseis horas por dia, sem auxílio para alimentação, em lugares sem o mínimo de higiene e se sujeitando a contrair diversas doenças.

E foi em um desses bairros que Olívia e o filho fizeram a próxima parada. Fabiano não entendia o que estavam fazendo ali e estava desolado por ver um povo tão sofrido vivendo em tamanha penúria. Mas o choque maior veio quando deparou com Luciana, ou melhor, Aléxia vivendo naquele lugar. Ela estava com uma aparência vulgar e desleixada, e aparentava muito sofrimento, refletido em sua expressão envelhecida, apesar de ser ainda jovem.

Olívia sabia da angústia pela qual Fabiano estava passando, mas era necessário que ele soubesse de tudo:

— Você me perguntou o que aconteceu com Aléxia. Aí está. Ela, depois de fugir, perdeu a mãe, e como não tinha condições de se manter, acabou se prostituindo e planejando conseguir um marido rico que a tirasse dessa vida.

Antes que Fabiano pudesse fazer alguma pergunta, eles se dirigiram para um bairro elegante onde o tempo havia passado e operado grandes transformações na vida de Aléxia. Ele olhou de forma inquisidora para a mãe e ela esclareceu:

— Aléxia alcançou seu objetivo e casou-se com um barão, já bastante idoso, e conseguiu ficar muito rica.

— Fico aliviado em saber que ela, apesar de tudo, reconstruiu sua vida.

— Mas ela cometeu um ato terrível. Assassinou o próprio marido para poder se apoderar de sua fortuna.

Fabiano ficou arrasado. Não sabia mais o que pensar. Não tinha certeza se queria saber mais alguma coisa, porém a curiosidade e a culpa que estava sentindo o fizeram prosseguir:

— Depois de matá-lo, ela nunca mais se casou? — perguntou vacilante temendo o que ainda estava por vir.

Sem nada dizer, Olívia levou Fabiano novamente para o palácio do duque. Lá encontraram Aléxia, Vladimir, Olga e Petrov, esse último, era Arthur. Depois de se apoderar da fortuna do marido assassinado, Aléxia conseguiu voltar, reconquistar Vladimir, e eles acabaram se casando.

Olga jamais se conformou com a situação e não perdia uma única oportunidade de humilhar Aléxia, falando geralmente na frente de todos da corte, sobre a origem humilde e pobre da esposa de Vladimir.

Aléxia já não suportava mais a presença de Olga, e até mesmo o duque Petrov estava diferente, sendo constantemente instigado por Olga a ir contra a nora. Cansada de tudo aquilo, e sem perspectivas de conseguir um pouco de paz em sua vida, ela tomou outra atitude: envenenou Olga e o duque Petrov e os eliminou definitivamente de sua vida.

Vladimir, que nem imaginava o que a esposa havia feito, consolou-se pela morte do pai nos braços da assassina, que se fez presente apoiando o marido em momento tão doloroso. E, sem a influência insuportável de Olga, Aléxia e Vladimir foram felizes, tiveram outros filhos e ele nunca soube o destino da sua primeira filha com Aléxia. Ficaram juntos até o fim da vida, até a passagem para este plano.

Mas em suas existências terrenas, jamais imaginaram que os seus sentimentos de raiva, vingança e as atitudes de descomedido egoísmo estavam se acumulando para formar a realidade que encontrariam após o desencarne. Eles iriam deparar com os monstros que o coração e a mente de ambos alimentaram durante anos; e esse confronto seria doloroso, quase devastador para o espírito de Vladimir e o de Aléxia, ainda tão imperfeitos, que carregavam intensas paixões do mundo material, impregnando a atmosfera que os rodeava.

A beleza dos palácios na Rússia deu lugar a um mundo onde a noite era contínua, e o frio acompanhado de grande umidade, alternava-se com ondas insuportáveis de um calor intenso. Fabiano assustou-se ao olhar ao redor e buscou imediatamente a segurança da presença de Olívia, que o amparou apenas com um olhar.

Gritos desesperados eram ouvidos por toda parte; criaturas quase monstruosas passavam bem diante dos olhos dos visitantes. Homens e mulheres rasgados, sujos e feridos caminhavam sem rumo pelo umbral, esbarrando-se uns nos outros sem a menor noção do que estavam fazendo. Fabiano olhou ao longe e viu uma cena que o deixou estarrecido: dois homens amarrados a uma árvore eram violentamente agredidos e chicoteados por outras pessoas, que passavam e simplesmente se juntavam àquela sessão de tortura, sem sequer parecerem ter um motivo.

O rapaz sentiu o estômago se contorcendo de dor e pediu a Olívia que saíssem dali. Ela lhe disse que nada os atingiria e que ele precisava ver como terminou aquela história. Muito contrariado, ele assentiu, e logo em seguida se viu como Vladimir, chegando imundo ao lado de Aléxia, ambos atordoados e desesperados.

Ele sentiu uma grande angústia ao vê-los, mas o sentimento se transformou em tormento quando avistou indo em direção a eles, com uma fúria animalesca, Olga, Petrov e o barão que havia sido marido de Aléxia. Eles caminhavam quase se arrastando e gritavam para o casal:

— Enfim, vocês chegaram! Que o tormento e a dor sejam seus companheiros para todo o sempre! — esbravejava Olga.

— Assassinos! Vocês vão pagar! Assassinos! — vociferava o barão.

— Traidores! Assassinos! Vocês agora são nossos! Serão destruídos como fizeram conosco! — gritava Petrov.

Ao lado deles havia dois cães enormes, negros, com os olhos amarelados, babando e espumando com seus latidos potentes e raivosos. A um sinal de Olga, eles avançaram com fúria para cima de Vladimir e Aléxia, jogando-os no chão e cravando suas afiadas presas em seus braços e pernas. Eles urravam de desespero e dor enquanto se debatiam tentando se livrar dos animais.

Olga, Petrov e o barão foram se aproximando e gargalhavam diante do sofrimento daqueles que eles consideravam inimigos. Quando já estavam ao lado deles, os cães se acalmaram e se afastaram, deixando os dois corpos banhados de sangue se contorcendo no chão. Sem dizer nada, Olga se abaixou ao lado de Aléxia, deu uma cusparada em seu rosto, agarrou-a pelo cabelo e saiu arrastando-a por um caminho cheio de lama e pedras, que iam ralando todo o seu corpo. Petrov e o barão fizeram o mesmo com Vladimir, cada qual segurando uma de suas pernas. Seguiram Olga até um grande casarão abandonado, todo escuro e com janelas e portas quebradas.

Ao entrarem, havia um grande salão empoeirado, com várias tochas que iluminavam precariamente o ambiente, e apenas duas grandes mesas de madeira maciça no centro.

Colocaram Vladimir e Aléxia quase desfalecidos, um em cada mesa, e com um gesto apenas, um homem que entrou logo depois deles, lançou uma luz avermelhada em direção ao corpo deles estendido, e essa energia materializou-se em tiras de couro que prenderam o peito, braços e pernas dos dois às mesas, de modo que não poderiam se mover por mais que tentassem. Em seguida, outro homem de estatura muito baixa, com um andar curvado e manco, apareceu sorrindo com seus dentes amarronzados e quebrados:

— Vocês fizeram um bom trabalho. Estava ansioso para recomeçar minhas experiências.

Olga, Petrov e o barão riram alto e aplaudiram aquele que lhes faria justiça. O homem era um cientista que vivia nas trevas, jamais desistindo de dar continuidade a um trabalho que iniciou ainda encarnado, que era o de fazer experiências com seres humanos, geralmente prisioneiros de guerra. Ele deu um grito e apareceram mais dois ajudantes, com objetos estranhos de vários tamanhos e tipos, parecidos com alicates cortantes e martelos.

Em seguida, começou a dissecar o perispírito de Vladimir e o de Aléxia, que se debatiam e gritavam loucamente alucinados de dor, enquanto o cientista transformava cada corpo em uma pasta de sangue e vísceras, diante dos três algozes que dançavam e cantavam sem parar.

Fora do casarão, onde ainda era possível ouvir os gritos a metros de distância, uma luz branca brilhava intensamente no meio da escuridão. E envolta nessa luz estava Rita, que orava implorando a Deus misericórdia para com Vladimir e Aléxia. Logo se juntaram a ela outros irmãos que vieram de um plano mais evoluído e uniram-se na prece pelo casal de amantes, que estava totalmente entregue à agonia e loucura daqueles que só desejavam vingança.

Não se sabe quanto tempo durou aquele tormento, mas de repente, o casarão inteiro estremeceu fazendo com que todos os que estavam de pé no seu interior caíssem no chão. Naquele momento, a mesma luz branca surgiu e se posicionou sobre as duas mesas, envolvendo os corpos disformes e desfigurados dos dois, e mantendo uma barreira que impedia a aproximação daquelas criaturas repletas de maldade. O casarão voltou a tremer, e, assustados, todos, incluindo o cientista, saíram correndo para o lado de fora, xingando e proferindo mais palavras de ameaças e vingança.

Os irmãos que estavam com Rita entraram, e logo depois trouxeram Vladimir e Aléxia enrolados em lençóis brancos, que logo ficaram encharcados das marcas de todo o sofrimento pelo qual passaram.

Rita os recebeu com lágrimas de agradecimento nos olhos, e todos partiram por uma ponte iluminada, deixando atrás de deles, os gritos de Olga, que incansável ameaçava:

— Eles não merecem partir! São assassinos! Tem de ficar e sofrer. Mas eu ainda vou encontrá-los! Vou acabar com vocês!

Petrov e o barão já não gritavam mais. Estavam sentados, desesperados e cansados, alternando momentos em que sentiam toda a força de seu ódio, com tristeza e amargura por não conseguirem deixar aquele lugar sombrio e por, em raros instantes, sentirem repúdio pelos próprios sentimentos nefastos.

vinte e um

No plano espiritual

De volta à fortaleza de Pedro e Paulo, Fabiano e Olívia sentaram-se em um banco no jardim, e ele, com a cabeça apoiada nas mãos, chorava inconformado com tudo o que vira. A mãe o deixou extravasar toda sua angústia por alguns instantes e aguardou que ele falasse o que estava sentindo, o que não demorou a acontecer.

— Mãe, que coisas horríveis aconteceram com todos nós. Como eu pude ser tão irresponsável e cruel com Luciana? E, Laís? Nunca a imaginei tão perversa e com tanto ódio no coração. E como pude trair meu próprio pai? Meu Deus, quanta vergonha sinto disso tudo.

— Meu querido, todos vocês agiram de acordo com o entendimento que tinham sobre a vida e alimentados por suas paixões e medos. Cada um age dentro dos padrões de seu desenvolvimento moral e espiritual. Não se martirize com isso.

— Como não me martirizar? Eu que sempre me achei boa pessoa. Admitir que fui capaz de tantas atitudes mesquinhas... isso me revolta.

Olívia acariciou os cabelos do filho e prosseguiu em sua tentativa de orientá-lo:

— O que está feito, está feito.

— Não aceito, não pode ser! — repetia Fabiano com as lágrimas lavando seu rosto.

— Pode, meu filho! O que foi feito não pode ser alterado. Não existe maneira de se desfazer o passado. Ele permanecerá imutável, mas suas consequências, essas ainda podem ser salvas de alguma forma.

— Não compreendo.

— Todos vocês optaram por uma nova encarnação juntos e se encontraram nos dias de hoje para evoluírem e colocarem em prática o que aprenderam com aqueles erros e com o que sofreram e cresceram enquanto estavam ainda no plano espiritual. A reencarnação é mais uma oportunidade para executarem o aprendizado adquirido na transição entre as várias passagens terrenas.

— Mas eu nem sabia dessa minha vida na Rússia, não sabia nada desse meu passado, como eu poderia corrigir alguma coisa?

— Você não poderia saber e Deus, como sempre, em sua infinita sabedoria, não permite que nos lembremos de fatos passados para o nosso próprio bem. Imagine se você soubesse, nessa encarnação, que traiu seu pai com a mulher dele? Como você suportaria viver com Arthur sabendo isso? Você não aguentaria a vergonha, e sem poderem compartilhar uma vida, não conseguiria evoluir e colocar em prática seu aprendizado.

— Isso é verdade. Meu pobre pai, sempre tão meu amigo, companheiro, acho que nunca mais conseguirei olhar em seus olhos a partir de agora.

— Não se preocupe com isso, filho. Quando você voltar, levará apenas uma impressão, uma sensação de tudo o que conversamos e de tudo o que você presenciou, mas não terá nenhuma lembrança. No seu íntimo, sua alma saberá, mas você não terá do que se envergonhar porque sua vida seguirá como antes. Ou melhor, tenho certeza de que muita coisa vai mudar. Deixe que seu espírito e seu coração guiem-no.

— Eu novamente abandonei Luciana. Eu a amava verdadeiramente, mas movido pelos preconceitos ainda alimentados por Laís, eu a deixei sofrendo, e grávida de um filho meu. Repeti o erro do passado. Não aprendi nada! E, agora, vejo que Laís ainda hoje tentava me seduzir. Que horror!

— Ela também teria de viver essa situação para ter a oportunidade de agir diferente, e dessa forma comprovar que o aprendizado valeu e que ela havia dado mais um passo em sua evolução. Mas também não soube aproveitar a chance e seus erros se repetiram da mesma maneira. Laís reencontrou Petrov na figura de Arthur, um homem bom, apaixonado por ela e em condições de lhe oferecer uma boa vida. Ela podia escolher por viver feliz ao lado dele e fazê-lo feliz também. Ela veio para essa passagem terrena com muitas qualidades e deveria utilizá-las para a construção de uma vida voltada para o bem, mas em vez disso usou seu livre-arbítrio para seguir o caminho do egoísmo, da vaidade e do preconceito. Agindo dessa forma, ela acabou abrindo um canal para que espíritos inferiores e perturbados se aproximassem para lhe sugerir que seguisse o caminho da discórdia e da mentira. Eu estive na casa de vocês algumas vezes e vi a ligação de Laís com esses pobres irmãos. Tentei aconselhá-los, fazê-los partirem em busca de auxílio, orei, mas eles se divertiam vendo a facilidade com que conseguiam direcioná-la para o mal. Ela permitia isso aceitando as sugestões, caso contrário, eles iriam embora frustrados por não terem poder algum sobre ela.

Fabiano ouvia tudo atentamente. Curioso e ávido por mais informações, perguntou:

— Mas Luciana sofreu muito como Aléxia, e Laís, como Olga, foi muito perversa. Por que então Luciana voltou como filha da empregada e Laís rica? Isso não é injusto?

— Se Laís voltasse em posição, digamos, de inferioridade social, ela não teria meios de mostrar de forma tão clara sua evolução. Uma das maiores provas que um espírito pode encontrar em sua passagem terrena, é a riqueza. Ela é útil para o bem nas mãos de pessoas cujos espíritos já estão em um grau mais elevado de evolução. Mas nas mãos de espíritos levianos, a riqueza pode fazer muito mal sobre a Terra... Com toda a riqueza na qual vivia, Laís mostrou que não usou nada do que aprendeu e continuou usando seus bens materiais e sua posição para prejudicar outras pessoas e satisfazer sua vaidade.

— Mas se Laís não tinha evolução, fatalmente usaria a riqueza para o mal. Sabendo disso, por que Deus permitiu?

— Quando Deus permite uma prova a um espírito é porque sabe que ele pode sair vencedor. Laís tem evolução para agir melhor, mas por livre-arbítrio se permitiu voltar a agir na maldade. Na Terra existem muitas pessoas agindo fora de seu nível espiritual, por isso sofrem.

— E isso é possível? — perguntou Fabiano confuso. — Como pode alguém agir fora do nível de evolução que possui?

— É muito fácil perceber. Quantas vezes você sente que deve ir por determinado caminho e ignora seu sentir, indo por outro? Sempre que despreza a intuição, o bom-senso está indo contra seu nível de evolução espiritual. A intuição é a mais perfeita forma de conhecer a verdade. Quem age sempre por ela é feliz, próspero, vive harmonizado consigo mesmo e com os outros. O grande problema é que fomos ensinados erroneamente a sempre agir na razão materialista e baseados nos valores sociais.

— Mas, mãe, quem pode viver sempre agindo pelos sentimentos? Os sentimentos fazem sofrer, levam-nos a caminhos de amargura e desilusão.

— Não, Fabiano, não são os sentimentos que fazem isso. É o excesso de sentimentalismo e paixão que causam sofrimento. Os sentimentos vêm do coração e tudo o que vem do coração é bom, faz feliz, eleva e comove. Quem vive pelo coração é muito mais feliz do que quem vive pela razão do mundo terreno. O raciocínio, a lógica e a razão são funcionais e boas em muitas ocasiões, mas em demasia endurecem o espírito, despertam a frieza dos sentimentos, a secura da alma. E não há nada pior do que uma pessoa que não sente a vida vibrando dentro de si com intensidade.

Fabiano parou para pensar e percebeu que a mãe tinha toda razão. Se ele tivesse seguido seus sentimentos desde o começo não estaria tão infeliz como agora. Lembrou-se da amada.

— E Luciana? Por que ela sofre tanto?

— O maior problema dela foi o medo, a insegurança e o sentimento de vingança. Ela precisa aprender a perdoar e a enfrentar a vida com coragem e determinação. As provas se repetiram, geralmente são assim, recorrentes até que alguma mudança muito drástica seja necessária. E Luciana novamente se acovardou, teve medo, e o desejo de vingança ainda move seus atos e alimenta seus pensamentos.

— Estamos todos perdidos, mãe! Como o ser humano desperdiça sua vida com sentimentos que só o leva e aos outros, ao sofrimento, ao desamor. Eu sempre ouço dizer que a vida é difícil, mas não é verdade. A vida em si é simples; as pessoas é que criam seus problemas baseados em ilusões. A inveja, o rancor, o egoísmo... são armas muito destrutivas e que, infelizmente, propagam-se facilmente.

— É verdade, meu filho. Mas existem muitos espíritos bons encarnados levando palavras enriquecedoras pela Terra. Vejo uma grande preocupação no ser humano em melhorar o ambiente em que vive. Muitos já se questionam sobre os valores morais e percebem o prejuízo emocional que estão sofrendo no decorrer dos anos com a demasiada valorização do materialismo. Observe como cada vez mais as pessoas buscam ajuda na religião, no esoterismo, no Espiritismo, na metafísica e todo tipo de crença que os faça se sentir mais perto de Deus, da essência do ser humano, dos verdadeiros valores morais. Existem missionários que na Terra deixaram um legado de amor à humanidade, e muito são os que estão procurando e mudando sua vida para melhor. Chico Xavier, Yvonne Pereira e Divaldo Franco são nomes que no trabalho com a espiritualidade superior têm deixado obras que, se lidas e aproveitadas como se deve, mudam nossa vida para melhor. Mas infelizmente a maioria ainda caminha no rumo das ilusões.

— Mãe, tudo isso me assusta! As pessoas chegaram a um ponto que não conseguem mais valorizar o que são, se é que muitas ao menos sabem quem são. Hoje se valoriza o que elas têm, o poder financeiro, o *status*. Conheço pessoas muito ricas que não saberiam o que fazer se perdessem sua fortuna. Elas não saberiam dizer do que realmente gostam, porque vivem pelo que o dinheiro lhes proporciona. Quantas pessoas são muito ricas e vivem sozinhas, sofrem em um silêncio angustiante camuflado pela vida social.

— Não há mal nenhum em se desejar adquirir bens materiais e dinheiro enquanto estamos na Terra; ele é necessário e, como eu disse, se bem utilizado, só faz o bem e espalha alegrias. Mas pessoas como Laís ainda não entendem isso e vão continuar sofrendo até que enxerguem a verdade e a aceitem.

— E agora? O que devo fazer? Como posso consertar todo o mal que fiz?

— Tenha coragem, meu filho. Coragem para enfrentar a vida. Essa sua tentativa de suicídio só veio mostrar que você precisa se reformular intimamente. Você estava falando sobre dinheiro e poder, e quando se viu na iminência de perder tudo, acovardou-se e achou que tirando sua própria vida estaria solucionando seus problemas. Agora você sabe que não é assim. Graças a Deus, sua atitude em suicidar-se foi impulsiva e não um desejo real de morrer. Isso permitiu que pudéssemos estar aqui agora conversando e em paz.

Fabiano abraçou a mãe e voltou a soluçar, envolvido por sensações de medo e vergonha.

— Não foi só pela constatação de que perdemos tudo que tomei essa atitude. Nunca consegui superar a perda de Luciana. Sentia-me traído por ela. Laís sempre falou que ela fugiu com outro homem. A dúvida, o ciúme e a culpa sempre me atormentaram.

— E você Fabiano, em vez de ouvir seu coração e lutar para esclarecer tudo, envolveu-se na bebida e na futilidade cada vez mais fundo, até culminar seu desvario nessa tentativa de suicídio. Continuou em uma vida ociosa, vendo seu pai se afundar em problemas financeiros, Laís dilapidar a fortuna de vocês e não agiu para evitar toda essa tragédia. Você deveria ter se dedicado ao trabalho para ajudar seu pai a salvar os negócios, deveria ter intercedido para que Laís tomasse consciência da situação. Deveria ter lutado pelo seu amor por Luciana. Você se acovardou, buscou identificar culpados, lamentou-se e só não fez o que deveria: trabalhar com um objetivo útil.

— Mas se eu tinha de passar por tudo isso... — questionou novamente tentando justificar suas atitudes.

— Entenda, meu filho: não existe destino, você não tinha de passar por isso. Tudo o que nos acontece quando encarnados, visa ao nosso aprimoramento. Os problemas, as contingências da vida servem para o melhoramento progressivo do homem. A forma como ele irá se comportar diante delas, selará seu destino. Você já imaginou como estaria se tivesse agido diferente durante todos esses anos? Como estaria sua vida hoje? Será que o suicídio era seu destino?

Fabiano perguntou assustado:

— Se eu tivesse conseguido me matar, se eu de fato quisesse morrer, onde estaria agora?

— Quem se suicida volta ao plano espiritual com um baixo padrão energético e é atraído para os abismos trevosos, para o umbral ou para o Vale dos Suicidas. Nesses locais há muita dor e sofrimento. O suicida é um falso corajoso, que, pensando terminar com suas dores, acaba agravando-as e sofrendo muito mais. Aqui deste lado, todos os sentidos são ampliados, ganhando uma dimensão gigantesca. Imagine um suicida tendo de enfrentar a si mesmo, sofrendo suas dores, decepções e amarguras com o triplo de intensidade?

— Isso é horrível. Parece que Deus não tem piedade deles.

— Deus é só piedade e amor. Mas quem não tem piedade dos suicidas são eles mesmos. Deus deu a cada um a liberdade de agir, e cada escolha que fazemos determina um resultado que fatalmente colheremos. O suicida deixa-se levar pelos problemas achando que eles são superiores e invencíveis. Mas isso não é verdade. Todo problema tem solução quando temos fé em Deus e na vida. A falta de fé provoca o desespero que, por sua vez, faz com que nos julguemos fracos e incapazes. Mas o ser humano é a centelha divina e tem dentro de si toda a força do mundo. Não há problema que ele não possa vencer.

Fabiano calou-se envergonhado, demonstrando finalmente ter entendido. Olívia prosseguiu:

— Está na hora de irmos. Você precisa voltar e seguir seu caminho.

— Será que vou conseguir? — questionou, desanimado e repleto de dúvidas.

— Em alguns momentos você vai sentir-se inseguro, sentirá ímpetos de agir de forma leviana, mas estarei aqui orando por você. Em seus momentos de angústia, faça orações, combata qualquer má influência, mantenha-se firme em seu propósito de construir e trabalhar por uma vida digna e voltada para o bem. O caminho vai se abrir bem na sua frente, naturalmente.

— Eu queria muito continuar aqui com você — disse Fabiano dando um forte abraço na mãe.

— Por enquanto ainda não é possível. Ambos temos muito o que fazer antes de podermos estar juntos novamente. Seja forte, meu filho. Vá em paz.

*

O alarme tocou estridente na UTI, indicando agitação no leito de Fabiano. A enfermeira entrou e verificou que fora apenas uma pequena alteração no ritmo cardíaco do paciente, que rapidamente se normalizou.

Do lado de fora, Luciana aguardava inquieta a autorização para entrar e visitar o doente. Quando a enfermeira saiu e deu permissão para que ela entrasse, apenas por quinze minutos, suas pernas não lhe obedeceram de imediato. Ela achou que não conseguiria sair do lugar. Reunindo todas as suas forças, passou pela porta e, ao avistar Fabiano, sentiu toda a energia do amor que ainda sentia por ele.

Apesar do triste cenário hospitalar, ele descansava tranquilo. Luciana aproximou-se e seus olhos brilharam de emoção. Ele estava com as feições mais maduras; o cabelo já apresentava vários fios grisalhos, mas ele era um homem ainda muito bonito e dava para perceber que durante todos aqueles anos, ele jamais se descuidara da aparência.

Ela segurou em sua mão com firmeza, como se quisesse acordá-lo para poder dizer tudo o que estava sentindo. Como ela ainda desejava aquele homem, como ela ainda o amava intensamente!

Sem saber se ele podia ouvi-la, disse baixinho:

— Meu amor, você vai se recuperar dessa atitude louca que tomou, e nós ficaremos finalmente juntos. Eu já sei o que vou fazer e desta vez nada vai me impedir de tê-lo ao meu lado. Eu jamais consegui odiá-lo pelo que fez comigo e não seria capaz de fazer-lhe nenhum mal. Não sei o que você pensa sobre tudo o que aconteceu, mas seja o que for, não me importa. Eu sei o que fazer para convencê-lo a ficar ao meu lado.

Respirou fundo e saiu da UTI decidida a procurar Arthur. Tinha uma proposta a lhe fazer. Ficara muito decepcionada com ele, mas também não conseguia odiá-lo. Já com relação a Laís, finalmente ela teria a oportunidade de se vingar por todo o mal que esta lhe causara.

Saiu do hospital e foi para o hotel. Ligaria para Suzanne avisando que ficaria mais um dia em São Paulo e para Arthur, marcando um encontro para o dia seguinte.

*

— O que você está dizendo, Luciana? Vai se encontrar com Arthur amanhã? — indagou Suzanne, surpresa e preocupada.

— Não entendo por que o espanto. Isso era até previsto — respondeu Luciana sem mostrar qualquer alteração de humor.

— Não, não era previsto! Sabíamos que você poderia encontrá-lo casualmente no hospital, e você sabe que eu temia por você caso isso acontecesse. Mas procurá-lo premeditadamente? É como se jogar na cova dos leões! Pense bem no que vai fazer!

Houve um rápido silêncio do outro lado da linha e, em seguida, Luciana encerrou a conversa como sempre fazia quando se sentia prestes a ser contrariada enfaticamente em suas decisões.

— Não creio que isso seja motivo para discussão. O que está decidido será feito e ponto. Você e seu péssimo hábito de sempre querer decidir as coisas por mim. Isso me irrita e você sabe.

As duas se gostavam como irmãs e, por essa razão, aprenderam a se respeitar e a compreender os limites de cada uma. Jamais se ofenderam nem sequer se magoaram. Conheciam-se demais para que isso acontecesse.

— Está bem. Você sempre faz as coisas do jeito que quer mesmo! — respondeu Suzanne, sabendo que isso não era verdade. Luciana muitas vezes seguiu os conselhos da amiga, até mesmo de Júlia, mas sempre procurava passar a impressão de que a última palavra havia sido sua. De certa forma, os amigos verdadeiros achavam essa característica de Luciana engraçada.

Assim que desligou o telefone, ligou para a recepção do hotel e solicitou que uma funcionária do setor administrativo fosse até sua suíte prestar-lhe um serviço. Quando a moça se apresentou, Luciana foi direto ao assunto:

— Preciso marcar uma reunião muito importante para amanhã aqui mesmo no hotel e, como não pude trazer minha assistente, necessito que você faça esse trabalho para mim. Algum problema?

— De modo algum, senhora; aqui no hotel estamos preparados para essas eventualidades de nossos hóspedes. O que deseja que eu faça?

— Por favor, anote porque não quero enganos. Ligue para o senhor Arthur Gouveia Brandão. Neste cartão estão todos os números dele. Diga-lhe que venha aqui no hotel amanhã, às 9 horas para uma reunião com Luciana Sampaio Costa. Peça que chegue pontualmente no horário marcado, pois não vou tolerar atrasos de nenhuma espécie, e que o assunto é de interesse dele. E o mais importante: é absolutamente imprescindível que ele venha sozinho. Caso chegue aqui acompanhado de quem quer que seja, cancelo a reunião na hora.

A moça pegou o cartão com os dados de Arthur, recapitulou as coordenadas e despediu-se de Luciana garantindo que tudo seria feito como ela desejava.

Quando o telefone tocou na casa de Arthur, ele sobressaltou-se, achando ser alguma má notícia do hospital. Correu para atender e, após ouvir tudo o que a outra pessoa falou, confirmou sua presença, mas sua reação era de total surpresa.

Sentou-se na sua poltrona predileta e ficou imaginando o quanto essa situação era inusitada. Ele logo reconheceu o nome de Luciana, mas não imaginava ser possível que ela quisesse reunir-se com ele. Por quê? Com que objetivos? Ele não costumava acompanhar o noticiário do mundo *fashion* e não tinha noção de que Luciana era a famosa estilista de quem já ouvira falar rapidamente sem dar muita atenção ao assunto.

Laís entrou em seu escritório querendo saber se a ligação havia sido do hospital. Arthur a olhou por cima das lentes de seus óculos, sem muita paciência para iniciar uma conversa e em dúvida se contaria sobre a ligação. Decidiu contar o que se passara.

— Amanhã terei uma reunião logo pela manhã. Não poderei ir ao hospital. É bom que você, se quiser, vá até lá para ver como Fabiano está.

— Reunião? De quê? Que eu saiba ultimamente ninguém anda querendo fazer negócios com você. Ou será algum credor querendo acertar o pagamento de uma das suas muitas dívidas? — falou Laís da forma sarcástica que lhe era peculiar.

Arthur suspirou fundo, mas até que estava ansioso para ver o impacto que a notícia causaria em sua mulher. Falou tentando mostrar certo descaso:

— Não, você não acertou em nenhuma das opções. Minha reunião será com uma grande empresária, ao que tudo indica.

— É mesmo? Empresária? — retrucou Laís com desconfiança.

— Sim, mas não sei o objetivo da conversa. Só saberei amanhã.

— E quem é ela?

— Luciana Sampaio Costa!

Laís o olhou atônita. Queria pilheriar sobre o que ouvira, mas não conseguiu. Apenas continuou olhando para ele como se estivesse esperando que ele dissesse ser uma brincadeira de mau gosto.

Ele a olhou até se divertindo intimamente:

— O que houve? Surpresa?

Ela já estava se refazendo do susto quando falou contendo a raiva:

— O que você está me dizendo? A Luciana? A empregadinha?

Agora o sarcasmo partiu dele:

— Talvez você deva medir melhor suas palavras. A empregadinha pelo jeito tornou-se uma mulher poderosa e muito bem-sucedida — concluiu com um risinho.

Laís saiu apressada e voltou em seguida com uma famosa revista de moda nas mãos. A edição era um pouco antiga, talvez de um ano atrás, quando Laís ainda gastava dinheiro com isso. Abriu nervosamente algumas páginas e parou abruptamente em uma delas. Fixou o olhar nas imagens por alguns instantes e, em seguida, atirou a revista no colo de Arthur.

— Não é possível! Essa é a Luciana, a filha da empregada? Eu já havia escutado falar dessa estilista, mas como você há muito tempo me proibiu de frequentar os desfiles e as lojas, procurei não acompanhar o que estava acontecendo no meio da moda e na sociedade. Não pode ser ela. Veja a foto!

Arthur segurou a revista, e, apesar do estilo mais maduro e clássico, ele a reconheceu na hora:

— Nossa! Aquela menina se tornou uma bela mulher! Que elegância e que charme. Ao que parece fez uma grande fortuna. Eu sabia que ela iria longe com sua inteligência.

Laís estava para ter uma síncope de tanto ódio:

— Não acredito que esteja dizendo isso! Com certeza o cavalariço com quem ela fugiu não a fez chegar até aí. Deve ter se cansado dele e aplicado algum grande golpe em alguém... ou quem sabe, em vários idiotas que como você, acreditaram nela de alguma forma.

— Você não leu a matéria? Não me parece ter acontecido nada disso. Aqui diz que ela se formou na Europa, mais precisamente em Milão, e quando voltou ao Brasil abriu sua casa de moda. Parece que é muito respeitada, um ícone no mundo da moda.

— Você deve estar brincando ou enlouqueceu! — gritou Laís se descontrolando.

Arthur, que no início estava se divertindo, assustou-se com a reação da mulher. Havia muito tempo que seu conceito sobre ela estava mudado, mas lembrava-se da forma sempre compreensiva e doce com que Laís falava de Rita e Luciana, inclusive no episódio da partida delas. Suspeitou de que algo estava muito errado.

— Laís, o que é isso? Você sempre a tratou tão bem, pelo menos era o que queria que eu pensasse. Mas esse seu ataque de fúria me faz pensar que existe algo que desconheço em seus sentimentos.

Sem graça, por ter delatado toda a raiva que sentia por Luciana, Laís tentou dissimular e contornar a situação reassumindo uma postura mais contida.

— Não é isso, meu bem! Apenas me preocupo com você e com Fabiano. Depois de tudo o que essa garota e a mãe dela fizeram com vocês, toda a ingratidão delas, não sei o que ela pode estar querendo agora. Por certo vai lhe pedir alguma coisa; sabe o empresário influente que você é.

Arthur meneou a cabeça negativamente e olhou abismado para a mulher:

— Laís! Acorde! Em que mundo você ainda vive? Se ela é uma empresária, já sabe, como todo o mundo dos negócios, que eu estou quebrado, falido. O que ela pode querer de mim?

— Não repita essas expressões; sabe que não gosto que fale assim.

— Falido sim. Não temos mais nada e você teima em não querer enxergar a realidade. Se já o tivesse feito há mais tempo, talvez não tivesse contribuído tanto para nossa derrocada.

— Ah sei! Agora a culpa é minha! Sabia!

— Há anos estou lhe avisando que estamos em dificuldades e você continuou levando sua vida do mesmo jeito. Eu lhe pedia para economizar e você, para não deixar suas amigas saberem de nossas dificuldades, gastava cada vez mais.

— Você está sendo ingrato. O que eu fazia era com o intuito de preservar sua imagem de empresário. O que as pessoas diriam se soubessem que você não estava dando conta de gerir seus próprios negócios? Se você já estava indo mal, queimando sua imagem ficaria pior. Eu o estava apoiando, apesar de você mesmo estar destruindo nossa vida por causa da sua incompetência e ingenuidade!

— O que você está dizendo? O que sabe sobre gerir uma empresa? O que entende de negócios?

— Não grite comigo!

Arthur, que sempre fora um homem educado, recuperou o equilíbrio, mas manteve a amargura:

— Você não sabe nada. Antes de casarmos vivia da mesada de seus pais, fingia que era uma mulher de negócios, brincava de trabalhar. Mas sempre foi fútil, e eu, que verdadeiramente me apaixonei por você no início, fechava os olhos achando que com a maturidade você mudaria, ou com o meu amor. Mas você foi ficando cada vez mais superficial e perdulária. Sempre critiquei suas amigas, você deve se lembrar. Você deveria ter sido uma companheira de luta na nossa fase difícil.

— Não vou nem responder às suas acusações! Você é um ingrato! — finalizou Laís, saindo e batendo a porta.

Arthur sentou-se novamente sentindo-se muito cansado, mas voltou a pensar na reunião do dia seguinte. A lembrança de que encontraria Luciana, acalmou seu coração.

Em um canto da sala, Olívia e Saulo, seu companheiro de caminhada espiritual, unidos a um espírito benevolente que os ajudava sempre na proteção aos irmãos encarnados, presenciaram toda a discussão do casal. Olívia ponderou com uma certa tristeza:

— Meu amigo, porque as pessoas costumam agir dessa forma? Fico entristecida em presenciar tanta agressividade desnecessária.

— É verdade, minha irmã! Os homens, quando se sentem ameaçados, usam o ataque como arma de defesa e não percebem que agindo dessa forma alimentam mais e mais o ódio em seu coração.

— No que se transformou essa família. Essa e tantas outras que já vimos. Quando tudo está bem, quando há estabilidade, todos são maravilhosos e dividem o amor e a admiração. Mas quando alguma tragédia acontece, a primeira reação das pessoas é culpar uns aos outros, tentando se isentar de qualquer participação no ocorrido. Acusam-se, agridem-se, buscando aí a solução para suas aflições e ninguém quer assumir a responsabilidade de nada.

— Buscam seu próprio sofrimento esquecendo-se da caridade e da compreensão. Se em vez de agressão, buscassem a união para poderem, todos juntos, encontrar a solução por meio do amor e do trabalho, muitos desfechos tristes poderiam ser evitados.

— Você está certo. E o que os leva a buscar no outro sempre um culpado é a vaidade humana. É a falta de humildade para aceitar que todos somos aprendizes, sujeitos a erros que deveriam ser analisados para o crescimento e engrandecimento do caráter.

— Quanto sofrimento poderiam evitar se procurassem estudar mais, ler e trabalhar no caminho do bem.

Ambos se olharam com carinho e esperança, acreditando que um dia o ser humano vai conseguir colocar de fato o amor e a fraternidade à frente de todas as suas ações e sentimentos.

Partiram suavemente.

vinte e dois
A proposta

Pontualmente, Arthur chegou ao hotel no horário marcado. Luciana já o aguardava na sala reservada para o encontro. Ao vê-lo, quase não conteve a emoção. Ele continuava um homem de porte elegante, mas o sofrimento estava estampado em seu semblante cansado. Ele, por sua vez, não fez questão de disfarçar a satisfação em vê-la, embora estivesse muito ansioso devido ao que ocorrera no passado, e curioso com relação ao presente.

Ao se aproximar, Arthur falou sinceramente:

— Você está maravilhosa! Não imagina o quanto fico feliz em reencontrá-la tão bem.

Luciana procurou manter-se firme em sua postura um pouco distante e formal:

— Obrigada por ter vindo sr. Arthur. Imagino o quanto deve estar surpreso.

— Estou. Mas por outro lado, você deve se lembrar, eu sempre disse que você era muito inteligente e que chegaria aonde quisesse. E estava certo.

— A vida não foi fácil, e tudo o que consegui foi por meio de muito trabalho e sofrimento. Mas não foi para falarmos de mim que o chamei.

Antes que ela continuasse, ele perguntou:

— E como está Rita? Tenho tanta coisa para perguntar e esclarecer...

Luciana sentiu os olhos úmidos ao ouvir o nome da mãe, mas ao lembrar de tudo o que passaram por causa deles, seu coração se endureceu novamente:

— Minha mãe faleceu! Pouco tempo depois que deixamos sua casa.

— Meu Deus! Pobre Rita! Luciana, tem muita coisa que queria lhe perguntar, muita coisa do passado que não compreendo até hoje.

Havia secura na voz dela:

— Também não entendo muitas coisas que aconteceram, mas fazem parte do passado e o assunto aqui é o presente.

— Mas precisamos esclarecer alguns fatos...

— Senhor Arthur, se realmente tiver algo a ser esclarecido, isso acontecerá com o tempo. No momento, temos coisas mais importantes para tratar.

Na verdade, Luciana estava impaciente para dar sua cartada inicial em seu plano de vingança. Ela faria com que passassem por toda a humilhação e vergonha que ela e a mãe passaram. Prosseguiu, indo direto ao assunto:

— Estou a par de suas dificuldades na empresa, e sei que a situação é muito séria.

— É verdade! Todos já sabem dos problemas que estou enfrentando. Não é segredo para mais ninguém. Estou falido e tenho um prazo pequeno, inclusive para deixar minha casa.

Luciana se emocionou com o que ouviu. Aquela casa era o lugar onde ela havia crescido, onde conhecera o amor de Fabiano, de onde guardava doces lembranças... e algumas cruéis também.

— A casa está à venda?

— Ela vai a leilão para quitar algumas dívidas. Meu prazo está se esgotando e tenho de deixá-la. Ainda não sei o que vou fazer. O que me restou é muito pouco para adquirir outro imóvel, estou perdido.

— E Fabiano?

— Com certeza você já viu o que aconteceu com ele. Coitado; não suportou tantos escândalos e a queda de nosso padrão de vida.

— Ele deveria tê-lo ajudado nos negócios, principalmente quando a situação se complicou.

— Isso é algo que me entristece muito. A partir de uma determinada fase da vida, perdi meu filho de alguma forma, e não consegui perceber o que estava acontecendo com ele. Sinto que algo o transtornava muito. Ele vivia perturbado, muitas vezes o vi triste, mas nunca soube os reais motivos. Ele não se abria, e Laís, que se ofereceu para tentar ajudar, também nunca soube me dizer nada de concreto.

Luciana trincou os dentes ao ouvi-lo mencionar Laís, mas respirou e continuou:

— Senhor Arthur, estou aqui para oferecer-lhe ajuda. Tenho uma proposta a fazer.

Ele a olhou intrigado ajeitando-se na cadeira denotando extrema atenção ao que ela dizia:

— Sempre fomos, eu e minha mãe, muito gratas a tudo o que o senhor nos ofereceu. Tive uma infância tranquila e feliz graças ao senhor, que nos acolheu tão bem.

— O que é isso, Luciana! Se eu fiz algum bem a vocês, sua mãe retribuiu em dobro, cuidando sempre de mim e principalmente de meu filho.

— Pois agora eu quero fazer também minha parte e estender-lhe a mão com uma oportunidade para que o senhor consiga se reequilibrar com tranquilidade, pelo menos, na medida do possível.

— Diga, minha filha, diga o que pretende.

— Eu ofereço minha casa para que o senhor e Fabiano venham morar comigo até que possam organizar a vida novamente. Não tenho dúvidas de que o senhor vai recuperar tudo o que está perdendo agora, e quero ajudá-lo de alguma forma.

Arthur não conteve a emoção:

— Luciana, eu lhe agradeço do fundo do meu coração. A vida, muitas vezes é dura, e os amigos, quando estamos em dificuldades, geralmente desaparecem. Existe um ditado que diz mais ou menos o seguinte: se você quiser saber quantos amigos tem, basta viver em festas e com uma vida social bem ativa. Mas se quiser saber a qualidade deles, perca dinheiro e posição. O que você está fazendo por mim, sei que ninguém mais faria.

Luciana sentiu-se constrangida e evitou que ele prosseguisse em muitos elogios.

— Por favor, sr. Arthur, deixe isso para lá. O senhor aceita? Mas ainda tenho uma condição.

— O que eu posso fazer para retribuir? Que condição é essa?

— Sua mulher vai junto com o senhor, e enquanto o senhor busca recomeçar os negócios, ela terá de arrumar um trabalho e agir conforme as normas de minha casa. Vivo sozinha há muitos anos, e tenho regras que não gostaria que fossem rompidas. O senhor se encarrega de fazê-la entender isso? Caso contrário, ela pode buscar outro lugar para viver, mas para o senhor e Fabiano as portas estarão sempre abertas.

Ele pigarreou, mas foi incisivo:

— Ela aceitará seus termos, com certeza, nada mais justo. Não quero atrapalhar sua vida de forma alguma.

Ela assentiu com a cabeça:

— Melhor assim. Vamos ver se ela cumpre o determinado. Mas agora, tem o mais importante: quero que o senhor apoie meu casamento com Fabiano.

Arthur deixou o corpo cair para trás:

— O que está dizendo? Quer se casar com Fabiano?

— Por que o espanto? Nós fomos namorados, o senhor sabia disso e parece que não aprovava.

— O que você está dizendo, Luciana? Eu nunca soube de nenhum namoro de vocês.

Ela o examinou por alguns instantes e percebeu que ele estava sendo honesto, o que a deixou bastante desconcertada.

— Fomos muito apaixonados na adolescência, e achei que ele acabaria lhe contando. Não ficamos juntos porque ele se envergonhava de nossa diferença social, e dizia que jamais daria certo. Laís, diga-se de passagem, o apoiava. O senhor sabia?

Arthur levou as mãos ao rosto envergonhado:

— Não, minha filha, eu não sabia de nada disso. E o que a leva a crer que hoje, Fabiano se recuperando, queira se casar? Vocês não deveriam ter uma conversa?

— Com certeza teremos muito a conversar. Mas se o problema dele era o fato de eu ser pobre, esse problema não existe mais. E, além disso, só irei permitir que venham para minha casa se estivermos casados. É a chance que ele vai ter também de se recuperar do trauma de passar para o outro lado, de ter se tornado pobre também. O senhor acha mesmo que ele vai recusar?

Arthur levantou-se e deu uma volta pela sala analisando o que ela dissera. Ele era um homem vivido, maduro, íntegro e sempre agiu corretamente e com honestidade. Do alto de sua experiência de vida, num despertar repentino, percebeu o rancor no coração de Luciana. Não iria questionar nada naquele momento sobre as razões desse sentimento, mas sentiu por ela a mesma afeição que sentia no passado e não hesitou em perguntar:

— Você quer comprar o amor de Fabiano?

Ela não esperava essa atitude dele. Sentia-se em posição muito superior a ele agora, mas essa iniciativa de afrontá-la diretamente de forma franca e sem agressividade quase a deixara sem ação.

— Pense o que quiser, mas a condição é essa — respondeu rapidamente desviando o olhar.

Arthur viu diante de si a mesma menina de sempre, e toda a ansiedade que antecedeu o encontro desapareceu. Constatou que Luciana, por trás daquela aparência forte e determinada, escondia uma alma ainda frágil, um bom caráter, muito sofrimento e raiva. Toda sua percepção com relação àquele momento mudou instantaneamente. Luciana iria ajudá-lo, com certeza, mas ele estaria ao lado dela, porque ela podia negar, mas precisava de tanta ajuda quanto ele. Ele faria isso em memória de Rita. Devia isso a ela. Falou suavemente:

— Menina, eu a vi nascer e crescer. Sei quem você é, mas infelizmente, não a reconheço nessa nova personalidade que me apresentou hoje. Mas também sei que em algum lugar aí dentro, encontra-se a mesma Luciana de sempre. Não vou lhe fazer perguntas nem questionar suas atitudes. Mas diante de sua ousadia, só posso crer que você ainda ama muito meu filho.

Luciana lutava para não se deixar abater. Ele continuou:

— Você diz que ele também a amava, e eu acredito nisso. Você não teria por que mentir. Como falei antes, existe muita coisa obscura em nosso passado, mas agora também acho que não é o momento de falarmos nisso. Preciso de sua ajuda e do que me ofereceu com urgência, não posso negar. Farei o que quiser e pode contar com meu apoio para que se case com Fabiano. Mas saiba que as circunstâncias que você está criando para esse reencontro de vocês podem ser letais para um amor que um dia tenha existido verdadeiramente.

Ela estava sufocando um coração que começava a fervilhar de emoção e carinho por aquele homem, e por alguns instantes parecia que nada de ruim havia acontecido. Ela permanecia calada ouvindo respeitosamente tudo o que ele dizia.

— Luciana, tudo vai ser como você planejou. Estou respondendo por mim, mas terá de conversar com Fabiano. Só quero dizer mais uma coisa antes de encerrarmos essa reunião na qual acredito que tudo tenha sido dito: o amor não se compra nem se cobra. O amor existe para ser ofertado e retribuído espontaneamente. Nenhuma relação sobrevive e se sustenta quando se negocia sentimentos. Veja quantos casos conhecemos de pessoas que tentaram subjugar o outro por meio de chantagens, ameaças e todo tipo de artimanha para prender alguém que não podia mais oferecer o amor que o outro esperava. Pode até ter tido sucesso em manter a pessoa ao seu lado, mas jamais terá o amor que deseja. Pense nisso.

Toda a fortaleza que apresentara no início do encontro se esvaíra sem que Luciana pudesse manter qualquer controle sobre a situação. Ela nada conseguiu falar e Arthur simplesmente se despediu:

— Assim que Fabiano se recuperar terei uma conversa com ele para prepará-lo para o encontro de vocês. Agradeço muito o que está fazendo e lhe asseguro que não ficarei em sua casa mais que o necessário. Logo nos veremos novamente. Com licença!

Quando já ia saindo sem esperar qualquer resposta de Luciana, voltou-se novamente para ela e concluiu:

— Cuide-se bem e pense em tudo o que lhe falei.

Quando se viu novamente sozinha, Luciana estava perplexa, e com a sensação de que mesmo com essa sua cartada, não havia vencido a partida.

vinte e três

Conselhos mediúnicos

Quando Arthur informou a esposa que dentro em breve se mudariam para a casa de Luciana, Laís teve um acesso de raiva que o deixou definitivamente aturdido e chocado. Já muito cansado de tantos problemas e da falta de compostura que a mulher demonstrava havia algum tempo, ele apenas a avisou que se quisesse ir, teria de aceitar as condições de Luciana, a única pessoa que lhes estendia a mão naquela fase difícil; caso contrário, podia arrumar suas coisas que ele tomaria as providências para o divórcio.

Ao pensar que iria se afastar dessa forma de Fabiano, Laís pensou rapidamente e mudou de ares com o marido. Pediu desculpas justificando o extremo nervosismo diante da situação e prometeu que faria tudo para colaborar. Para Arthur, a conversa estava encerrada e a decisão tomada.

Depois do encontro com Arthur, Luciana retornou ao Rio de Janeiro. Sabia que Fabiano ainda levaria alguns dias internado e estava pacientemente, agora, aguardando o reencontro. Tinha certeza de que, apesar de deixar bem clara sua opinião sobre sua atitude, Arthur tudo faria para que ela e Fabiano se casassem o mais rápido possível.

Foi direto para casa e, ainda do aeroporto, em São Paulo, ligou para Suzanne pedindo que fosse encontrá-la. Quando estavam frente a frente, Suzanne foi bastante direta:

— Você está com uma aparência muito melhor do que eu imaginava.

Luciana, fugindo de sua postura habitual, jogou-se no sofá da sala e ficou admirando o mar pelas amplas janelas. Suzanne estava muito curiosa:

— Vai ficar calada sem me contar o que aconteceu?

— Vou me casar! — respondeu Luciana sem olhar para a amiga.

Suzanne perdeu o fôlego:

— O que você está me dizendo? Como vai se casar? Você só pode estar brincando!

— Eu jamais faria esse tipo de brincadeira e você sabe disso. Não sou dada a piadinhas. É sério, vou me casar com Fabiano assim que ele sair do hospital — completou e tratou de relatar todo o ocorrido para Suzanne, que cada vez estava mais surpresa. E concluiu: — E é isso! Finalmente terei Fabiano comigo e Arthur e Laís vão sentir o que é viver subjugado e humilhado.

— Minha amiga, sinto tanto por você...

— Você deveria estar feliz. Finalmente cheguei aonde queria e vou fazer tudo exatamente como planejei.

— Arthur não me parece que mereça esse seu rancor. Afinal, hoje você descobriu que ele não sabia de nada.

— Não me interessa! Sei que ele e Fabiano não são da mesma laia daquela mulher, mas se Arthur não pecou por ação, pecou por omissão, o que para mim dá no mesmo.

— Tenho muito receio por você. Acho que pode sair ainda mais ferida de tudo isso. E se Fabiano não aceitar se casar?

— Ele vai aceitar. Ou isso, ou a miséria e a pobreza.

— Você sempre me disse que queria se vingar, que tudo o que fazia na vida era com esse objetivo, mas mal a reconheço. Você está me assustando. Seu olhar parece que vai fulminar quem estiver na sua frente.

— Deixe de ser boba, Suzanne. Esperei e sofri anos da minha vida imaginando como poderia acertar as contas com eles, principalmente com aquela mulher, e agora estou apenas saboreando o que o destino jogou no meu colo sem que eu fizesse nenhum esforço. E vamos deixar essa conversa de lado. Gostaria que você convidasse Mário, Augusto e Júlia para virem aqui hoje à noite. Poderemos conversar, beber alguma coisa e depois jantarmos. Há muito tempo não me sentia tão animada, e quero comemorar. Além do que, em muito pouco tempo já não viverei mais sozinha aqui, e quero aproveitar esses últimos momentos de total privacidade.

— Está bem. Vou ligar para eles. Já sei que não adianta falar mais nada! — disse Suzanne desanimada, mas achando uma boa oportunidade para Luciana estar com Júlia, que sempre tinha a capacidade de colocar a amiga numa postura mais equilibrada e serena.

À noite, Luciana os recebeu muito animada e até descontraída demais, o que não passou despercebido para nenhum deles. Suzanne tentava dissimular sua preocupação até que se convenceu de que o melhor a fazer era aproveitar mais aquele encontro dos amigos, que eram sempre agradáveis e tinham boa conversa.

Passaram a noite falando sobre amenidades, e tudo parecia correr naturalmente. Menos para Júlia.

Ela era aquela amiga doce, confiável e que sempre tinha uma palavra justa ou de conforto que era dita na hora certa. Sua presença sempre fazia um bem muito grande à Luciana que, mesmo discordando de muita coisa, aceitava o carinho da amiga em todos os momentos. Júlia frequentava um Centro Espírita próximo à sua casa e era médium intuitiva. Sua mediunidade lhe permitia receber a comunicação do plano espiritual, apenas com a transmissão de pensamento, mais ou menos aquilo que as pessoas costumam chamar de inspiração. E, naquela noite, ao entrar no apartamento de Luciana, ela sentiu que havia algo no ar. Um de seus amigos da espiritualidade estava ali para lhe indicar que algo muito errado acontecia. Júlia se divertiu e aproveitou a companhia agradável de todos, mas certa de que Luciana precisava dela.

Depois do jantar, todos se reuniram na varanda para degustar um saboroso digestivo, e, por alguns instantes, Luciana se afastou e ficou observando a noite e o mar. Júlia aproximou-se:

— Esse mar com o luar forma uma das paisagens mais lindas do mundo, você não acha?

Luciana apenas assentiu com a cabeça. Júlia insistiu:

— Somos amigas há bastante tempo, mas sei que existem coisas sobre as quais nunca falamos.

— Desculpe, Júlia, mas acho que certas coisas devem mesmo ficar guardadas, não existe razão para falar sobre elas.

— Mas sinto que você carrega um sofrimento oculto cuidadosamente em seu coração. E eu gostaria muito de ajudá-la.

A empresária se irritava com intromissões em sua vida. Não estava gostando da conversa, mas não seria indelicada com Júlia. Mesmo assim, tentou desvencilhar-se do assunto:

— Eu não estou precisando de nada, mas obrigada assim mesmo. E como você poderia saber o que trago em meu coração? Por que cisma com isso?

— Minha querida, você tem muitos amigos e muitas pessoas que querem seu bem além de mim. E nossa intenção é apenas ajudá-la. Eu não sei o que se passa em seu coração, mas sei que ele sofre. E você é a única pessoa que pode acabar com esse sofrimento.

— Que amigos? — falou Luciana um tanto exasperada — andam comentando algo sobre mim? Isso me deixa furiosa! O que andam falando?

Júlia não se conteve e deu um sorriso que deixou a outra sem entender o motivo do gracejo, e depois continuou:

— Não me refiro a esses amigos que você está pensando, mas a outros que têm como missão olhar por você.

— Júlia, desculpe, mas você está falando de espíritos, não é? Sabe o que penso a respeito.

— Sei, mas não posso me omitir vendo que você está prestes a cometer um grande erro. Você tem amor dentro de si, mas o está maltratando, e pode até destruí-lo se continuar alimentando sentimentos ruins de revolta e vingança.

Nesse momento, Luciana estancou surpresa com o que ouvira. Nunca havia tocado naquele assunto com Júlia e tinha plena confiança em Suzanne. Como então a amiga poderia saber exatamente o que estava se passando com ela?

Júlia prosseguiu com a voz suave e calma de sempre sem ser interrompida:

— Existe um amigo muito especial que está sempre ao seu lado. Ele vê seu sofrimento e tenta aconselhá-la, inspirando o amor em seu coração. Mas existem também outros irmãos, que resistem em prosseguir em sua evolução espiritual, que guardam ressentimentos e paixões que adquiriram em suas passagens pela vida terrena. Eles se satisfazem quando alguém alimenta sentimentos negativos e quanto mais a pessoa se envolve nos maus pensamentos, mais se aproximam. Isso os fortalece, pois o prazer deles é ver que outros são tão infelizes quanto eles. Pobres almas que se recusam a aceitar o auxílio divino.

Júlia sabia que estava sendo inspirada por seu mentor a levar aquele recado à amiga.

Luciana mostrava-se confusa, parecia que não era Júlia quem estava falando, embora fosse ela mesma ali na sua frente, o mesmo jeito, a mesma voz, tudo igualzinho. Diante do desconhecido e do que ainda não compreendia, Luciana tentou ironizar:

— E por que então esse meu grande amigo não espanta esses fantasmas ruins de perto de mim? Ele não quer me proteger?

— Claro que quer, e está sempre ao seu lado. É seu mentor, cuida de você. Mas só pode fazer algo se você permitir. A vontade de mudar os sentimentos tem de partir de você.

— Mas eu não quero mudar nada. Estou muito bem assim, aliás, essa é a melhor fase da minha vida. E se é assim, por que eu deveria querer mudar algo?

— Tem razão! Você é a única que tem de achar e decidir mudar. O que fazemos é tentar ajudá-la. Juntos podemos muito, mas apenas se você quiser. Mas enquanto alimentar sua fraqueza e orgulho estará dando forças aos outros que querem apenas desviá-la do caminho do bem.

Luciana estava se irritando cada vez mais, e, ao seu lado, espíritos inferiores sopravam em seus ouvidos palavras de baixo calão sugerindo a ela que Júlia era uma tola. E Luciana estava mais uma vez contribuindo para o fortalecimento deles. Em tom mais áspero falou:

— Tudo isso é muito bonito, mas na prática não funciona. O mal está aqui mesmo, entre nós e bem vivo, e deve ser combatido com as armas que temos. Se uma pessoa prejudica outra, é aqui que terá de pagar e levar o troco. É para isso que estamos aqui, para que a justiça seja feita sempre.

— No giro das encarnações não existem culpados ou inocentes. Todos nós temos ativa participação em tudo o que nos acontece. O nosso aprendizado é exatamente evoluir em nossas atitudes para não repetirmos os mesmos erros. Só assim existe a evolução e o amadurecimento do espírito.

— Júlia, desculpe, mas você não sabe de nada. Não sabe as coisas pelas quais passei na vida, o que sofri e o que perdi. E quer saber a verdade? Realmente tem muitas coisas que me magoam, mas não vou ficar por aí me lamentando. Sei o que tenho de fazer e vou fazer. Existem débitos, e os devedores não ficarão impunes; vou resgatá-los a qualquer custo. Isso é justiça. Tenho o direito de fazer com que paguem por todo o sofrimento que têm me causado. Direito, entende?

— Pense bem, minha amiga; o ódio é veneno mortal que atinge principalmente quem o sente. É como se você o bebesse desejando a morte do outro, mas você morre primeiro e com muito mais sofrimento. Talvez quando você se der conta disso, será muito tarde e seu sofrimento será maior.

— Você agora está parecendo Suzanne. Júlia, tenho muito carinho e respeito por você, e quem sabe um dia você venha a saber de tudo. Mas sabe que não gosto de interferências em minha vida. Sempre fui capaz de tomar minhas decisões. Tudo o que conquistei foi com minha luta, nunca dependi de outra pessoa para me dizer o que fazer. E se você pensa que sofro, está enganada. Tudo o que podia, já sofri no passado. Agora eu apenas tenho um objetivo: colocar as coisas e pessoas em seus devidos lugares. E hoje, em vez de sofrimento, sinto-me cada vez mais próxima da felicidade plena. Não quero mais falar sobre isso, está certo?

— Claro, minha intenção não é ser invasiva e causar-lhe constrangimentos. Contudo, quero que saiba que estarei sempre pronta para apoiá-la se um dia precisar.

— Eu não vou precisar, fique tranquila. Agora, precisamos nos reunir aos outros; não é delicado ficarmos em uma conversa paralela.

Assim, voltaram para perto do grupo. Luciana, após a conversa, sentiu-se mais forte, com mais certeza dos passos que daria. Júlia não conseguiu demovê-la. Apenas rezou para que Luciana enxergasse o mal que estava para cometer, principalmente a ela mesma.

E esse mal estava cada vez mais próximo da vida dela. Muito mais perto do que imaginava.

*

Luciana, naquela manhã, estava tensa e agitada. Arthur havia ligado dois dias antes, dizendo que Fabiano estava pronto para conversar. A moça quis saber como ele havia reagido, e Arthur não omitiu a revolta do filho diante de uma situação que ele definiu como absurda. Arthur disse que, a princípio, Fabiano se recusou terminantemente a entrar no que ele chamou de jogo; disse que se um dia tivesse de reencontrá-la seria naturalmente e não por meio de chantagem da pior espécie. Contudo, aos poucos, diante dos argumentos do pai, ele foi cedendo até concordar em, ao menos, conversar com ela. Mas Luciana foi prevenida de que a recepção do ex-namorado não seria nada acolhedora.

Ela estava a caminho do aeroporto para seguir novamente para São Paulo, e sua mente revia a todo instante vários momentos de sua vida. Seus olhos mal continham as lágrimas que a toda hora teimavam em brotar, demonstrando o quanto estava abalada com a perspectiva do reencontro. Sua luta interior foi a maior já travada, pois jamais poderia perder o foco do seu objetivo: fazê-los pagar e sofrer tudo o que ela sofreu. Estava decidida e determinada, e saberia enfrentar a situação de maneira altiva e vitoriosa.

O encontro foi marcado no mesmo hotel onde Luciana se encontrou com Arthur. Dessa vez, ela esperaria Fabiano em sua suíte, atitude que foi apoiada por Arthur pela necessidade de total privacidade aos dois. Não seria uma conversa fácil. O hotel dispunha de um mordomo particular para cada uma das principais suítes, e Luciana pediu a ele que quando seu convidado chegasse, o fizesse entrar e depois poderia se retirar, pois não precisaria mais dos seus serviços.

Ela se arrumou primorosamente. Estava esplêndida, talvez linda como nunca. Mas sua expressão estava fechada, a musculatura contraída e o olhar perdido. Em silêncio, sentada em uma confortável poltrona no amplo quarto, aguardava quieta, como o ar que antecede uma grande tempestade.

O mordomo avisou-a da chegada do convidado e se despediu. Luciana se levantou, olhou-se no espelho, ajeitou a postura e foi em direção à porta. Seus gestos eram lentos e delicados.

Quando entrou na sala, Fabiano estava de costas, em pé, olhando através da janela o céu nublado e com nuvens pesadas, prenúncio de mais uma chuva. Um trovão ecoou ainda distante, e nesse momento ele virou-se, e, depois de vinte anos, estavam ali: Fabiano e Luciana, novamente frente a frente.

Fabiano ficou admirado ao ver que Luciana conseguira ficar ainda mais bonita do que ele se lembrava. Ela já havia notado no hospital que, apesar da idade, ele havia se cuidado muito bem e estava ainda mais elegante e atraente com a maturidade e a chegada dos fios grisalhos. Diante da presença dele, sua vontade foi correr para seus braços, dizer o quanto o amava ainda, relembrar com ele todos os belos momentos que passaram juntos. Diante do amor da sua vida, ela se sentiu frágil e tudo o que queria era ser aconchegada por ele, descansar em seu colo por tantos anos de luta e sofrimento. Mas havia um clima hostil no ar, que quebrava qualquer encantamento. Foi ele quem começou a falar de maneira educada, como sempre fora, mas extremamente ácida:

— Concordei com esse encontro por muita insistência de meu pai. Não sinto nenhum prazer em estar aqui!

Luciana quase não conseguia manter as ideias em ordem e estava difícil se colocar de maneira firme:

— Venha, Fabiano, sente-se aqui. Temos muito o que conversar.

A resposta dele causou-lhe muita surpresa:

— Acho que agora não temos não. Tínhamos quando você fugiu de mim há vinte anos para se amigar com um quase desconhecido. Acho que está um pouco atrasada!

— Não sei o que está dizendo; eu não fugi com ninguém e não sei de onde tirou essa ideia.

— Claro, lógico que agora você não vai falar nada sobre isso. Você é uma empresária bem-sucedida, milionária, jamais vai admitir que no passado foi viver com um cavalariço pobre, sem eira nem beira. Mas pelo rumo que tomou sua vida, deve tê-lo descartado logo, assim como fez comigo. Sumiu sem uma satisfação. E ainda grávida dele e querendo me enganar dizendo que o filho era meu. Como você pôde?

Luciana o olhou com um sentimento que era um misto de indignação pelo que ouvira e de desespero por constatar que o homem que amava pensava coisas horríveis e falsas sobre seu caráter. Tudo o que ela havia premeditado para aquele momento foi por água abaixo, e ela começou a falar não como um *script*, mas com palavras que vinham da alma:

— Fabiano! Não quero ficar remexendo no passado, mas você está se baseando em informações totalmente falsas sobre tudo o que aconteceu.

— Ah é? Então por que você fugiu?

— Quando lhe falei da minha gravidez, você se lembra como reagiu? O que queria que eu fizesse após ser desprezada por você daquela maneira?

— Eu não a desprezei. Apenas fui honesto dizendo que era impossível ficarmos juntos naquele momento. E fiz muito bem em agir assim. Você foi a maior decepção que tive na vida. Querendo aplicar o golpe da barriga em mim. Como não deu certo, fugiu com seu amante — disse Fabiano alterando muito a voz.

— Que amante? Você fica o tempo todo falando coisas desconexas, insistindo na mesma tecla, quando a traída fui eu. Por que você repete isso? É sua maneira de inverter a situação para livrar-se da culpa?

— Laís os viu juntos!

O impacto daquelas palavras fizeram com que um denso e repentino silêncio tomasse conta de todo o ambiente. O semblante de Luciana foi transformado pela ira e, após alguns segundos, ela perguntou quase sem voz:

— O que você está dizendo? Laís?

— Agora não tem mais como negar, não é? Agora sabe que ela os viu juntos na Hípica, agarrando-se em meio aos estábulos da maneira mais vulgar. Todo mundo sabia que vocês iam para a cama, mas quando engravidou, combinou com ele de levarem uma grana do otário rico. Com certeza, ficaria com meu nome, mas com a cama dele. Eu tenho nojo disso tudo!

Luciana engolia em seco, suas pernas tremiam e não conseguiu reagir de imediato. Agora estava entendendo toda a trama que Laís teceu para separá-los. Então tudo o que ela falara sobre a posição de Arthur e Fabiano era mentira. Ela criara duas situações diferentes e deu um jeito de que nenhum deles conseguisse ou tivesse coragem de colocar a história a limpo. Foi tudo muito bem calculado. Luciana sentia seus olhos agitados nas órbitas, tentando organizar todas as informações que vinham em sua cabeça ao mesmo tempo, sentindo como se estivesse diante de uma bomba-relógio, cujo contador acabara de disparar seus números acelerados, aproximando o momento da explosão. Olhou para Fabiano com um imenso terror e não aguentando mais, caiu sentada no sofá e desabou num pranto convulsivo e incontrolável.

Fabiano, que até então a vira de forma desafiadora, chocou-se com a reação dela e não sabia o que fazer. Embora achasse que ela chorava pela vergonha de ter sido descoberta em sua armação, não esperava ficar tão desconcertado. Sem tomar nenhuma atitude, apenas ficou observando constrangido por alguns minutos.

Luciana, enquanto externava toda sua dor e desespero, pensava que todos foram vítimas da crueldade de Laís, mas não perdoava Fabiano e Arthur por terem acreditado naquela mulher sabendo que ela sempre fora uma moça de boa índole e boa educação. Eles a julgaram à revelia, não lhe deram direito de defesa e a condenaram, orquestrados pela criatura mais repugnante que Luciana já tivera a infelicidade de conhecer.

Quando conseguiu se recompor um pouco, olhou para Fabiano falando com dificuldade:

— Você não tem ideia do quanto o amei! Você não imagina o quanto ainda o amo! Você sempre foi a razão da minha vida, do meu empenho em melhorar cada vez mais para que sentisse orgulho de mim.

— Bela maneira de demonstrar seu amor, chantageando-me e aproveitando o momento difícil que meu pai está vivendo. Meu pai, que a tratava como uma filha.

— Você não vai entender, mas tenho razões muito fortes para agir dessa forma. Ajudo vocês com a condição de que nos casemos, e que todos venham morar comigo no Rio.

— Se você diz que me ama, e se for verdade, o que pretende? Reconquistar meu amor? Saiba desde já, que isso jamais acontecerá. Eu a amei muito sim, meu sentimento era verdadeiro e profundo. Sei que não agi certo me baseando em preconceitos arcaicos e errados. Mas eu era muito jovem, ainda não tinha meu caráter totalmente formado. De qualquer maneira, você, com suas atitudes, destruiu o amor que eu tinha por você. Se com essa chantagem espera resgatar esse sentimento, desista.

Luciana sentia-se cansada. Mas não ia se desviar de seu caminho. Iria fazer com que Arthur e Fabiano amargassem toda a humilhação que a fizeram passar com suas desconfianças, e iria destruir Laís!

— Você já sabe minhas condições. Se casarmos, poderão viver dentro dos padrões aos quais estão acostumados e seu pai terá tranquilidade para recuperar sua fortuna. Caso contrário, terão de sair dessa situação sem minha ajuda, e posso lhe garantir que você não está nem um pouco preparado para o que terá de enfrentar. E se não quiserem minha ajuda, usarei toda a influência que possuo para que ninguém lhes estenda a mão e para que acabem na mais absoluta miséria.

Fabiano chegou a pensar que conseguiria fazê-la mudar de ideia, mas diante da convicção da moça e da possibilidade da miséria, voltou a se irritar:

— Então é isso mesmo? Vai prosseguir em mais uma armação para conseguir o que quer? Pois que seja assim. Meu pai merece uma oportunidade de se reestruturar com um pouco mais de calma. Faço isso por ele e, agora, analisando tudo o que aconteceu aqui, faço por mim também. Vai ser a forma de você me ressarcir das mentiras nas quais tentou me envolver no passado. Mas não se esqueça: você terá meu nome e minha presença ao seu lado, mas nunca terá novamente meu coração e meu respeito.

Apesar de se sentir arrasada por tudo o que soube, ela ficou satisfeita com o desfecho da história. Finalmente teria seu amor todos os dias ao seu lado e teria a vida de todos eles em suas mãos.

Em pé, ao seu lado, estava Rita, que estendia as mãos sobre a cabeça da filha, enviando uma energia de amor e implorando a intervenção Divina para que a filha não cedesse ainda mais ao desejo de vingança e ódio.

Ela orava sozinha, solicitando socorro ao plano espiritual, quando sentiu um perfume maravilhoso bem ao seu lado e, ao virar-se, deparou com Olívia que veio em seu auxílio. Mães unidas, buscando orientar e proteger seus filhos tão perdidos e envolvidos pelas ilusões do mundo, na sua pior acepção, ilusões voltadas à vaidade, à ganância, à violência e às mentiras.

Naquela luta insana, nada tinha valor. Ambos estavam voltados apenas para o que lhes causava dor ou prazer. E essas paixões funcionavam como um furacão, que chega com uma brisa e cresce de repente e de forma descontrolada, avançando e devastando tudo ao redor.

E quando o furacão passa, resta apenas uma imensa sensação de vazio, um nada sem fim. E o nada enlouquece, angustia e sufoca. É quando se percebe que muitas pessoas morrem, matam, brigam, mentem, roubam e lutam, muitas vezes, de forma totalmente reprovável, tudo por nada, pois a consciência só encontra a paz na essência da vida.

vinte e quatro

Ensinamentos espíritas

O casamento de Luciana e Fabiano aconteceu em um cartório no Rio de Janeiro apenas com a presença de Suzanne, Júlia, Mário e Augusto, que serviram também de testemunhas. Arthur e Laís também compareceram, e ficariam em um hotel por três dias para depois se mudarem para a casa de Luciana. O clima na cerimônia foi constrangedor, todos perceberam a tensão entre o casal e não havia emoção nem risos. Os amigos de Luciana, que desconheciam o enredo de vida dos envolvidos, estavam se sentindo pouco à vontade, mas procuravam disfarçar seus sentimentos para não tornar a situação ainda pior. O encontro das duas mulheres foi o momento mais esperado por Luciana e mais temido por Suzanne, que não imaginava qual seria a reação da amiga. Mas, para sua surpresa, Luciana foi muito contida, o que a fez pensar que o pior ainda estava por vir. Quando Luciana se voltou e viu Laís, teve noção exata da dimensão do ódio que sentia. Arthur, receoso, aproximou-se de Luciana.

— Você está muito bem. Enfim, tudo se resolveu como você queria.

— Tudo está começando a se resolver. É hora de colher os frutos — disse Luciana deixando Arthur intrigado e se dirigindo na direção de Laís.

Ao se aproximar da inimiga, a moça olhou-a dos pés à cabeça examinando cada detalhe, não fazendo questão de disfarçar seu olhar analítico. Depois, apenas disse em meio tom:

— Sinto muito! Parece que você tem vivido tempos difíceis.

— Como?

E Luciana respondeu cheia de prazer:

— Já a vi em melhor forma. Mas é assim mesmo. Quando a vida é difícil, as marcas ficam para sempre no rosto. Nossa! Você era tão bonita e exuberante! — dizendo isso, virou as costas e foi falar com o juiz.

Suzanne, que estava perto, não pôde deixar de ouvir o comentário, e teve vontade de rir, impulso que controlou porque, na verdade, a situação não era engraçada. Laís, que percebeu sua presença, mas nem sabia de quem se tratava, ficou com o sorriso mais sem graça do mundo, para logo em seguida sentir o sangue ferver em suas veias.

Para alívio de todos, o juiz não demorou a finalizar as formalidades. Arthur acertou com Luciana que em três dias iria para sua casa; até lá ele ficaria à vontade para cuidar de seus negócios. Fabiano e sua agora esposa, seguiram de carro para a casa de Luciana. Os amigos foram para o escritório todos no mesmo carro, e os comentários foram inevitáveis. Suzanne procurava se esquivar de mais explicações. Mário foi o primeiro a falar:

— Jamais pensei que fosse ver esse dia chegar. Luciana se casando! Não senti que ela estivesse feliz. E de onde saiu esse Fabiano? De uma hora para outra aparece e se casam?

Augusto respondeu:

— Luciana me pediu para investigar os negócios do pai de Fabiano. Parece que são velhos conhecidos. Como sempre, ela não me falou nada a respeito.

Suzanne apenas ouvia quieta.

Júlia interveio:

— Também não sei detalhes, mas acho que isso é um amor do passado de Luciana. Alguma história que ficou pendente e agora que se reencontraram, é natural que tudo ocorra sem maiores demoras.

Mário opinou:

— Nada que presenciei ali me pareceu nem de longe com as histórias dos grandes amores. Achei tudo muito estranho.

Augusto provocou o amigo:

— Qualquer envolvimento de Luciana você acharia estranho. O nome disso é dor de cotovelo, ciúme. Todos nós sabemos que você é apaixonado por ela.

Júlia repreendeu o marido. Mário se incomodou com o comentário:

— Você não sabe o que está falando. Luciana é uma amiga e ótima chefe, apenas isso.

Augusto riu e colocou fim às provocações.

Ao chegarem ao escritório, Suzanne levou um café até a sala de Mário. Ela sabia que ele deveria estar muito magoado, perdendo definitivamente qualquer vaga esperança de um dia conquistar Luciana.

— Um café quentinho e fresquinho sempre é bem-vindo — disse Suzanne com um sorriso.

Mário agradeceu sem muito entusiasmo. A moça se sensibilizou:

— O que você acha de irmos ao teatro amanhã? Depois, podíamos jantar, aliviar as tensões e distrair a cabeça.

— Não sei, ando um pouco cansado.

— O lazer relaxa e descansa também. Vamos, Mário! Eu vou adorar sua companhia.

Ele acabou cedendo com um sorriso e Suzanne ficou feliz em poder ajudar o amigo.

Ao voltar para sua sala, encontrou Júlia, que a aguardava.

— Oi, Júlia, desculpe. Não sabia que estava à minha espera.

— Não tem problema. Estou aguardando Augusto, vamos para casa e tomei a liberdade de esperar aqui.

— Fico feliz que tenha vindo. Depois dos acontecimentos de hoje não estou muito disposta para trabalhar — falou Suzanne sem pensar.

— O que deveria ser um momento magnífico na vida de uma mulher, tornou-se uma situação estranha, diria até mesmo triste.

Suzanne teve de admitir:

— Pois é, chato isso. Mas nem tinha como disfarçar aquele clima.

— O que acontece com Luciana? Ela não me parecia feliz, muito menos o noivo. Que circunstâncias a levaram a tomar essa atitude?

— Júlia, eu não tenho o direito de falar sobre a vida de Luciana, mas posso lhe dizer que ela tem suas razões para tomar a atitude que tomou.

— Mas me parece que você não concorda muito com elas.

— Cada um tem uma forma de enxergar a vida. Eu não faria o que Luciana está fazendo. Ela e Fabiano foram namorados na adolescência. Tiveram de se separar e agora que se reencontraram, pronto, casaram — disse Suzanne tomando o cuidado de não falar mais do que podia.

— Assim? Tantos anos depois e tão rápido? Por que aquela tensão no ar?

— Quando eu disse que não agiria da mesma forma é porque ela e Fabiano se separaram em circunstâncias não muito agradáveis, digamos assim. Ficaram todos esses anos sem ter notícias um do outro, e acho que foi precipitado o que fizeram. Deveriam voltar à relação aos poucos, ver se de fato conseguiriam esquecer as mágoas do passado e se o amor ainda existiria de verdade.

— Bem, a verdade é que todos nós de modo geral, temos o hábito de achar que temos a solução para os problemas dos outros. Já notou isso?

— É mesmo! Sempre é fácil indicarmos para outras pessoas qual o melhor caminho. Mas na hora de descobrirmos o nosso, é mais difícil — disse Suzanne rindo.

— As pessoas julgam-se umas as outras com uma incrível facilidade. Analisam a vida de todos superficialmente, e disparam conclusões, conselhos e críticas sem o menor pudor e sempre se sentindo repletas de razão. Somos juízes implacáveis quando nos referimos à vida alheia.

Suzanne ficou pensativa. Ela mesma já havia sido julgada várias vezes em suas atitudes, por pessoas que nada sabiam para poderem dar consistência às suas opiniões. Júlia continuou, percebendo que a amiga se interessava em ouvir:

— As pessoas não sabem, mas tudo o que elas criticam e julgam na vida dos outros vão passar igual ou pior para aprenderem que nunca se deve julgar o semelhante. Por essa razão, acredito que Luciana tenha motivos muito fortes para fazer o que está fazendo. No último jantar na casa dela, tentei conversar, gostaria de ajudar, mas ela não se abriu comigo. Tenho certeza de que essa situação toda está muito mais baseada em mágoas do que em amor. Isso me preocupa. Mas como disse, não posso julgar as atitudes dela.

— Isso é tão raro, Júlia!

— O quê?

— Alguém se dispor a ajudar o próximo sem julgamentos nem cobranças.

— O ser humano ainda tem muito o que evoluir. A caridade despretensiosa ainda é uma coisa rara, infelizmente.

— Sabe que isso é uma coisa que me aborrece e entristece muito? Se eu tenho alguém próximo de mim que precisa de minha ajuda, sou incapaz de cobrar por isso depois.

— Ainda existe entre as pessoas um sentimento muito forte de vaidade, e todos querem demonstrar poder e força. Muitas vezes, os erros que apontamos no outro, nós os cometemos da mesma forma, com uma roupagem diferente.

— Ah, isso existe sim, e muito. Por esse motivo a expressão "telhado de vidro", não é?

— Claro. Pense em quantas pessoas existem que têm coragem de julgar suas próprias atitudes e pensamentos, com o mesmo rigor com que julgam o próximo? Será que se elas pudessem se ver fora do corpo, ver seu íntimo como num espelho, aprovariam sua conduta? O que elas pensariam se vissem alguém fazendo o que elas mesmas fazem?

— Isso sim seria uma experiência interessante.

— Mas não há nada de muito extraordinário nisso, e pode ser feito diariamente. Se cada pessoa, no fim do dia, se colocasse em silêncio para analisar suas atitudes e o fizesse de forma franca e sem subterfúgios, muitos problemas seriam solucionados. Temos de aprender a ouvir, ajudar o próximo, apenas visando o bem. Temos de aprender a perdoar e compreender que o mundo não gira orbitando individualmente cada ser da face da Terra. O mundo é um só, tudo está relacionado com tudo, e o bem que fazemos vai refletir e dar frutos por onde passar.

— O mundo seria um sonho se todos pensassem assim! — disse Suzanne concluindo a conversa que foi interrompida com a entrada de Augusto.

— Acredite: um sonho possível! — completou Júlia com um carinhoso sorriso, despedindo-se em seguida e saindo com o marido.

*

Quando chegaram a casa, Luciana e Fabiano sentiam-se muito pouco à vontade. Ele foi para o banho enquanto ela ficou na varanda pensando na situação que criara. Só de pensar que o homem que amara a vida toda estava ali, tão perto, seu coração se enchia de amor e seu corpo de desejo. Ela o queria, queria sentir seu corpo, seu calor, como vinte anos atrás. Levada por esses pensamentos foi até o quarto, entrou no banheiro e, sem pensar, entrou no box onde estava o marido. Quando ele a viu, não conseguiu manter-se indiferente àquela mulher linda que estava ali sem pudores, pronta para entregar-se. A chama do desejo se apoderou dele, que a pegou pela cintura e a beijou ardentemente. Ela não impôs nenhuma resistência. Por alguns instantes, ele pensou que tinha nos braços a mulher que o forçara a tomar uma atitude que não queria, e o desejo misturou-se à raiva, mas ainda assim ele a queria e iria tê-la. O corpo de ambos se envolveu com pressa, com ânsia, instintivamente.

Quando estavam saciados e exaustos, Fabiano, sem dizer uma só palavra, entrou embaixo da ducha e depois saiu do banheiro, deixando Luciana cansada e desorientada.

Ela permaneceu muito tempo aproveitando a água morna enquanto colocava suas ideias em ordem. Ela o havia tido em seus braços, mas não houve amor, não houve romance, ele a possuiu sem qualquer sentimento. Isso a deixou furiosa, mas se ele queria medir forças, iria se arrepender.

Quando ela saiu do quarto e foi para a sala, ele estava sentado, bebendo um vinho e ouvindo música. Ela, muito calma, entrou no ambiente, serviu-se de uma taça de vinho e falou:

— Amanhã cedo vou para o escritório e quero que você me acompanhe.

— Não tenho o que fazer lá. Prefiro ficar aqui, acho que vou à praia.

Ela deu um gole na bebida, olhou para ele com ar de superioridade e disse:

— Quero que esteja pronto às oito horas.

— Você não entendeu. Não vou a lugar nenhum com você.

— Quem não está entendendo é você. Vai sair comigo porque eu estou dizendo que será assim.

Ele deu uma risada:

— E por que deveria?

— Porque se não fizer as coisas como eu estou dizendo, você pode arrumar suas malas agora, e ir encontrar-se com seu pai no hotel. Vou mandar encerrar a conta e vocês voltam hoje mesmo para São Paulo, e futuramente para uma comunidade.

Fabiano sentiu o rosto enrubescer. Deu dois grandes goles na bebida, levantou-se pisando forte e falou com a voz entrecortada pela raiva:

— O que você quer de mim? O que vou fazer no escritório? Não entendo nada de moda. Você não precisa de mim.

— De fato, eu não preciso de você. Mas você terá de se ocupar de algum trabalho, e é isso que vamos providenciar amanhã.

— Eu? Trabalhar para você? Nunca!

— Deixe de fazer drama. Está parecendo um menino mimado. Você vai trabalhar no que eu achar que é mais conveniente e adequado. E ponto final. Não temos o que discutir.

Ele encheu novamente a taça e perguntou:

— Onde eu vou dormir? Não espera que eu divida a cama com você posando de marido feliz, não é? — ele estava certo que ela pediria para que ele ficasse ao seu lado.

Ela riu:

— Você é um tolo. Até seu pai vir para cá, você dorme no quarto de hóspedes, que tem duas camas de solteiro. O outro, com a cama de casal, ficará para seu pai. Mas assim que eles entrarem aqui, você se muda para o nosso quarto. Afinal, se estamos casados dormiremos pelo menos no mesmo ambiente. O que seu pai iria pensar? Mas até lá, também não quero sua companhia.

Ele colocou de forma rude a taça na mesa e foi para o quarto, não aparecendo mais até o fim do dia.

De lá ligou para o pai:

— Alô, pai?

— Meu filho, como você está?

— Péssimo! Eu não sei quem é essa Luciana que está aqui. Não consigo ver nenhuma relação dela com aquela com quem cresci em nossa casa.

— Tenha calma, meu filho. Muitos anos se passaram e não sabemos nada sobre ela nesse período. Temos de ter paciência.

— Não vai dar, meu pai. Não é possível! Tem de ter alguma outra saída digna para que o senhor resolva nossa situação.

— Não tem. Nosso prejuízo foi total. Não sei como pude ser tão ingênuo e acreditar em saídas milagrosas nos momentos de crise. Eu, que sempre fui tão equilibrado e sensato nos negócios! Mas, também, se sua mãe estivesse ao meu lado, com certeza nada disso teria acontecido. Ela saberia me abrir os olhos e me fazer ver os erros que eu estava cometendo. Ao contrário de Laís, que só se preocupou em gastar cada vez mais e manter as aparências.

— Por falar nisso, ela está aí? Está ouvindo isso?

— Claro que não. Ela por acaso iria ficar sossegada aqui no hotel enquanto penso quais passos darei a seguir? Foi para a rua, provavelmente se entreter com algum tipo de futilidade. Apesar que sem dinheiro fica mais difícil para ela.

— Pai, desculpe o que vou lhe falar, mas o senhor tem razão. Desde que Laís entrou em nossa vida, tudo mudou, e para pior. Ela não teve a menor consideração pelo senhor durante esse tempo em que as coisas começaram a ficar ruins.

Arthur deu um suspiro. Do outro lado do quarto, sem que ele imaginasse, Olívia e Saulo observavam tudo. Ela disse ao amigo:

— Você vê, Saulo, no que uma vida sem a estrutura do amor se transforma? Arthur casou-se com Laís por carência física e psicológica, e ela casou-se com ele por *status* e dinheiro. Fabiano a recebeu bem porque ela convinha aos interesses dele, a princípio. Quando cada um começou a perder sua motivação, as relações começaram a se deteriorar rapidamente. E é assim sempre que existe uma união movida por interesses materiais e físicos. Por esse motivo, muitas paixões terminam em tristezas ou até tragédias. É a falta do amor verdadeiro. Isso é muito triste.

Arthur continuou:

— Meu filho, fiquei encantado com Laís desde que a vi pela primeira vez, mas com o tempo percebi que eu sentia uma imensa atração física por ela. Seus valores não correspondiam aos meus, nem tampouco seus objetivos. Mas quando percebi tudo isso, achei que era tarde demais para mudar alguma coisa.

— Mas ainda está em tempo, pai. Separe-se dela. Vamos cuidar de nossa vida, sem Laís e sem Luciana.

— Não é momento de tomarmos nenhuma atitude drástica. A hora certa vai chegar. Foi uma lástima, mas na situação em que estamos, não nos resta alternativa.

— O senhor não está entendendo, Luciana está insuportável. O senhor não vai aguentar conviver com ela.

— Fabiano, você não leu o contrato que assinou no cartório?

— Sei lá, acho que li.

— Meu Deus! Eu li e achei que você estava ciente também.

— O que tem esse contrato? Não era só o contrato normal de casamento?

— Você está mesmo muito perturbado. Você assinou um contrato pré-nupcial.

— E o que isso significa? O que dizia? Eu não li.

— Dizia que se você largar Luciana antes de completarem um ano de casados, não terá nenhum direito legal sobre os bens dela e que ainda terá de pagar-lhe uma indenização por danos morais. Depois de um ano, você pode sair do casamento sem problemas, mas com direito apenas a uma pensão por tempo determinado, se não tiver meios de se manter.

Fabiano levou a mão à cabeça desesperado:

— Eu assinei isso? Como fui burro! Por que não li antes o que estava assinando?

— Não adianta se lamentar, meu filho. Não ia adiantar. Mesmo que você tivesse o cuidado de ler, teria de fazer do jeito dela. Ela está irredutível em sua posição.

— Sinto vontade de acabar com ela!

— O que é isso? Não diga uma coisa dessas. Você está exaltado e não consegue analisar a situação friamente. Mas não repita nunca mais uma coisa assim. No fim das contas, ela está nos ajudando e eu conseguirei me reerguer. Além disso, Fabiano, ela o ama.

Fabiano deu uma sonora gargalhada do outro lado da linha:

— O senhor só pode estar brincando. Vai ver quando estiver aqui. Essa mulher não me ama. Ela não fez outra coisa senão me humilhar desde que chegamos. Ela quis esse casamento para demonstrar seu poder. Ela não era ninguém, não tinha nada, era filha da empregada e conseguiu chegar aonde chegou. Agora tem de destilar seu veneno e pisar nos outros para mostrar o quanto é poderosa. Só isso.

— Não sei, meu filho. Acho que devemos aguardar os acontecimentos. Procure manter a calma. Daqui a alguns dias estarei aí e conseguiremos superar esse momento. Tenho de deligar. Laís está chegando. Fique calmo filho e, por favor, procure conter-se.

— Vou tentar, pai. Farei isso por você. Até amanhã.

Quando Laís entrou, Arthur estava colocando o telefone no gancho. Ela perguntou curiosa:

— Com quem estava falando?

— Com Fabiano!

Ela disse se divertindo e carregada de ironia:

— Ele ligou em plena lua de mel? As coisas não devem estar muito boas por lá.

Arthur franziu a sobrancelha e deu um murro na mesa:

— Chega de suas futilidades, Laís. Não me aborreça porque tenho coisas sérias a decidir.

Ela se sobressaltou com a reação do marido, mas não se deu por vencida:

— Isso é que dá se meter com gentinha. Tanto que eu avisei sobre essa mulher. O que adianta ter dinheiro?

Falta-lhe classe, cultura e elegância. Falta-lhe berço. Aposto que já começou a infernizar a vida de Fabiano.

Arthur virou-lhe as costas e trancou-se no banheiro sem sequer responder.

Ela sentou na cama e começou a rir sozinha, imaginando o que estaria acontecendo na casa de Luciana. Lembrou-se do encontro no cartório e pensou: "Como aquela empregadinha ousou falar comigo daquele jeito? Em outros tempos eu a teria punido como merecia! Mas agora, a situação é diferente. Tenho de ter sangue-frio para não fazer besteira. Ainda podemos arrancar um bom dinheiro dessa pobre coitada. Ela pode estar rica, milionária, mas é a mesma burra de sempre. Isso jamais vai mudar... Eu estava com tanto ódio de ter de ir para aquela casa... Mas, pensando melhor, pode ser divertido! Além do que, continuarei perto de Fabiano. Já que não posso tê-lo... A vida dela ao lado dele será um inferno! E eu darei minha humilde colaboração".

Assim, sentiu-se animada e leve com a perspectiva dos próximos dias. Se antes ela queria morrer ao pensar em ter de morar com Luciana e ver o homem amado em seus braços, agora contava as horas para que esse dia chegasse logo.

vinte e cinco

Intrigas

Luciana colocou Fabiano para trabalhar ao lado de Mário, como seu assistente, o que desagradou muito a seu funcionário de confiança e mais ainda ao marido. Em uma conversa particular, ela orientou seu administrador a não passar nenhuma função importante para Fabiano. Ela queria que ele se ocupasse e ficasse ao alcance de seus olhos, mas não confiava nele para atribuições de muita responsabilidade e não queria lhe passar nenhum tipo de poder.

Mário, como sempre, nem pensou em questioná-la, apenas faria o que ela ordenasse. Ele e Suzanne haviam ido ao teatro e começaram a se aproximar mais um do outro. A moça estava começando a sentir seus sentimentos pelo colega mudarem. Mas ainda era cedo para que ela tivesse alguma perspectiva com relação aos dois. Mário também se sentia cada vez mais próximo dela. Durante o expediente sempre achavam um tempo para conversar um pouco.

— Suzanne, que situação essa na qual Luciana me colocou! O marido da minha chefe é meu assistente e tenho de ficar de olho nele. Acredita que ele mal me dirige a palavra? Fica naquela mesa, no computador o dia todo, não sei fazendo o quê, também nem me envolvo. Passo vez ou outra algum documento sem muita importância para ele organizar ou redigir, e só. A situação é muito constrangedora!

— Eu imagino como você está se sentindo, mas acredito que isso será passageiro. Luciana está passando por um momento muito delicado e devemos apoiá-la.

— Claro que sim, jamais pensei de outra forma. Apenas não consigo entender por que ela está fazendo tudo isso. Depois que casou vive tensa, e quando está com o marido, o clima é sempre estranho.

— Não nos cabe julgar as atitudes dela, que tem suas razões.

— Está certo. Mas tenho lembrado muito das conversas que já tive com Júlia e ela sempre afirmou que qualquer comportamento norteado pelo rancor gera infelicidade e fere ainda mais a pessoa. Sei que tudo o que está acontecendo hoje é reflexo do passado deles, mas é o que Júlia diz: deve-se sempre buscar a reconciliação. O perdão eleva o espírito. Mas o perdão verdadeiro, dado de coração. Quem vê Luciana casada com Fabiano pensa até que existe o perdão entre eles, mas você já reparou como ela o trata? Eu, no lugar dele, não aguentaria.

— E Júlia diz também uma coisa que gosto muito: "O perdão, quando dado de maneira grandiosa e nobre, conquista até os corações mais empedernidos". Eles ainda poderiam ser felizes juntos se quisessem.

— Quem sabe isso não acontece um dia — disse Mário, descrente das próprias palavras. — O que eu sei é que é importante nos renovarmos e buscarmos viver em harmonia. Às vezes, a felicidade chega sem que esperemos, como uma boa surpresa.

Suzanne sentiu-se corar diante do olhar profundo de Mário e ele percebeu naquele instante que algo muito maior estava de fato nascendo entre eles, o que o deixou muito feliz.

*

Arthur e Laís já haviam se mudado para o apartamento de Luciana, e Fabiano ficou aliviado por estar com o pai ao seu lado. Mas a presença de Laís também lhe desagradava, e quando ela estava presente o ambiente sempre ficava carregado.

Jantavam poucas vezes todos reunidos em casa, mas quando isso acontecia, invariavelmente surgia alguma situação de tensão. Luciana procurava ser muito carinhosa com Fabiano, o que o deixava muito irritado, pois na intimidade dos dois não era assim que ela agia. Mas fazia isso principalmente depois que percebeu o quanto aquilo irritava Laís, que, por sua vez, tentava ser gentil para impressionar Arthur e por achar que Luciana acreditaria nas suas boas intenções. Mas Luciana sempre procurava alguma palavra, sutil ou não, que demonstrasse seus reais sentimentos para com ela. Em um jantar, Arthur conversava com Luciana animado com algumas perspectivas que estavam começando a surgir, quando ela falou para Laís:

— Bem, acho que agora já passou da hora de você mostrar que é uma mulher de verdade e fazer algo para ajudar seu marido. Mulheres de fibra agem assim.

Arthur, no íntimo, gostou do que ouviu, igualmente Fabiano. Laís teve de se controlar.

— Eu tento ajudá-lo, mas no ramo dele não há nada que eu possa fazer. Não entendo de seus negócios.

— Você é mais inteligente que isso, presumo — disse Luciana com sarcasmo. — Refiro-me a ajudá-lo mantendo as contas em ordem, não gastando dinheiro desnecessariamente, apoiando-o sempre que ele precisar e, principalmente, não lhe criando problemas.

— Acho uma indelicadeza de sua parte dirigir-se dessa forma a mim.

— E eu acho que você deveria procurar um emprego. Posso providenciar isso rapidamente.

— Há anos não trabalho, deixe de bobagens. Quem iria me querer profissionalmente após tantos anos?

— O mercado está aberto para quem não fizer corpo mole, mesmo para alguém da sua idade.

Laís fulminou Luciana com o olhar e, em seguida, olhou para Fabiano, que ignorou a madrasta, intimamente achando tudo aquilo muito divertido.

Luciana continuou:

— Amanhã mesmo vou cuidar disso. Não vou garantir que consiga um cargo de projeção, mas já que você diz que está sem experiência pelos anos de inatividade, acho que até como recepcionista em alguma clínica possa ser satisfatório.

Laís virou-se buscando ajuda:

— Arthur, o que você acha? É uma situação absurda essa que ela me propõe, não é?

— Não, Laís! Acho que Luciana tem toda razão e meu apoio.

Laís calou-se resignada, mas tomada pelo ódio.

Nos dias que se seguiram, Luciana fez uma série de contatos e agendou várias entrevistas para Laís com a ajuda de Suzanne. Em todas, o resultado não foi o esperado e tudo indicava que Laís sempre dava um jeito de ser recusada para qualquer vaga.

Luciana percebeu a artimanha da outra e um dia a chamou no escritório:

— Vejo que você está tendo realmente dificuldades em se colocar no mercado de trabalho.

Laís fez-se de desentendida e atuou como nunca:

— Pois é, Luciana. Foi o que eu lhe disse! Há anos não tenho prática em nenhum trabalho e as pessoas procuram profissionais mais experientes.

Luciana recostou-se na cadeira imponente e disse com calma:

— Você tem razão. Eu não deveria ter insistido nisso marcando tantas entrevistas. É melhor deixarmos essa ideia para lá.

Laís respirava triunfante quando Luciana prosseguiu:

— A partir de amanhã você começa a trabalhar aqui. Você sempre me ensinou tantas coisas, lembra? Como queria me ajudar a aprender a servir bem, organizar as tarefas domésticas. Você lembra, Laís?

Laís sentiu o rancor nas palavras de Luciana e temeu pelo que viria:

— Realmente eu só queria ajudar.

— Eu sei — respondeu Luciana com ironia — é por esse motivo que sei também que você entende muito desse assunto, e vai ficar responsável pelos empregados daqui. Todos são muito bons, mas é importante que aprendam sempre mais. Vai ser uma espécie de chefe da governança ou algo assim.

Laís não conseguiu conter a irritação:

— Eu? Governanta? Você deve estar brincando. Isso está passando dos limites.

— Você pode deixar minha casa hoje mesmo sem problemas. Eu não a estou forçando a nada. Imagine se eu iria impor alguma coisa. A escolha é sua, e você é livre para decidir.

A animosidade entre as duas não tinha mais razão para ser camuflada; estava declarada. Laís levantou-se com muita raiva:

— Cansei desse joguinho! Desde o início eu vi que suas intenções eram as piores enquanto fingia ser a boazinha querendo ajudar Arthur. Não sei o que se passa na cabeça dele e de Fabiano para aguentarem isso, mas fique certa: você vai me pagar. O mundo dá voltas e você não vale nada!

— Ah, finalmente a Laís que sempre conheci! Sabia que você não aguentaria segurar sua arrogância por muito tempo. Mas você não percebeu que o mundo já deu sua volta, e hoje, sua opinião a meu respeito não me interessa de forma alguma. E como você dizia antigamente, ou faz do jeito que eu digo, ou quem vai para a sarjeta desta vez será você. Tem alguma dúvida quanto a isso?

Laís saiu batendo a porta e Luciana ficou se deliciando com o que acabara de acontecer.

Desse dia em diante, Laís passou a trabalhar na empresa de Luciana, que ainda por cima a obrigou a usar um uniforme, o que a deixou mais furiosa. Laís procurava encontrar mil maneiras de fazer intrigas entre Luciana e Fabiano, entre os funcionários da empresa, mas tudo de forma sutil. Muitas vezes entrou sorrateiramente na sala de Mário e desarrumou documentos que ficaram sob a responsabilidade de Fabiano. Luciana sempre o chamava de irresponsável na frente de todos, acusando-o de ser desorganizado, o que ele rebatia dizendo que não tinha sido culpa dele, pois o que fazia era direito. Mário se ofendia porque parecia que Fabiano tentava colocar a culpa nele, mas Luciana confiava em Mário e sabia que ele não era de cometer erros.

Em outras ocasiões, Laís procurava instigar Fabiano a sair à noite, o que deixava Luciana muito irritada, porque muitas vezes ele agia como na época de solteiro, saindo para beber e chegando muito tarde. Ele sabia que Laís estava criando intrigas, mas vivia cansado de Luciana e da forma como o tratava, e acabava aceitando as ideias de Laís.

Um dia estavam no escritório quando Laís falou na frente de todos que voltavam do horário de almoço:

— Fabiano querido, ontem fui ao *shopping* depois que saí daqui e você nem imagina quem encontrei e perguntou por você.

— Não tenho a menor ideia — respondeu ele com desinteresse, mas Luciana ficou bastante atenta.

— Laura, a filha de Vera, lembra-se dela? Está de férias aqui no Rio. Separou-se do marido e ficou muito feliz em saber que você está bem. Pediu que lhe dissesse que gostaria de vê-lo. Afinal, foram amigos na adolescência.

Querendo atingir Luciana, Fabiano respondeu:

— Ah, Laura, uma boa amiga. Quem sabe não consigo um tempinho para vê-la?

Luciana fez sinal para que ele a acompanhasse, entrou em sua sala e fechou a porta:

— Como você me desrespeita assim na frente de todos? Eu não admito isso!

— Laura é apenas uma velha amiga. Não lhe faltei com o respeito.

— Você não vai se atrever a encontrar essa mulher.

— Luciana, você conseguiu o que queria. Manteve-me ao seu lado mesmo contra minha vontade. Tem me humilhado sempre que pode, faz questão de se mostrar superior. Mas você não vai me escravizar. Se eu quiser ver Laura vou vê-la e você faça o que quiser! Estou cansado!

Assim, ele saiu, deixando-a corroída pelo ciúme e pela audácia dele.

Laís, percebendo a briga entre os dois, ficou feliz por ter instigado a discórdia e ter alcançado seu intuito.

Quando os ânimos já estão alterados, alguém mal-intencionado sabe exatamente como atiçar a chama. Uma vida cercada de desconfianças, de sentimentos negativos, de falta de amor é uma trilha aberta por onde passam facilmente pessoas prontas para desestabilizar ainda mais o que já é frágil. Existem os que agem assim na Terra, e os que agem assim no mundo espiritual. Quando estamos desatentos, desligados de uma vida espiritual equilibrada, caímos nas armadilhas, e o que poderia ser facilmente contornável, toma sempre dimensões muito maiores. Laís sabia da fragilidade da relação de Luciana e Fabiano, e não estava difícil se aproveitar disso. Por enquanto, ela estava levando uma pequena vantagem alcançada dia a dia por meio de suas intrigas. Mas ela queria mais.

*

A situação na casa de Luciana estava ficando totalmente fora de controle e sua obsessão por vingança a estava transformando em uma pessoa cada vez mais amarga e sem limites.

Arthur e Suzanne eram os únicos que percebiam as alterações pelas quais ela passava, e estavam muito preocupados. Em um encontro, Arthur demonstrou a Suzanne sua apreensão:

— Sei que você é a melhor amiga de Luciana, e gostaria que acreditasse em minhas boas intenções. Recebi essa menina em minha casa ainda bebê, e a mãe dela foi quem cuidou de mim e de Fabiano durante muitos anos. Preocupo-me verdadeiramente com ela.

— Eu sei, sr. Arthur. Luciana me contou tudo sobre os anos que passou em sua casa. Inclusive a forma como teve de sair de lá.

Ele a olhou intrigado:

— Sei que alguma circunstância estranha resultou nesse episódio da saída dela de minha casa. Tudo foi repentino e sem sentido. Mas na época eu estava enfrentando meus primeiros problemas na empresa e fui relapso com relação a tudo. Mas acredite: não faço ideia do que de fato causou a saída dela e de Rita daquela maneira.

Suzanne sentiu um impulso de lhe contar tudo, mas conteve-se. Luciana não iria perdoá-la:

— É melhor deixar o passado no esquecimento. Não convém remexer velhas feridas.

— Entendo que você não queira fazer nenhum comentário a respeito. Mas Luciana está com muita raiva de Fabiano, casou-se com ele por capricho, está querendo descontar alguma coisa. Eu não sabia que eram namorados naquela época. Acredito que ela o ame, e embora ele esteja muito revoltado, acho que o sentimento dele por ela não acabou. Precisamos ajudar esses dois.

— Realmente acho que Luciana precisa de ajuda, mas é melhor não nos envolvermos. Ela não admitiria nenhuma interferência de nossa parte.

— Quanto a Laís nem falo nada. Você vê, com certeza, as duas se odeiam. E é nítido que Luciana também quer se vingar dela. Isso não me importa. Infelizmente, descobri que Laís não era o que eu pensava, e assim que minhas preocupações com os negócios passarem, vou tomar minhas providências e pôr um fim nesse casamento. Mas temo mesmo por Luciana, por Fabiano. Isso tudo está indo longe demais.

— Eu acredito na sua sinceridade e posso dizer-lhe apenas uma coisa: no íntimo, Luciana o admira, tenha certeza disso. E ela ama Fabiano, sim. Acho que com o tempo eles vão acabar se acertando, mas primeiro ela precisa resolver as mágoas que traz no coração. Mas, sr. Arthur, com Laís o problema é mais grave! Não sei o que pode acontecer.

— Vamos ficar atentos, Suzanne. Estou muito preocupado e conto com sua ajuda.

Selaram o pacto de confiança naquele momento, sem imaginarem que o futuro reservava problemas bem mais sérios.

Fabiano acabou cumprindo o que falara para Luciana e foi encontrar-se com Laura. Sua ideia era apenas revê-la como amiga, e da parte de Laura também não havia nenhuma outra intenção. Esse encontro foi monitorado por Laís, que procurou saber o dia e a hora marcados. O ambiente onde Laura esperava por Fabiano era movimentado e alegre, e não foi difícil para Laís ocultar-se em meio aos clientes que transitavam animados de um lado a outro. Quando viu Laura e Fabiano juntos, não desgrudou nem por um instante os olhos do casal e frustrou-se ao ver que o clima entre eles era de fato amigável, nada mais. Mas não desistiu e, em determinado momento, Laura colocou carinhosamente as mãos no rosto de Fabiano, dando a oportunidade que Laís esperava. Ela puxou rapidamente o celular da bolsa e começou a tirar várias fotos. Sorrisos, um abraço, gestos que fora do contexto poderiam indicar algum envolvimento.

Quando Fabiano chegou a casa a madrugada já avançava e Luciana estava impaciente e acordada em seu quarto. Laís, assim que conseguira fotos suficientes, foi embora sem que eles tivessem notado sua presença. Não queria chegar tarde e ter de responder a um verdadeiro interrogatório de Arthur, que pouco se importava com ela, mas que ainda era sua mulher e tinha a obrigação de manter um comportamento correto e digno.

Quando Fabiano entrou no quarto e deparou com Luciana, demonstrou de imediato sua contrariedade:

— Era só o que me faltava! Vai começar a controlar meus horários também? Por que não está dormindo? — disse ele com a voz pastosa; não estava embriagado como das outras vezes, mas o álcool que consumira durante a noite o deixara com uma moleza característica dos efeitos da bebida.

Luciana respondeu quase de maneira rude:

— Não vou admitir que você continue com esse comportamento.

Ele deu de ombros e começou a se despir sem lhe dar atenção. Luciana ficou mais irritada ainda:

— Você está ouvindo o que estou falando? Somos casados e exijo respeito. Onde você estava até uma hora dessas?

Ele deu um sorriso zombeteiro:

— Minha querida esposa, apenas fui encontrar com alguns amigos. Qual o problema?

— O problema é que sou uma pessoa conhecida e não quero comentários sobre minha vida pessoal. Os *paparazzi* estão por toda parte e você é um prato cheio para eles. Pouco me importa o que você faz da sua vida, mas não me envolva em escândalos.

Ele deu uma gargalhada:

— Escândalo? Nem com muito esforço eu conseguiria transformar essa sua vida vazia e sem emoção num escândalo.

Aquelas palavras doeram em Luciana:

— Você está embriagado! Quem é você para falar da minha vida? Você não sabe de nada!

Fabiano percebeu que atingiu em cheio a vaidade e o orgulho dela, e era a primeira vez que sentia que dominava a situação. Sua raiva por tudo o que ela havia feito no passado, que ele acreditava ser verdade, e o que estava fazendo agora, motivaram-no a continuar:

— Eu não sei? — falou mais alto para que ela se calasse e diminuiu o tom da voz em seguida — claro que sei. Sei que você é uma mulher amargurada, seca e fria. O que você fez da sua vida não me interessa, mas seja lá o que tenha sido, transformou-a numa mulher de pedra, um tanque que só quer destruir o que vê pela frente. Você não sorri, seus olhos são opacos e você carrega na alma um ranço visível a qualquer um. Você não ama nem desperta o amor em ninguém; não me admira que tenha ficado sozinha. Você não atrai nenhum homem, não é mulher, não é sensual, não é delicada. Parece um robô, sem vida e sem emoção. Você me dá pena!

Quando concluiu, Fabiano já estava preparado para o revide de Luciana, mas, para sua surpresa, ela sentou-se na cama e permaneceu calada e imóvel. Ele estava irado com tudo o que acontecera desde que se reencontraram, mas sempre foi pessoa de boa índole, bem-educado por Arthur, e se arrependeu de ter falado daquela maneira. Esperou um pouco para ver o que Luciana faria, e como ela permanecia do mesmo jeito, foi até o banheiro, tomou uma chuveirada rápida e voltou para o quarto, onde ela continuava do mesmo jeito. Realmente, ele sentiu que havia passado dos limites. Aproximou-se dela e disse:

– Desculpe! De verdade! Não importa o que esteja acontecendo entre nós. Nada me dá o direito de ser tão grosseiro.

Ela não olhava para ele. Ele sentou-se ao seu lado na cama, e com suavidade puxou o rosto dela:

– O que nós fizemos da nossa vida? Estamos nos consumindo em meio a tanto rancor. Nossa vida está um inferno!

E pela primeira vez, desde que se reencontraram, Fabiano viu luz nos olhos de Luciana, e nesse brilho, reconheceu a namorada da adolescência, e também, em muito tempo, sentiu seu coração pulsar como da primeira vez que saíram juntos. Perguntou novamente com a voz embargada:

– Por que Luciana? Por que tudo isso?

– Eu tinha tantos planos para o futuro naquela época. Tantas esperanças. Você me roubou tudo. Você e seu preconceito.

— Meu Deus, Luciana, eu já admiti que errei com relação a isso. Fui imaturo e não segui o exemplo de meus pais, que sempre respeitaram a todos da mesma forma, independente da classe social. Mas você poderia ter esperado, não precisava fazer o que fez, envolver-se com outro daquele jeito só para se vingar. E ainda engravidar dele! Como você queria que eu me sentisse?

Ela teve vontade de contar a ele todas as suas suspeitas sobre as armações de Laís, mas não tinha como comprovar nada do que diria e achou melhor se calar. Quando ele mencionou a gravidez, lágrimas desceram pelo rosto de Luciana. Não havia um único dia em que não pensasse na filha, na pequena Leila e na forma como teve de abandoná-la. Rezava por ela diariamente, pedindo a Deus que a protegesse e lhe desse um bom futuro. A lembrança da filha, a presença de Fabiano ali, tão honestamente desarmado, aqueceram seu coração até então congelado pela vingança.

— Não vamos falar do passado, agora. Coisas horríveis aconteceram e para enfrentar e sobreviver a tudo, tive de ser forte e determinada.

— Luciana, você não se transformou numa mulher forte, mas sim em alguém que carrega muito ódio no coração.

— Você não sabe nada do que passei, não tem o direito de me julgar.

— E você não imagina o que sofri quando você partiu! — ele disse, abrindo seu coração como nunca imaginou fazer. — Sofri porque a amava de verdade; vivi anos com a dúvida se o filho que esperava era meu ou não; sofri quando me dei conta de quão estúpido fui, agindo de forma preconceituosa, deixando a mulher que eu queria ao meu lado sair da minha vida. E sofri porque não tinha a menor ideia de onde você estava e jamais consegui encontrá-la para dizer tudo isso.

Luciana não conseguia controlar a emoção e ele prosseguiu:

— O que você pensa, Luciana? Não imaginava nada disso, não é? Pois foi por tudo isso que retomei meu estilo de vida, tendo muitas mulheres e passando as noites na farra com os amigos. Nesses momentos, eu conseguia esquecer um pouco a dor que carregava na alma. Pelo amor de Deus, Luciana, eu também sentia falta de Rita. Ela foi como uma mãe para mim. Você acha que não sofri durante todos esses anos?

Luciana estava confusa e queria dominar seus sentimentos naquele momento. Não podia esmorecer, ela havia chegado até ali, tinha de ir até o fim e se vingar. Sua respiração estava pesada e ela lutava para controlar a situação. Fabiano tocou de leve em seus cabelos dizendo:

— Não precisa me dizer nada agora. Mas nós dois fomos vítimas de nós mesmos, da nossa falta de equilíbrio emocional, da falta de valores como confiança, integridade e respeito ao outro. Mas agora estamos mais maduros, e talvez ainda dê tempo para recomeçarmos. Se não for possível fazermos isso como um casal, faremos de outra maneira. Mas o sofrimento pelo qual passamos tem de servir de aprendizado, caso contrário, terá sido em vão. O sofrimento deve ser usado como conhecimento para amadurecer e tornar a alma grande, e não como combustível para alimentar o ódio. Lembro que meu pai sempre disse que minha mãe falava isso sempre.

Luciana estava sentindo o amor expandindo-se por todo seu corpo e alma! Abraçou Fabiano, que retribuiu o carinho com um abraço intenso, seguido de um beijo com sabor de urgência, de desejo e de angústia.

Naquela noite, o corpo de ambos voltou a ser um. Entrelaçaram-se rompendo o fio que teceu o manto que encobrira o amor do passado. Rasgaram as cortinas do tempo e se amaram como dois jovens apaixonados, redescobrindo o prazer do toque, da palavra doce sussurrada ao ouvido, do êxtase compartilhado e do aconchego sereno e silencioso que os uniu até o amanhecer.

vinte e seis

Uma luz

O café da manhã estava servido e Laís e Arthur comiam no silêncio costumeiro. Laís estava estranhando a demora de Luciana e Fabiano, que sempre eram os primeiros a chegar para o desjejum. Mas não demorou e Fabiano apareceu desejando bom-dia de forma agradável e até bem-humorada, o que deixou a madrasta intrigada. Pouco depois, Luciana também chegou com seus modos habituais, apenas um pouco mais calada. Laís sentia que algo estranho estava no ar, e percebeu uma troca de olhares entre Fabiano e Luciana, que não conseguiu definir. Mas o clima a estava incomodando e ficaria de olho nos dois.

Luciana bebeu apenas um copo de suco e falou:

— Fabiano, vou indo para o escritório. Preciso chegar logo para analisar uns modelos para a próxima coleção e nessas ocasiões gosto de me fechar e trabalhar sem ser incomodada. Até a noite.

Fabiano apenas respondeu:

— Não tenho nada urgente, então seguirei mais tarde.

Ela assentiu com a cabeça, despediu-se de todos e retirou-se.

Arthur saiu em seguida, alertando Laís para que não se atrasasse para o trabalho.

Vendo-se sozinha com Fabiano, exultou pela rara ocasião e começou a provocar uma conversa:

— E então, Fabiano, como foi sua noite? Encontrou-se com Laura?

— Sim, nós nos vimos e foi muito bom rever minha amiga de adolescência.

— Que ótimo! O que achou dela? Está muito bonita, tenho certeza de que você reparou. Conte-me como foi a noite.

Fabiano se incomodou com o assunto e falou:

— Laís, sinceramente acho que esse assunto não lhe interessa. E também não há nada para contar. Foi apenas um encontro de velhos e bons amigos. Agora, se me dá licença... — jogou o guardanapo em cima da mesa e foi para o quarto.

Laís ficou furiosa e imaginou onde ele colocaria aquela arrogância na hora que sentisse os efeitos da bomba que ela estava preparando.

Luciana estava muito confusa com tudo o que acontecera na noite anterior. Seu amor por Fabiano permanecia intacto, estava até mais intenso, talvez devido aos anos de sofrimentos e afastamento. Mas ela não esquecia a mágoa que ele lhe causara, e não se permitia perdoá-lo. Quando Suzanne chegou, ambas conversaram muito, e ela deu sua sincera opinião:

— Não consigo ver as coisas como você. Acho que devemos agir conforme nosso coração. Você ama Fabiano, então viva esse amor. Conte-lhe tudo o que aconteceu, suas suspeitas sobre Laís, fale sobre Leila e, acima de tudo, perdoe.

Luciana fazia que não com a cabeça seguidamente.

— Não posso, Suzanne. Ele me feriu muito, destruiu todos os meus sonhos. Como posso perdoá-lo? Ele tem de sofrer o mesmo que eu sofri.

— Você está errada. Seu coração já o perdoou há muitos anos. Você está seguindo sua cabeça, que lhe incutiu essa ideia de vingança. Será que não percebe que dessa forma está sofrendo com ele? Será que não vê que está prolongando seu próprio sofrimento e que isso não vai levar a nada? Dê uma chance de finalmente ser feliz. Por que todos acham que é obrigatório revidar uma ofensa, devolver um mal causado por alguém?

Nesse momento bateram à porta e Júlia entrou:

— Desculpem entrar dessa forma, mas não havia ninguém lá fora.

Suzanne ficou feliz ao ver Júlia:

— Entre, querida; chegou em ótima hora. Eu e Luciana estávamos tendo uma conversa bem interessante.

— Olá, Luciana. Como você está? E sobre o que falavam?

— Como vai, Júlia? A Suzanne estava me dizendo que não se deve pagar o mal na mesma moeda, coisa da qual discordo, e você sabe disso.

Júlia sentou-se, olhou para as duas e entrou na conversa:

— Eu sei exatamente como você pensa, Luciana. Mas tenho de concordar com Suzanne. Se agimos como alguém que nos fez algum mal, estamos nos igualando a essa pessoa, não acha? E como podemos criticar alguém que nos inspira a agir da mesma forma?

— Não é essa a questão. Mas quem faz o mal não deve ficar impune. Acho que qualquer vítima tem o direito de querer vingança — disse Luciana com convicção.

Júlia ajeitou-se na cadeira e Suzanne estava atenta.

— Não existem vítimas. Se você olhar a vida como nós, espíritas, olhamos, com a compreensão do passado e as vistas do futuro, vai entender que todas as coisas pelas quais passamos resultam de nossas próprias atitudes ou até da ausência delas. Se você revida o ódio e o rancor da mesma forma, não estará sendo tão desprezível quanto aquele que lhe causou o mal?

— Então é assim? Temos de ser amigos de quem nos prejudicou?

— Não falo em amizade, mas em perdão sincero, o que torna aquele que perdoa infinitamente superior ao seu adversário. Enquanto nos ocupamos de vinganças deixamos de crescer e construir nossa vida. O perdão de fato engrandece as pessoas enquanto a vingança as rebaixa e traz sofrimento.

As três amigas ainda conversaram por um tempo até que Júlia decidiu ir embora. Quando ela saiu, Suzanne disse para Luciana:

— E então? Depois de ouvir Júlia, você não concorda que está na hora de desistir de tanto ódio? Livre-se de Laís, tire-a de sua vida porque você não é obrigada a conviver com ela, mas desista de vingança e viva feliz ao lado do homem que ama.

— Na verdade, Suzanne, fiquei emocionada com a atitude de Fabiano ontem. Talvez vocês estejam certas. Estou cansada também e quem sabe não vale mesmo a pena esquecer? Mas Laís vai receber o que merece. E, apesar da noite passada, ainda não estou totalmente certa da sinceridade de Fabiano. Preciso de um tempo. Mas ele estava tão carinhoso, tão amável... Foi tudo tão lindo!

Durante o dia, Luciana tentava focar sua atenção no trabalho. Fabiano, quando chegou, passou na sala da esposa para ver como ela estava. Ambos trocaram algumas palavras carinhosas, mas não tiveram nenhuma aproximação maior. Ela realmente estava muito dividida e não tomaria nenhuma atitude precipitada.

Perto do fim da tarde, quando quase todos já haviam deixado o escritório, Suzanne avisou que um mensageiro gostaria de ver Luciana. Ela, a princípio, negou-se a recebê-lo por não saber qual era o assunto, mas ele insistiu que precisava vê-la. Tinha uma encomenda importante que só poderia ser entregue a ela. Acabou fazendo-o entrar e recebeu das mãos do jovem rapaz um envelope amarelo sem nenhuma indicação de conteúdo e remetente.

Dispensou o mensageiro e abriu o envelope com curiosidade. Teve uma vertigem quando viu as fotos de Laura e Fabiano. Começou a tremer de raiva, pegou o interfone e ligou para a sala de Fabiano. Quando ele atendeu, ela disse com uma voz severa:

— Venha à minha sala imediatamente!

Fabiano a atendeu prontamente, estranhando a forma como ela se dirigiu a ele. Quando entrou na sala e fechou a porta, foi tomado de surpresa. Luciana começou a falar:

— Como eu pude quase me deixar enganar novamente por você? — disse atirando as fotos em cima dele.

Fabiano as pegou e olhou tudo estupefato:

— Mas o que significa isso? O que você está pensando?

— Estou pensando que você não mudou nada. Continua o mesmo com seus preconceitos e me enganando. Então era com ela que você estava ontem à noite e não com seus amigos como me disse. Não importa que eu tenha chegado aonde cheguei; pelo jeito, para você, eu continuo sendo a filha da empregada, de uma classe social inferior. Sirvo para ir para a cama com você, mas para aparecer em público você procura alguém do seu nível como essa Laura, não é?

— Você não sabe o que está dizendo! Será que esqueceu tudo o que conversamos ontem? Eu errei mentindo sobre Laura, mas se o fiz foi porque não queria que você pensasse exatamente o que está pensando agora. Fui vê-la, mas como amigo. Não vou vê-la de novo e ela não me interessa. Essas fotos estão passando uma imagem distorcida de nosso encontro.

— Ah! Certo! Agora você quer me convencer de que não sei o que estou vendo?

— Não é isso! Mas essas fotos foram tiradas com a intenção de passar a ideia de um encontro amoroso. E não foi nada disso. Você tem de acreditar em mim!

Luciana estava cega de raiva e quando ia continuar com seus ataques, Fabiano perguntou:

— Quem lhe entregou essas fotos?

— Foi um mensageiro. Tome, veja, estavam neste envelope, sem remetente.

— E você não perguntou a ele quem mandou entregar?

— Não. Eu o dispensei antes de ver o conteúdo. O que isso importa agora? O que interessa é que quase caí na sua conversa, mas alguém me abriu os olhos a tempo de evitar que eu cometesse esse erro terrível!

De repente, Fabiano se deu conta:

— Onde está Laís? — disse isso abrindo a porta da sala e olhando para fora em busca da madrasta.

Luciana respondeu:

—Ela hoje pediu para sair mais cedo! Mas não fuja do assunto. O que interessa Laís agora?

Fez-se um breve silêncio. Fabiano aproximou-se dela pegou sua bolsa e a entregou a ela; pegou sua mão e puxou-a para fora da sala.

— Venha comigo e não diga nada! Vamos resolver isso agora e você vai ver que estou sendo sincero.

*

Luciana foi quase que arrastada por Fabiano para o carro dele, e todas as tentativas de questionar o que estava acontecendo foram infrutíferas. Ele estava visivelmente transtornado e apenas repetia que agora toda a verdade viria à tona e que Luciana confiasse nele.

Chegaram ao prédio em que moravam e Luciana já estava atordoada com aquela correria e falta de explicação. Ao entrarem no apartamento, a empregada chegou a se assustar com a abordagem de Fabiano:

— Onde está Laís? — disse ele, afobado e olhando para todos os lados.

— Senhor Fabiano, acho que ela está no quarto — disse a empregada assustada com o olhar interrogativo para Luciana.

Fabiano ainda a segurando pela mão, dirigiu-se ao quarto de Laís, abrindo a porta sem nem se fazer anunciar. A madrasta, que estava sentada em uma poltrona lendo, ao vê-los entrar daquela maneira, sentiu-se ofendida:

— O que é isso? Será que não posso ter um mínimo de privacidade? Isso são modos, Fabiano?

— Laís! O que você pretende?

Ela se fez de desentendida e quando ia esboçar uma resposta, Luciana interveio:

— Alguém pode me explicar o que está acontecendo?

Fabiano pegou as fotos e as atirou em cima da cama. Laís estremeceu em seu interior, mas manteve uma aparência controlada:

— Que fotos são essas?

Fabiano estava furioso e sentiu vontade de agarrá-la pelos braços diante de tamanho cinismo. Mas, em vez disso, respirou fundo e falou com mais calma:

— Acabou, Laís! Eu sei que foi você quem tirou essas fotos e as enviou para Luciana.

Luciana, então, percebeu que ele falava a verdade. Como não havia pensado nisso antes? Claro! Mais uma vez Laís! Fabiano prosseguiu:

— Não sei com qual objetivo, mas agora tenho certeza de que você foi a responsável por tudo o que aconteceu entre mim e Luciana. E você vai nos contar toda a verdade. Não adianta mais querer esconder nada.

Luciana aproximou-se do marido e segurou carinhosamente em sua mão para afrontar Laís e mostrar a ela que eles estavam unidos. Sua atitude provocou em Laís exatamente a reação que ela esperava.

Sentindo-se acuada, Laís falou em tom agressivo:

— Você está ficando louco! Não sabe o que está dizendo.

Luciana decidiu ficar calada e ver até onde as coisas iriam. Agora ela veria até que ponto Fabiano fora sincero. Foi ele quem continuou o diálogo:

— Não adianta, Laís; desista. Até meu pai já sabe que você é uma dissimulada que sempre escondeu de nós seu verdadeiro caráter. Você forçou meu encontro com Laura, ficou me sondando para saber quando seria, exatamente porque queria tirar essas fotos e entregá-las para Luciana, causando mais uma briga entre nós.

— E por que faria isso?

— É o que vou descobrir, mas agora começo a perceber que em outras situações você deve ter mexido seus pauzinhos para que brigássemos também. Situações totalmente inexplicáveis que andaram acontecendo principalmente no escritório.

Ela deu uma gargalhada:

— Sei que sou sua madrasta, mas vocês já passaram e muito da idade de achar que estão vivendo um conto de fadas. Era só o que me faltava.

Não suportando mais a atitude de Laís, Fabiano se aproximou e com muita firmeza afirmou:

— Você vai falar tudo agora! Que tipo de intrigas você fez no passado, o que aconteceu para que Rita e Luciana deixassem minha casa naquela noite quase como fugitivas?

— Eu não vou dizer nada, simplesmente porque não tenho a menor ideia dos motivos que as levaram a fazer aquilo.

Luciana, que estava calada até então, apenas observando, não se conteve diante do que ouviu, pois jamais esqueceria aquela noite:

— Como você pode ser tão falsa? — gritou Luciana.

Dessa vez foi Fabiano quem se sobressaltou. Luciana prosseguiu:

— Se sua memória está falhando, a minha sempre foi muito boa! E jamais esqueci tudo o que aconteceu depois que você foi para a casa de Arthur.

Fabiano, que olhava para Luciana e para Laís, perguntou:

— De tudo o quê, Luciana?

— Pergunte para ela — respondeu apontando para Laís. — Pergunte a ela como tratava a mim e à minha mãe. Essa mulher é um monstro.

Laís se apressou em se defender:

— Não é possível que você vai acreditar nela, Fabiano! Numa empregadinha que só porque conseguiu, sabe-se lá como, subir na vida, acha que pode tudo. Ela não tem berço, não tem caráter; sabe como é esse tipo de gente. Mente para conseguir o que quer. Você acha que uma empregadinha sem eira nem beira ia conseguir juntar tamanha fortuna? De forma honesta não foi, isso eu posso lhe garantir!

Luciana não raciocinou. Chegou perto de Laís e desferiu-lhe uma bofetada, que estalou no rosto da mulher, um troco que estava guardado havia muitos anos.

Totalmente surpreendida, Laís cambaleou e caiu no chão.

Fabiano estava atônito e segurou Luciana, tentando acalmá-la:

— Querida, não perca a razão. Nós estamos com a verdade e ela não tem saída.

Levantando-se com dificuldade, Laís sentia seu corpo vibrar de ódio, mas não diria uma só palavra do que eles queriam ouvir. Sua maior tática era sempre humilhar Luciana lembrando-a de sua condição social, que considerava inferior, e assim prosseguiu:

— Eu não disse, Fabiano? Qual pessoa de classe faria isso? Acorde antes que seja tarde. Temos de falar com seu pai para sairmos daqui.

— Não vamos falar nada com meu pai. Ele já tem problemas demais para resolver, muitos agravados por você!

Luciana acrescentou:

— Você agora vai nos contar tudo ou não ficará nem mais um minuto nesta casa. E tenho certeza de que Arthur não vai se opor à minha decisão.

— Luciana, o que você falou sobre aquela noite? — perguntou Fabiano.

— Essa mulher, Fabiano, colocou-nos, a mim e a minha mãe, para fora da sua casa.

— Como é? Ela as colocou para fora?

— Fabiano, não posso crer que você ainda vai dar ouvidos a essa mentirosa — disse Laís querendo se mostrar indignada.

— Foi isso mesmo, querido! Ela foi nos procurar, disse que você e seu pai não queriam mais nos ver, que tínhamos sido uma grande decepção para vocês e nos enxotou sem piedade. Deu-nos apenas uma noite para arrumarmos tudo e irmos embora!

— Mas, por quê? A que ponto chegou sua loucura, Laís? O que você pretendia?

— Ela sempre nos odiou, mas nunca entendi por quê. Você não imagina as coisas que ela me fez passar, as humilhações a que me submetia com atitudes camufladas de boas intenções. Ela enganava você e seu pai. Quando saíamos juntas, sempre dava um jeito de me expor ao ridículo perante suas amigas. Eu sofri muito nas mãos dela, e por causa dela, de tanto sofrimento que nos causou, o coração de minha mãe não suportou. Ela é a responsável por tudo, querido, inclusive pela morte de minha mãe.

Fabiano empurrou Laís para a cama e gritou:

— Por que você disse a elas que não queríamos mais vê-las? Para mim você falou que Luciana estava apaixonada por outro e por isso haviam ido embora.

— Ela disse isso? Apaixonada por quem? — questionou Luciana.

— Ela nos disse que você estava tendo um caso com um dos empregados da Hípica, que dormia com ele e que estava grávida! Você havia me dito que o filho era meu; fiquei desnorteado, e quando você fugiu, acreditei que o que ela havia nos contado era verdade.

Laís sentiu que estava perdida. Eles agora falariam tudo e ela seria desmascarada. Com certeza, colocariam-na para fora da casa. Mas se ela iria ser punida de alguma forma, não deixaria que eles vivessem felizes enquanto ela provavelmente sofreria uma série de privações. Em sua volta, os vultos negros, que sempre a acompanhavam, vibravam e murmuravam em seus ouvidos. Ela levantou-se rapidamente e correu para um armário próximo, pegando Fabiano e Luciana desprevenidos. Antes que eles tomassem qualquer atitude, ela retornou e o que viram os deixou aterrorizados: Laís tinha uma arma na mão e os encarava de forma ameaçadora. Por uns instantes, o casal ficou sem saber como agir, até que Fabiano tentou ponderar:

— Laís, calma. Você está descontrolada. Todos estamos! Podemos resolver isso tudo sem chegarmos a extremos.

— Já chegamos, meu adorado enteado. Vocês se uniram contra mim e não vou deixar que arruínem minha vida. Essa arma tem silencioso, e posso acabar com vocês dois e sumir antes que alguém consiga sair em meu encalço.

Impulsivamente, Luciana se atirou em direção a Laís tentando arrancar a arma de suas mãos. As duas se atracaram e Fabiano se lançou entre elas esperando conseguir apartá-las.

Luciana ainda conseguiu pegar a arma por um breve momento, mas logo Laís voltou a dominar a situação. Tudo foi muito rápido, apenas alguns segundos, e então o som abafado da arma disparando foi percebido apenas pelos três envolvidos na luta. Um silêncio lúgubre tomou conta do ambiente.

O líquido vermelho abundante começou a escorrer, e o corpo perdia sua força vital. A mente já não distinguia o real do imaginário. Não havia dor, apenas frio.

"Que sono é esse?... Por que pareço flutuar... Preciso me aquecer... Está tão frio... nublado... ajudem-me..."

O corpo inerte desabou no chão em meio a uma poça de insanidade e fúria, e o sangue diluía qualquer esperança de paz e dias melhores.

Fabiano fora atingido.

vinte e sete

Trágicos acontecimentos

As duas mulheres se olharam apavoradas e Luciana estava quase em estado de choque, mas sua personalidade enérgica a fez reagir e pegar imediatamente o telefone. Ligou para o serviço de emergência. Laís, agachada ao lado de Fabiano, implorava para que ele abrisse os olhos e reagisse. Depois de se certificar de que a ajuda estava a caminho, Luciana retomou seu equilíbrio e dirigiu-se a Laís:

— Viu o que fez? Assassina! Desta vez, vai para a cadeia, que é seu lugar. Assim que Fabiano estiver bem vou pessoalmente providenciar para que você desapareça definitivamente de nossa vida. Vou acompanhar Fabiano ao hospital e depois vou imediatamente à delegacia. Você não perde por esperar!

Laís levantou-se, mostrando-se muito segura:

— Você não me assusta. Foi um acidente, eu jamais faria mal a Fabiano. A polícia vai saber a verdade. Não adianta me ameaçar.

— Não vou perder tempo com você. A ambulância está chegando. Mais tarde veremos. E, pelo amor de Deus, faça algo útil: ligue para Arthur e diga-lhe que me encontre no hospital.

— Vou pedir que venha me buscar e iremos para lá.

Luciana a fulminou com o olhar:

— Não se atreva a aparecer por lá. Apenas faça o que mandei e avise Arthur. Depois cuidarei de você!

Dizendo isso, Luciana se retirou para o quarto onde rapidamente foi trocar sua roupa, que estava encharcada de sangue. Sozinha, ela permitiu que todo o seu desespero pela situação viesse à tona e se desmanchou em lágrimas: "Meu Deus, por favor, eu lhe imploro, não permita que nada de pior aconteça com o meu amor! Livre-o de todo o mal. Ele precisa se recuperar para finalmente retomarmos nossa vida. Proteja-o!".

O socorro chegou e Luciana seguiu a ambulância em seu carro. Não sabia como conseguia manter o controle e dirigir, mas sabia que Fabiano precisava que ela se mantivesse lúcida para ajudá-lo.

Ao chegarem ao hospital, uma equipe já aguardava o paciente. Levaram-no direto para a unidade de emergência, onde Luciana não poderia acompanhá-lo. Só lhe restava ficar na sala de espera rezando por ele.

Aproximadamente uma hora depois, Arthur apareceu angustiado e encontrou Luciana sentada num sofá, solitária e abatida. O efeito dos acontecimentos finalmente se faziam notar em seu semblante.

— Minha filha, vim o mais rápido que pude! Que tragédia, meu Deus! Como isso aconteceu?

— Foi ela, Arthur! Mais uma vez foi ela...

Arthur estava desnorteado e carregava o peso da culpa de ter colocado Laís na vida deles:

— A que ponto chegamos! Mas agora temos de nos concentrar em Fabiano e reunir forças para ajudá-lo. Depois, cuidaremos de Laís.

— Eu vou colocá-la na cadeia; ela vai pagar por tudo o que me fez! — completou Luciana com os olhos marejados.

— Não vamos falar disso agora. Tomei a liberdade de avisar suas amigas Suzanne e Júlia, espero não ter feito mal. Sei que elas sempre são um grande apoio para você.

Luciana esboçou um sorriso:

— Obrigada, Arthur; você fez muito bem. Elas estão vindo?

— Sim, logo estarão aqui, acalme-se.

O tempo passava lentamente, e a única notícia que tiveram foi que Fabiano havia sido levado ao centro cirúrgico. Suzanne e Júlia chegaram e procuravam consolar Luciana e Arthur, que, com o passar das horas, estavam cada vez mais aflitos. O ambiente hospitalar estava deixando Luciana muito deprimida e quando passou uma senhora chorando copiosamente a morte do marido, foi a gota d'água para que ela expusesse toda sua dor:

— Eu não vou aguentar perder Fabiano. Foram tantas mágoas, tanto sofrimento, e agora estávamos perto de resolver tudo, de ter a chance de um recomeço. Não é justo!

Júlia se comoveu com o sofrimento da amiga e buscou serenar seu coração:

— Luciana, minha amiga querida, fique calma que tudo vai dar certo. Você é muito forte e logo estará ao lado de Fabiano ajudando-o em sua recuperação.

— Mas e se ele não se recuperar? Eu não vou suportar!

— Sei que tudo vai ficar bem. A missão de Fabiano ainda não se cumpriu, sinto isso. Você deve aproveitar essa situação e rever sua posição diante da vida. Muitas vezes, seguimos por um caminho no qual tudo parece nos direcionar ao erro, mas mesmo assim persistimos nessa estrada. Quando não estamos atentos às nossas atitudes e aos sinais que a vida nos envia, algo tem de ser feito. E então o universo conspira em nosso favor e nos dá uma chance de reconsiderar e evoluir, colocando-nos em alguma situação em que obrigatoriamente temos de parar e reavaliar nossos passos. Infelizmente, a maioria das pessoas tem de passar por isso, exatamente porque vive seus dias de forma displicente, sem atentar para sua postura diante dos fatos. E agora você está vivendo exatamente esse momento. Acalme-se, reze por Fabiano, e pense no que lhe falei. Vou buscar um café.

Júlia retirou-se deixando Luciana pensativa. Suzanne falou:

— Como você está, minha amiga?

— Essas coisas que Júlia me falou tocaram fundo em minha alma. Talvez esteja na hora de acabar com todo esse rancor, esse sentimento de vingança.

— Fico aliviada em ouvi-la falar assim. Olhe para Arthur, coitado, está sofrendo tanto! Se ele e Fabiano cometeram erros, pode ter certeza de que já estão pagando um alto preço, você não acha?

Luciana olhou compadecida para o sogro e falou:

— É verdade! A falência da empresa... a tentativa de suicídio de Fabiano... e agora isso! Eles já sofreram e ainda sofrem muito. Não cabe a mim querer fazer justiça. Júlia tem razão: todos nós já estamos vivendo situações bastante difíceis.

— E quanto a Laís? O que vai fazer?

Luciana recobrou a postura fria e respondeu:

— Vou fazer o que deve ser feito de acordo com a lei. O que ela fez hoje foi muito grave, e não pode ficar impune.

— E quanto ao resto?

— Você se refere a tudo o que ela fez no passado?

— Sim!

Luciana pensou por uns instantes:

— Suzanne, eu estou correndo o risco de perder para sempre o homem que amei durante toda minha vida. Nada agora é mais importante para mim do que tê-lo de volta e recuperado em meus braços. Acredito que ele me ame e que tudo o que aconteceu foi culpa dela. Nós fomos vítimas da sua maldade. Mas se Deus quiser, teremos o futuro pela frente, e ela vai acertar suas contas com a justiça. Não vou mais trocar meus momentos felizes ao lado de Fabiano por essa obsessão por vingança.

Suzanne finalmente respirou aliviada.

— Você não imagina como fico feliz ouvindo-a falar assim. Está mais do que na hora de você refazer sua vida e ser feliz. Assim que Fabiano estiver bem, conte a ele sobre Leila, esclareçam tudo e lutem por sua felicidade.

— Contar a ele sobre Leila? Não posso fazer isso.

— Está errada. Você precisa contar. Não se esqueça de que Laís o fez pensar que você estava grávida de outro homem. Ele tem o direito de saber!

— Mas eu abandonei nossa filha; ele não vai me perdoar... Não, não posso contar!

— Se ele a ama realmente, vai entender a situação e perdoá-la. Você tomou uma atitude desesperada. O que mais poderia fazer naquele momento?

Luciana passou as mãos nos cabelos tentando analisar as palavras de Suzanne:

— Não sei... tenho medo! Se ele ficar bom, quero tentar viver nossa vida em paz. Se eu contar, posso perdê-lo para sempre.

— Você agora não está em condições de analisar isso. Deixe para resolver o que fazer quando Fabiano estiver recuperado.

Luciana assentiu. Júlia chegou com o café quentinho.

Arthur, Luciana, Suzanne e Júlia estavam juntos e em silêncio rezando por Fabiano. Logo depois, chegaram Mário e Augusto, que se juntaram a eles numa sentida prece.

Mário e Suzanne estavam iniciando um relacionamento, e ela ficou muito feliz em poder tê-lo ao seu lado.

Pouco tempo depois, um senhor de aparência bastante séria aproximou-se deles:

— Quem é o responsável pelo paciente Fabiano Gouveia Brandão? — perguntou o médico.

Arthur e Luciana levantaram-se juntos e falaram apressados:

— Eu sou o pai dele!

— E eu a esposa.

— A cirurgia terminou e tudo aconteceu conforme o previsto.

— Mas como ele está, doutor? — perguntou Arthur aflito por mais detalhes.

— Não podemos adiantar muita coisa por enquanto. Teremos de aguardar 48 horas para definir melhor o quadro de saúde dele. Seu estado é grave, mas estável; conseguimos conter o sangramento e felizmente a bala não atingiu nenhum órgão vital. Mesmo assim, ainda é cedo para darmos um prognóstico mais preciso. Devido à anestesia ele vai dormir por muitas horas e ficará na UTI. Talvez seja bom vocês irem para casa descansar.

Arthur e Luciana se entreolharam:

— Obrigado, doutor, mas gostaríamos de ficar, se não houver problema — disse Arthur com a anuência de Luciana.

— Podem ficar, claro. Mas até amanhã não devem ter mais novidades.

— Tudo bem, ficaremos assim mesmo — concluiu Arthur de mãos dadas com a nora.

Todos estavam bem mais tranquilos e Luciana tentou organizar com Mário, Suzanne e Augusto os procedimentos a serem seguidos na empresa enquanto ela estivesse fora. Arthur foi para o telefone reorganizar sua agenda; sua prioridade agora era o filho.

Muitas horas se passaram sem novidades. Os amigos permaneciam com Luciana e ficariam ao lado dela o máximo possível. Júlia e Suzanne saíram para providenciar um lanche para todos, pois ninguém se animou em ir comer na lanchonete. Voltaram com sanduíches, sucos e frutas.

Depois do lanche, estavam conversando sobre amenidades quando viram um grupo de três homens entrarem na sala olhando em busca de alguma coisa. Os três estavam de terno e pareciam bastante sóbrios. Dirigiram o olhar para o grupo de amigos e foram em sua direção.

— Por favor, entre vocês se encontra Luciana Sampaio Costa?

Todos se olharam surpresos. Eles não pareciam médicos. Luciana prontamente levantou-se:

— Pois não, senhores. Luciana Sampaio Costa sou eu.

O homem que estava à frente dos outros dois puxou um papel do bolso interno do paletó preto e estendeu-o para Luciana:

— A senhora precisa nos acompanhar.

— Acompanhar? Para onde? Quem são vocês?

— A senhora está detida para investigação. Terá de vir conosco!

Todos ficaram imensamente chocados.

— Detida? Como assim? Por quê? — inquiriu Luciana totalmente consternada com a situação.

— A senhora está sendo acusada de tentativa de homicídio. Por favor, acompanhe-nos ou teremos de levá-la algemada.

A comoção foi geral, mas ninguém conseguiu impedir que ela saísse com aqueles estranhos. Júlia, Augusto, Mário e Suzanne acompanham-na, seguindo o carro dos oficiais. Arthur ficou no hospital. Não queria deixar o filho e sabia que Luciana teria toda assistência.

vinte e oito

Na delegacia

Luciana procurava manter a mente alerta e lúcida para administrar a situação. Apesar de afrontada pelo ocorrido, estava relativamente calma. Aquilo era um grande mal-entendido, que logo seria esclarecido.

Os amigos estavam muito preocupados. Augusto, como seu advogado, foi o único que pôde entrar na sala do delegado. Os outros tiveram de ficar na recepção. Luciana aguardava em uma sala, onde seria interrogada.

O nervosismo tomava conta do ambiente quando Augusto apareceu. Sua expressão era de total perplexidade e apreensão. Ao aproximar-se dos outros foi interpelado com ansiedade:

— E então, Augusto? Ela vai ser solta? — perguntou Suzanne.

— Foi algum engano, não foi? — acrescentou Júlia.

Augusto não sabia como lhes dizer a verdade. Pigarreou antes de falar.

— A situação é grave! Luciana está sendo acusada de tentar matar Fabiano.

— Mas isso é um absurdo! — interveio Mário.

— Ela foi denunciada — confirmou Augusto.

Todos o olharam de maneira inquiridora até que ele explicou:

— Ela foi denunciada por Laís, que se apresentou como única testemunha da ação de Luciana.

Os três sentiram-se atônitos e Suzanne foi a primeira a expressar sua revolta.

— Não pode ser. Essa mulher é louca. Nós podemos depor falando tudo o que ela já fez e explicar ao delegado que ela quer prejudicar Luciana.

Augusto fez um gesto negativo com a cabeça.

— Suzanne, não é assim tão simples. Não temos provas de nada contra Laís e não havia mais ninguém no local. Eles vão chamar a empregada para depor. Ela já deve estar chegando. De acordo com o depoimento de Laís, a empregada estava no apartamento, mas não no quarto onde eles estavam.

Suzanne saiu de perto deles e foi se sentar em uma cadeira próxima. Mário continuou com as perguntas:

— Mas o que Laís contou? Você teve acesso a mais informações?

— Sim. Ela disse que estava em seu quarto quando ouviu uma discussão entre Fabiano e Luciana no corredor. Eles gritavam muito, o que a deixou nervosa. Quando viu que os ânimos estavam cada vez mais alterados, resolveu intervir e acalmá-los. Foi até eles e tentou fazer com que conversassem sem agressões, convidando-os para irem até seu quarto, onde poderiam esfriar a cabeça. Quando lá chegaram, Laís passou a falar sobre a relação dos dois, que deveriam resolver tudo de maneira civilizada, e quando achava que estava conseguindo manter os dois sob controle, Luciana voltou a agredir Fabiano, acusando-o de tê-la traído muitas vezes, de estar se aproveitando de seu dinheiro e de ser falso. Ele se defendeu e voltaram a gritar. De repente, Luciana tirou a arma da bolsa e em fração de segundos desferiu o tiro certeiro. Laís disse que logo depois, Luciana teve uma crise de pânico e chamou a ambulância, enquanto ela, desesperada, agarrava-se a Fabiano tentando mantê-lo acordado. E que foi dessa forma que sua roupa ficou suja de sangue. Quando a ambulância chegou, Laís estava tentando contato com Arthur e, por essa razão, foi Luciana que encaminhou tudo e seguiu para o hospital com ele. É isso!

— Mas é apenas a versão dela. Não tem também como provar o que está falando. Será a palavra dela contra a de Luciana, e com nossa ajuda não será difícil o delegado concluir quem está mentindo — disse Suzanne reaproximando-se deles.

Augusto teve então de cravar a pior verdade no coração de todos:

— As únicas digitais encontradas na arma do crime são as de Luciana! — concluiu com um grande peso em suas palavras.

O mundo pareceu desabar na cabeça dos três amigos, que nada mais disseram.

Augusto deixou-os novamente e foi conversar com Luciana antes que ela desse o depoimento. Depois de relatar tudo o que conversara com o delegado, pediu para que ela contasse sua versão e por que as digitais dela, e só as dela, estavam na arma, coisa que Luciana não soube explicar. Ele a informou que sua situação era muito delicada e que teriam de agir com muito cuidado.

Depois do depoimento, o delegado informou que o juiz havia expedido o mandado de prisão preventiva de Luciana e que ela ficaria detida naquele distrito policial. Augusto sabia que no momento não havia nada a fazer. Deu a notícia para Luciana, que a recebeu muito mal e sentiu-se arrasada por Laís novamente estar conseguindo atingi-la de forma tão brutal. Toda sua estrutura psicológica começou a desabar.

Arthur chegou no limite de sua compreensão e paciência com Laís quando soube de tudo. Ligou para casa e mandou que ela juntasse suas coisas e fosse embora. Ela assim o fez, sem discutir, mas antes de deixar o apartamento, selecionou vários objetos de valor que pudesse levar para render-lhe algum dinheiro. Agora tudo estava perdido mesmo, então garantiria algum sustento por um tempo. Com Luciana presa e Arthur no hospital com o filho, ninguém nem perceberia o que ela havia furtado.

O depoimento da empregada não ajudou muito Luciana, e sua situação parecia mesmo sem remédio. Ela estava agora muito assustada, e só pensava o que seria da sua vida se fosse condenada. Ainda se preocupava com Fabiano no hospital, e pedia aos amigos notícias diárias do marido.

Na casa de Júlia, Suzanne buscava forças para entender e aceitar o que estava acontecendo com sua melhor amiga. Júlia dizia:

— Agora temos de ter fé e orar muito por ela. Estão todos passando por uma provação muito grande, mas se ela souber aceitar a situação com coragem e entender que tudo isso é um grande aprendizado que a está fortalecendo e engrandecendo para o futuro, a dor passará e será o início da cura.

Os dias se passaram sem nenhuma novidade aparecesse para auxiliar Luciana.

No hospital, Fabiano se recuperava lentamente. Arthur permanecia incansável ao lado do filho, que estava sempre sedado e ainda não tinha noção do que estava acontecendo com a esposa.

Mário, Suzanne e Augusto tentavam tocar os negócios da empresa, mas a falta de ânimo e a preocupação os fazia delegar poderes aos outros funcionários sempre que possível. Eles passavam mais tempo se revezando entre a delegacia e o hospital do que no escritório.

*

Mais de um mês se passou. Fabiano finalmente estava se recuperando. Arthur, ao seu lado, preparava-se para a difícil missão de lhe contar sobre Luciana. E foi o próprio Fabiano quem puxou o assunto:

— Pai, sei que fiquei desacordado por muito tempo, mas já estou lúcido há alguns dias. Por que Luciana ainda não veio me ver? Ela esteve aqui antes?

Arthur deu um suspiro e permaneceu calado. Temia que a notícia abalasse a saúde ainda frágil do filho. Fabiano insistiu desconfiado:

— O que está acontecendo? Eu o conheço muito bem, e vejo que algo está errado. O que aconteceu com Luciana? Por favor, não minta para mim. Nós estávamos começando a nos entender. Se ela estivesse bem com certeza viria me ver...

— Meu filho, tenha calma; você não pode ficar nervoso, o médico disse que deve repousar.

— Agora tenho certeza de que tem coisa muito errada acontecendo — disse Fabiano aflito.

— Luciana está passando por sérias dificuldades. Laís contou algumas mentiras por aí sobre o dia em que você foi atingido e...

— Que mentiras? Laís de novo? O que ela fez?

Arthur passou a mão na testa e falou com dificuldade:

— Luciana está presa, meu filho, acusada por Laís de tentar matá-lo!

Fabiano apertou os olhos e franziu o cenho em desespero. Meneava a cabeça negativamente sem parar. Até que falou:

— Como ela está? Como Laís conseguiu fazer isso?

— As únicas digitais encontradas na arma foram de Luciana.

— Mas agora eu estou bem e vou poder ajudar; afinal, eu fui a vítima e vou depor a favor de Luciana.

— Meu filho, não entendo muito disso, mas pelo que Augusto falou, claro que você e seu depoimento serão fundamentais, mas a acusação foi formalizada e o inquérito instaurado, e o processo vai seguir em frente.

— Mas mesmo com o meu depoimento?

— Mesmo assim. Mas você pode ajudar com que ela seja solta e responda em liberdade.

— Meu Deus, que horror. Essa Laís deveria estar presa ou internada. Por que, meu pai? Por que ela fez tudo isso?

Arthur deu um suspiro e revelou:

— Conversando com Suzanne uma vez, chegamos à mesma conclusão, baseados em diversas observações: Laís sempre quis você!

Fabiano olhou chocado para o pai:

— Não pode ser. Não diga uma coisa dessas!

— É verdade, Suzanne apenas confirmou uma suspeita que eu já vinha trazendo comigo havia muitos anos. Mas não vamos nos preocupar com Laís agora. Temos de ajudar Luciana e tirá-lo logo daqui. Essas são nossas prioridades.

— Meu pai, perdoe-me!

— Perdoar de quê? Você não tem culpa de nada. É mais uma vítima, como todos nós.

— E onde está essa mulher agora?

— Eu a expulsei de casa e ela sumiu. Não tive mais notícias. Mas ainda a veremos com certeza.

*

Fabiano recebeu alta e pediu ao pai que o levasse diretamente à delegacia onde Luciana estava presa. Quando lá chegaram, Augusto os esperava para conversarem sobre o depoimento que Fabiano insistia em dar. Ele estava ansioso.

— Augusto, eu como vítima, tenho condições de tirar Luciana daqui inocentando-a, não é?

— Calma, Fabiano, não é bem assim. O processo já está correndo e seu depoimento pode ajudar, mas vai depender da decisão do juiz.

— O delegado vai me receber agora? Esse meu depoimento será oficial?

— Vai recebê-lo em poucos minutos. Sim, seu depoimento será incluído no processo.

— Poderei ver Luciana depois?

— Vou explicar a situação ao delegado e com certeza ele não fará nenhuma objeção.

O escrivão chamou Fabiano, que diante do delegado relatou tudo o que aconteceu naquele dia. Assim que terminou o depoimento, foi emitida uma solicitação ao juiz para a prisão preventiva de Laís. Com tantos anos de experiência em seu ofício, o oficial já estava praticamente convencido de que Luciana era inocente, mas não podia fazer nada a não ser encaminhar os dados para serem inseridos no processo e aguardar a decisão judicial. Mas por ter sua opinião formada, ele resolveu facilitar as coisas para Luciana liberando as visitas sempre que possível, mesmo que isso rompesse ocasionalmente algumas regras e normas do departamento. Assim que o depoimento foi encerrado, Fabiano foi levado até a sala onde Luciana o aguardava. Ao se olharem pela primeira vez após o ocorrido, uma forte emoção tomou conta do casal. Com lágrimas nos olhos, eles se abraçaram em silêncio. Depois se sentaram para conversar. Fabiano disse comovido:

— Fique tranquila, Luciana. Contei toda a verdade para o delegado e ele vai cuidar da documentação para que você seja solta. Augusto está tomando as providências.

Ela sorriu aliviada:

— Então acabou? Estou livre desse pesadelo?

— Não, querida, calma! Ainda precisa ser liberado o alvará de soltura. A prisão de Laís já foi pedida. Agora é questão de tempo para vê-la pagar pelo que fez.

— Só tem uma coisa que não entendi até agora: como não havia digitais dela na arma?

Fabiano estava seguro quando disse:

— Na hora do tumulto quase não reparei, mas depois consegui ver que ela estava usando aquelas luvas muito finas, tipo luva cirúrgica. Como elas são finas e transparentes, você não deve nem ter notado.

— Então ela não agiu por impulso; já devia ter em mente fazer algo parecido. Meu Deus! Essa mulher tornou-se muito perigosa. Mas o que será que a levou a chegar a esse ponto?

Fabiano ficou sem graça, mas repetiu a história que ouviu do pai:

— Meu pai e Suzanne têm certeza de que Laís é apaixonada por mim. No início eu achei a ideia tão repugnante que não quis acreditar, mas, depois, analisando com calma, cheguei à conclusão de que pode ser que eles tenham razão.

Luciana ficou horrorizada:

— Que coisa absurda! Como ela pôde fazer isso com Arthur? Mas faz sentido. Nunca dei nenhum motivo para que ela me odiasse tanto. Isso que você me contou explica tudo.

— Luciana, está na hora de sabermos a verdade sobre o que aconteceu naquela época. Temos de deixar tudo muito claro. Mesmo porque, acho que qualquer informação será importante no processo.

Ele mesmo começou o relato de sua versão para os acontecimentos da época em que namoravam. Contou tudo com detalhes e a cada novo dado, Luciana chorava de tristeza e raiva. Quando chegou sua vez de contar a ele o que aconteceu, ele esmurrou a mesa algumas vezes, demonstrando toda a sua indignação com as atitudes de Laís e por sua ingenuidade e de seu pai de não terem, na época, se dado conta do real caráter dela. Quando a esposa finalizou seu relato, ele fez um carinho em seu rosto dizendo:

— Minha querida, quanto sofrimento! Eu fui um estúpido por agir daquela forma preconceituosa e ainda me deixando levar pelo veneno de Laís.

Todo o rancor de Luciana pelo marido, todas as mágoas estavam se dissipando naquele momento.

— Não se culpe, meu querido. Eu também tive culpa por acreditar em tudo o que ela nos disse e por não compreender seu lado e ter paciência para mostrar que você estava errado. Nós éramos muito imaturos e inseguros, e ela se aproveitou de nossa fraqueza. Isso me lembra de algo que sempre ouço de Júlia: "Os outros, quando nos fazem mal, aproveitam-se de nossas fraquezas, nossos vícios e nossas paixões". Ninguém pode nos fazer mal quando não damos brechas para sermos atingidos. Eu sempre discordei de muitas coisas que ouvia de Júlia e de sua crença, mas agora percebo que tudo estava certo. E quando alguém nos faz algum mal, não devemos sentir raiva, porque essa pessoa está nos dando a oportunidade de corrigirmos nossas falhas e evoluirmos; isto é, se estivermos atentos e soubermos aproveitar as oportunidades. Mas ainda não consigo ter essa maturidade para não sentir raiva. Eu odeio Laís com todas as minhas forças e ela vai pagar por tudo o que fez e ainda está fazendo.

— Acho que isso que você disse está certo, mas assim como você, não consigo pensar em outra coisa a não ser acabar com Laís e fazê-la pagar por tudo.

De repente, Fabiano se calou e ficou com o olhar perdido. Com a voz muito baixa perguntou:

— E nosso filho, Luciana? O que aconteceu?

Luciana desabou em lágrimas novamente e começou a tremer. Lembrou-se dos conselhos de Suzanne, mas faltava-lhe coragem para contar tudo. Fabiano percebeu seu estado e foi o mais carinhoso possível com ela, encorajando-a a falar:

— Talvez você jamais me perdoe, mas fiz uma coisa terrível.

Ele imaginou que ela havia tirado a criança, mas agora tinham de estar unidos para recomeçar e corrigir os erros do passado.

— Eu não tenho de perdoar nada. Agora sabemos que tudo foi um terrível engano e fizemos o que podíamos na época diante de nossa capacidade limitada de entendimento da vida e seu mecanismo. Seja lá o que você tenha feito, não vou julgá-la, muito menos condená-la, portanto, não tenho o que perdoá-la.

Ela o abraçou buscando o aconchego que ele lhe oferecia e criou coragem para lhe contar:

— Meu amor, nós tivemos uma filha! Uma menininha linda, a quem dei o nome de Leila.

Fabiano sentiu um profundo nó na garganta e não conteve também as lágrimas.

— Então temos uma filha? Leila? — disse ele entre lágrimas e um sorriso que iluminou o coração de Luciana.

— Sim. Deve estar uma moça, agora.

Ele não entendeu:

— Como deve estar? Você não a vê?

Luciana, com muita dificuldade, contou-lhe sobre a fuga dela e da mãe para o interior, os problemas pelos quais passaram durante a gravidez, a morte da mãe e o abandono de Leila em circunstâncias extremamente dolorosas e que ela jamais conseguiu esquecer.

Fabiano sentiu seu peito arder pelo sofrimento de Luciana e ao pensar na filha, cujo paradeiro agora ninguém sabia.

Depois de se acalmar ele afirmou:

— Você vai conseguir sair daqui logo. Vamos em busca de nossa filha! Está decidido.

Ela o olhou com os olhos arregalados:

— Como faremos isso? Já se passaram vinte anos e ninguém sabe que fui eu quem a deixou lá. Foi colocada no meio da rua, não a deixei em nenhuma instituição.

— Nós daremos um jeito. Vamos até aquela cidade e pegaremos todas as informações que conseguirmos. Vamos encontrá-la.

— Você sabe o quanto isso vai ser difícil; acho até impossível.

— Não! Nós vamos conseguir. Vamos reconstruir nossa vida, eu, você e nossa filha. Já sofremos muito e está na hora de esquecermos tudo de ruim que nos aconteceu.

— Vamos supor que a encontremos. Será que ela vai me aceitar? Perdoar-me pelo que fiz?

Ele acariciou os cabelos da mulher e disse carinhosamente:

— Vou estar ao seu lado. Explicaremos tudo e ela vai entender. Fique tranquila. Primeiro, vamos traçar um plano de ação para encontrá-la. O resto vemos depois.

Selaram esse momento de paz e reconciliação com um beijo, agora carregado de amor, compreensão e esperança. Augusto entrou com a boa nova: Luciana conseguira, seria solta imediatamente.

Os três vibraram muito, e ela foi até sua cela se preparar para ir embora com o marido e o advogado.

No caminho pensava: "Vou matar Laís! Ela não merece ser presa; é pouco. Assim que tiver uma oportunidade, vou matá-la".

Rita, que acompanhava a filha, orava para que esse sentimento abandonasse o coração dela. Com a ajuda dos seus amigos no plano espiritual, fizeram uma corrente de oração tão intensa que conseguiram rapidamente atingir a alma de Luciana, que parou de pensar em Laís e só conseguia pensar nos planos com Fabiano e na possibilidade de reencontrar a filha, seu maior sonho durante aqueles vinte anos.

Há tempos não se sentia tão feliz!

vinte e nove
Uma esperança

Já em casa, Luciana e Fabiano começaram os preparativos para a viagem à cidade onde Luciana havia deixado Leila. Não sabiam nem por onde começar a busca, mas quando chegassem lá resolveriam o que fazer.

Augusto havia avisado Luciana de que ela não poderia sair do país e caso fosse se ausentar para algum outro lugar, deveria deixar sempre um telefone de contato e passar para ele todas as coordenadas de cada passo que desse. Certa da importância de suas atitudes para um parecer favorável no processo, Luciana fazia tudo como o advogado determinara e até mais um pouco.

Quando estavam saindo, ela chamou a empregada e lhe deixou um papel onde estava anotado o nome da cidade para onde iam, os números dos celulares, dela e de Fabiano, e o nome e endereço do hotel que se hospedariam.

Também deixou um envelope com os mesmos dados para que ela entregasse a Augusto. Despediram-se e saíram cheios de esperança ao encontro do paradeiro da filha.

Quando deixaram a garagem do prédio, conversavam distraidamente, nem perceberam que Laís, escondida atrás de um coqueiro, observava o carro partir rumo à estrada. Ela não sabia para onde estavam indo, nem que se dirigiam a uma cidade no interior de São Paulo. Ficou parada por uns instantes pensando em como agiria. Ela queria voltar ao apartamento e ver se conseguia mais algum objeto de valor. Sabia que durante o dia Arthur nunca estava em casa. Surpreendeu-se ao ver Luciana com Fabiano. Não sabia que ela havia sido solta, muito menos que Fabiano tivera alta. Mas depois cuidaria de saber mais detalhes; agora teria de pensar em uma boa desculpa para a empregada deixá-la entrar no apartamento. Com certeza, recebera ordens de não permitir sua entrada. Tomou coragem e entrou no prédio. O porteiro a cumprimentou e sem saber de nada do que ocorrera, deixou-a subir.

Ao tocar a campainha, esperava o olhar de surpresa da empregada ao abrir a porta, mas em vez disso, deparou com uma expressão indiferente da mulher que a atendeu:

— Boa tarde, dona Laís. Que bom que veio, eu estava esperando a senhora.

Laís foi quem ficou tomada pela surpresa:

— Estava me esperando?

— Pois não é! O sr. Arthur deixou umas sacolas com umas coisas suas e avisou que a qualquer momento a senhora viria buscar. Que bom que está tudo pronto.

— Que gentileza de meu marido — respondeu aliviada — posso entrar?

A empregada ficou sem jeito e respondeu de forma quase inaudível:

— A senhora pode entrar sim, senhora, mas desculpe, tem de me aguardar na sala enquanto vou ao quarto buscar suas coisas. Desculpe, viu, mas cumpro ordens.

Laís se fez de compreensiva:

— Não fique assim; está certíssima em obedecer às ordens de seus patrões. Só queria aproveitar e descansar um pouco enquanto aguardo você pegar as sacolas. Não me importo de aguardar na sala. Você poderia só me dar um pouco de água?

— Claro, entre.

Nesse momento, o interfone tocou.

— É sempre assim! Quando estamos ocupadas tudo resolve chamar na mesma hora — reclamou a moça concluindo: por favor, desculpe, já volto.

— Não se apresse por mim — respondeu Laís gentilmente.

Sozinha na sala, ela começou a olhar em volta tentando detectar o que poderia levar sem que a empregada percebesse.

Ao passar os olhos pelo aparador que ficava no *hall* de entrada, viu o papel e o envelope com o nome de Augusto. Certificou-se de que a outra ainda estava na cozinha, aproximou-se e pegou o envelope abrindo-o rapidamente. Após ler cada palavra escrita por Luciana, pensou: "Então eles viajaram! Mas o que foram fazer nessa cidade? É um lugarzinho sem graça, uma cidadezinha de interior e tão longe... Alguma coisa está acontecendo e vou descobrir o que é".

Guardou o papel no bolso e recolocou o envelope vazio no lugar onde o encontrara.

Logo depois, a empregada lhe trouxe a água e foi buscar as sacolas. Aproveitando a oportunidade, instruída por Arthur, ligou para a polícia para avisar que Laís estava no apartamento. Voltou para a sala e tentou manter a visitante entretida numa conversa, mas Laís agradeceu e foi embora, e sem levar nenhum objeto; o que encontrara poderia valer muito mais. Isso ela iria tratar de investigar. Quando a polícia chegou, ela já não estava mais lá e não sabiam que rumo tomara. Laís continuava foragida.

Quando Augusto enviou um mensageiro para buscar o papel que Luciana deixara e constatou que o envelope estava vazio, ligou para lá. A empregada se desculpou dizendo que devia ter feito alguma confusão e lhe passou todas as informações por telefone.

Laís estava hospedada em um hotel muito simples, próximo ao centro da cidade. Tinha de guardar o dinheiro que conseguira vendendo o que roubara do apartamento, e, naquele lugar, estava protegida de encontrar pessoas da sociedade. Ela não sabia que havia um mandado de prisão contra ela, mas mesmo assim vivia reclusa a fim de alcançar seus objetivos. Não queria ter de explicar tudo o que estava acontecendo. Só reapareceria quando estivesse novamente em uma posição de superioridade. Em seu quarto, ela leu e releu aquele papel várias vezes, mas não conseguia imaginar o que Luciana e Fabiano teriam ido fazer lá. Só havia uma maneira de descobrir: pegou uma pequena maleta de viagem, colocou algumas roupas e saiu em direção à rodoviária. Estava horrorizada por ter de se misturar com os passageiros do ônibus, transporte que ela considerava de classes inferiores, mas era o que podia pagar. Naquele momento estava mais preocupada em desvendar o mistério. Teve sorte de conseguir uma passagem, e o ônibus partiria em 3 horas. Era muito tempo, mas valeria a pena esperar. Sentou-se em uma lanchonete e pediu apenas um sanduíche e um refrigerante. Aguardou o momento do embarque.

*

Já havia anoitecido quando Luciana e Fabiano chegaram. Estavam tão ansiosos que pararam apenas uma vez na estrada para descansar um pouco.

O ambiente do hotel era agradável e relativamente simples. Eles foram bem atendidos, com muita simpatia pelo recepcionista que os encaminhou para a suíte.

Quando estavam sozinhos, Fabiano abraçou a mulher e afirmou:

— Pronto, querida. Aqui estamos. Está feliz?

— Estou, claro. Mas apreensiva também. Não sei como será possível descobrir o paradeiro de Leila; já se passaram tantos anos!

— Vamos conseguir. Em cidades pequenas assim existem moradores que passam a vida inteira no mesmo lugar, na mesma casa, isso é muito comum. Com certeza encontraremos vários que viviam aqui naquela época. Você se lembra da pensão onde morou com Rita?

— Não tenho mais o endereço. Acho que até por uma questão de defesa, para não sofrer me lembrando de Leila e do que eu havia feito, anulei essa parte de minha vida e sequer lembro o nome da dona do estabelecimento. Coitada, era uma boa senhora, que me ajudou muito. Que ingratidão a minha.

— Não fique assim, daremos um jeito.

— A cidade também está muito diferente; não reconheci nenhum lugar pelos quais passamos.

— Você me disse que o local onde deixou Leila era ao lado de um hospital. Lembra-se pelo menos o nome dele?

Seus olhos se encheram de lágrimas quando falou:

— Isso eu jamais poderia esquecer: Maternidade Lar do Amparo. Foi onde nossa filha nasceu. Mas não lembro o endereço...

— Será fácil encontrarmos. Amanhã bem cedo vamos até lá.

Tomaram um banho e foram se deitar. Estavam exaustos, mas inquietos pela expectativa do dia seguinte.

Ao amanhecer, Fabiano levantou-se muito cedo, providenciou o café da manhã e, na recepção, conseguiu o endereço da maternidade. Quando Luciana acordou ele estava ao seu lado com uma bandeja bem servida de café, leite, pães, frutas e geleia. Ela ficou encantada com o gesto do marido e mais feliz quando ele informou que já poderiam ir até a maternidade porque ele sabia onde era.

Apressaram-se em sair. Não tinham certeza do sucesso da missão, mas agarravam-se a todas as esperanças.

O prédio do hospital era muito antigo e parecia não ter sido muito bem conservado nos últimos anos. Dirigiram-se ao balcão de atendimento no saguão principal e foram atendidos por uma jovem. Entreolharam-se desanimados. Pela idade da moça, ela com certeza não saberia dizer-lhes nada. Mas resolveram arriscar assim mesmo. Fabiano perguntou:

— Boa tarde, por favor, nós somos jornalistas e estamos escrevendo um livro sobre crianças desaparecidas, tráfico de recém-nascidos etc. Esse é um trabalho investigativo e gostaríamos de saber se você poderia nos ajudar com alguma informação. Tem acontecido casos de desaparecimento assim aqui na cidade?

A jovem olhou-os desconfiada, mas curiosa e satisfeita: era a primeira vez que conversava ou via de perto jornalistas de verdade. Sentiu-se muito importante e respondeu solícita:

— Ah, eu gostaria muito de ajudar. Meu nome vai sair no livro? É, acho que não; não sei nada sobre isso e nunca soube de nenhum caso assim. Leio nos jornais que isso acontece, mas aqui nunca aconteceu. Nunca roubaram nenhuma criança aqui na cidade.

Luciana olhou para Fabiano desanimada. Ele piscou para ela e insistiu com a moça:

— Mas, e as crianças abandonadas? Isso acontece com frequência, infelizmente. Para onde são levadas? Você sabe algo sobre isso?

Ela coçou a cabeça:

— Bem, a gente ouve falar de um caso ou outro, mas acho que vão para a delegacia, não é?

Dessa vez foi Fabiano quem mostrou o desânimo estampado na face. Luciana pegou na mão do marido, agradeceu à moça e o puxou em direção à porta.

— É, a mocinha não ajudou muito — disse Luciana com o olhar perdido.

— Realmente foi perda de tempo. Mas acharemos alguém que saiba nos dizer algo mais concreto. Não vamos desanimar. Venha, vamos dar uma volta pela cidade; quem sabe você se lembra de algo que possa nos ajudar.

Quando estavam quase chegando ao carro, uma voz chamou a atenção dos dois:

— Senhor, senhora, esperem, por favor.

Ao olharem para trás, uma enfermeira acenava para eles. Era uma senhora já de meia-idade que caminhava com certa dificuldade devido ao nítido sobrepeso. Ela estava ofegante, e ambos, sentindo pena dela, foram em sua direção para poupar-lhe o esforço de alcançá-los. Quando se aproximaram, ela disse respirando fundo:

— Obrigada por não me fazerem sair correndo atrás de vocês. Nunca consigo levar meu regime adiante; também pudera, com as empadinhas da Mazé... Vocês não são daqui, não é? Ah, precisam conhecer as empadinhas da Mazé; já lhes dou o endereço.

O casal gostou do jeito simpático da enfermeira, mas ficou curioso para saber o que ela queria.

— Vamos adorar conhecer as empadinhas da Mazé, obrigada — disse Luciana também com simpatia. — Mas a senhora veio até nós para falar das empadinhas?

A mulher deu uma risada e foi direto ao ponto:

— Não, claro que não. Embora elas valham muito a pena. Olha, antes de mais nada gostaria de esclarecer que não costumo ficar ouvindo a conversa alheia, mas eu estava na maternidade e sem querer ouvi o que vocês estavam investigando. São jornalistas... acho essa profissão linda e muito importante, e esse trabalho que estão fazendo é muito sério. Essa história triste de roubo e abandono de crianças tem de acabar, e o trabalho de vocês pode ajudar muito. Aqui na cidade tem um convento para onde são levadas crianças abandonadas; elas acolhem essas crianças há muitos anos. Talvez possam ajudá-los; devem ter muitas histórias para contar. Olha, vou lhes passar o endereço do convento e de Mazé. Vocês têm papel e caneta?

Ambos sorriram e passaram o que ela pedia. Ela anotou tudo e foi embora. Luciana e Fabiano se abraçaram.

— Nossa, que sorte essa senhora ter ouvido a conversa — disse Fabiano retomando o ânimo.

Luciana respondeu feliz, lembrando-se da amiga:

— Júlia sempre diz que quando nossas atitudes são tomadas baseadas no bem e no amor, Deus e o plano espiritual nos auxiliam a alcançarmos nossos objetivos facilmente. Agora vejo que ela mais uma vez tem razão.

Caminharam novamente em direção ao carro, agora com rumo definido: o convento e a possibilidade cada vez mais próxima de saber o paradeiro de Leila.

*

Laís chegou à cidade exausta e mal-humorada. Não se conformava por ter de andar naquele meio de transporte deprimente. Mas em vez de ficar esbravejando como tinha vontade, voltou a focar sua atenção na razão de estar passando por tantas situações desagradáveis: descobrir o que Fabiano e Luciana haviam ido fazer naquela cidade. Dirigiu-se imediatamente ao hotel onde os dois estavam hospedados. Ao chegar lá, tomou muito cuidado para não ser vista, e logo constatou que além de não poder pagar o valor provável da diária, seria um risco permanecer ali sem saber por onde o casal andava.

Foi se informar e acabou descobrindo que na mesma rua, a cerca de quatro quarteirões do hotel, existia um hotel mais simples e mais barato, mas muito limpo e de boa frequência. Seguiu para o endereço indicado. Tinha pressa; não sabia o que encontraria pela frente e não queria perder tempo. Foi tomar um banho e comer alguma coisa. Seu objetivo era ficar de tocaia no outro hotel até descobrir alguma coisa que lhe valesse o sacrifício.

Enquanto isso, Fabiano e Luciana chegaram ao convento, onde foram recebidos com muito carinho pela madre superiora, que os atendeu prontamente levando-os até sua sala.

Eles falaram a mesma coisa que haviam contado no hotel e a madre se interessou muito pelo tema e disse que de fato muitas histórias de abandono de menores ocorreram naquela cidade.

Luciana apertou a mão de Fabiano emocionada por estar chegando cada vez mais perto de Leila.

Passaram mais de uma hora com a madre e ela os convidou para conhecerem o convento e lancharem com as irmãs, que com certeza adorariam conversar com eles. Levou o casal para ver as crianças abrigadas por elas, e eles ficaram comovidos. Luciana emocionou-se demais, vendo em cada rostinho, o rosto de sua filha, e não conteve as lágrimas ao pensar que muito provavelmente, Leila tivesse passado por ali, exatamente nas mesmas circunstâncias das crianças que via agora.

Já era fim de tarde quando Luciana criou coragem e quase na hora da despedida perguntou:

— Desculpe, madre, mas existe um caso que nos interessa particularmente. Sobre uma menina que foi abandonada ainda bebê, nessa cidade, vinte anos atrás. A senhora sabe de algo a esse respeito?

A madre indagou curiosa:

— Por que esse caso os interessa? Já se passaram tantos anos!

Fabiano interveio:

— Na nossa pesquisa conhecemos muitas pessoas, ouvimos muitas histórias, e essa em especial nos comoveu bastante. A mãe dessa criança está internada em São Paulo, parece que ela abandonou a filha por não possuir alternativa. Mas os anos passaram e ela nunca se livrou do remorso, e acabou sofrendo de alguns distúrbios mentais. Mas os médicos acham que se ela descobrir que a filha está bem, que foi bem cuidada, ficará curada — completou Fabiano. Falou tão rápido que quase perdeu o fôlego.

Luciana estava admirada com a criatividade do marido.

O olhar da madre denunciava sua desconfiança sobre a veracidade daquela história, mas os dois pareciam pessoas de bem, e não cabia a ela questionar nada. Então respondeu:

— Sei que houve um caso sim, mais ou menos nessa época que vocês falam. Mas nesse período eu era apenas uma freira que havia acabado de fazer os votos, então esses assuntos não chegavam ao meu conhecimento. O casal sentiu um sopro de desânimo diante dessas palavras, mas então ela continuou: — Mas lembro que na época, quem cuidava dos detalhes de adoção era irmã Florência. Ela, com certeza, sabe de algo.

— E ela está? Podemos falar com ela? — perguntou Luciana aflita.

— Infelizmente ela não se encontra mais entre nós.

Fabiano assustou-se:

— Ela morreu?

— Não — respondeu a madre calmamente — ela deixou a vida na irmandade por amor e casou-se.

— E seria possível encontrá-la? Está na cidade ainda? A senhora tem o endereço dela?

A madre deu um sorriso:

— Todos na cidade a conhecem. Deixou o convento, mas sua alma caridosa permanece a mesma. Está sempre ajudando os pobres, oferecendo-lhes o que pode de melhor, que é o alimento do corpo e do espírito. Ela dá aulas de catecismo nas horas de folga e tem seu próprio negócio. É uma pessoa muito querida e simpática. Nem preciso dar endereço algum; basta chegarem à cidade e perguntarem pela Mazé! Não há ninguém que ainda não tenha cometido o pecado da gula diante de suas empadinhas.

Fabiano e Luciana se olharam e esboçaram um largo sorriso. Deus estava de fato abrindo-lhes todas as portas, e Luciana agradecia e rezava pedindo proteção e auxílio para que tudo continuasse dando certo. Lembrando-se de Júlia começou a perceber que estava cada vez mais envolvida pela crença da amiga, e tudo de que desconfiava no passado se mostrava como uma bela descoberta de sua própria espiritualidade.

Laís havia arriscado a ir até o hotel onde o casal estava hospedado e recebeu a informação de que eles haviam saído.

Resolveu aguardá-los na recepção, mas em um lugar que poderia vê-los quando entrassem, mas eles dificilmente a veriam. E quando eles cruzaram a porta principal, abraçados e sorrindo, Laís sentiu o ódio dominá-la completamente. Em vez de irem para o quarto, dirigiram-se ao restaurante para jantar. Cuidadosamente, Laís esgueirou-se por entre vasos de plantas e conseguiu chegar perto o suficiente para ouvi-los sem ser vista, protegida por uma coluna atrás da mesa onde se sentaram. Logo pôde escutar o início da conversa:

— Querido, que maravilha a história da Mazé. Quando poderíamos imaginar isso tudo?

— É verdade! Estou ansioso para falar com ela, mas é melhor deixarmos isso para amanhã cedo. Hoje o dia foi cansativo e ela também trabalha muito, não é conveniente incomodá-la agora à noite.

— Tem razão, querido; se já esperamos até agora, aguardemos até amanhã. Iremos à loja dela assim que acordarmos. Sei que abre bem cedo. Todos querem as empadinhas da Mazé até no café da manhã!

Ambos riram e seguiram com a refeição sentindo a alma bem mais aliviada.

Laís levantou-se e se retirou tomando cuidado para não ser vista. Ao passar pela recepção, dirigiu-se à recepcionista:

— Boa noite, por favor, você conhece a Mazé, que vende empadinhas?

— Quem não a conhece? — respondeu a moça com um sorriso.

— Poderia me indicar onde fica a loja dela?

Depois de pegar o endereço, Laís saiu rapidamente. Já abusara muito da sorte e estava muito perto de descobrir tudo.

Na manhã seguinte, quando Luciana e Fabiano chegaram para encontrar Mazé, Laís já estava novamente de tocaia. Mal havia conseguido dormir de tanta ansiedade. Queria chegar ao local antes deles e conseguira. Ela os viu entrar e ficou aguardando. Passados cerca de trinta minutos, eles saíram e Luciana já não apresentava o mesmo ar de felicidade de antes.

Laís ficou pensando em como chegar à loja e descobrir o que havia se passado lá dentro. Não tinha muito a perder e decidiu entrar e deixar as coisas fluírem naturalmente, aí resolveria como agir. Assim que cruzou a porta, conseguiu identificar a figura de Mazé, que lhe fez um sinal de boas-vindas. A casa já estava movimentada mesmo àquela hora da manhã e Mazé procurava dar atenção a todos, mesmo que isso, em alguns momentos, fosse um tanto complicado.

Laís se aproximou e, aproveitando que a mulher estava atarefada, falou:

— Bom dia, por favor, acabei de ver um casal de amigos saindo daqui, mas não consegui alcançá-los antes que partissem no carro. Minha amiga parecia triste; não sabia que estavam na cidade. A senhora os conhece?

Mazé procurou ser gentil, mas estava muito ocupada com suas duas funcionárias providenciando os pedidos dos fregueses:

— Ah, sim, aquele casal simpático e bonito. Pobrezinha da moça. Ficou tão abalada com a notícia.

— Que notícia?

— Eles estão em busca de uma menininha que foi abandonada aqui na cidade ainda bebê. Acho que é para uns amigos, não sei, foi chato, mas nem pude dar-lhes muita atenção. Depois vou procurá-los e me desculpar.

A curiosidade estava chegando ao seu auge:

— Ah, sim. Sei dessa busca deles, mas não sabia que tinha sido exatamente aqui. E o que aconteceu para minha amiga ficar tão triste?

— É que eu contei que a menina, que se chamava Leila, eu acho, foi levada para o exterior por um casal já maduro e sem filhos. A tristeza dela é porque não consegui de jeito nenhum me lembrar do país de onde eram.

Laís sentiu um arrepio subir-lhe pelo pescoço até a nuca. Era isso! Eles estavam atrás da filha que tiveram.

Então Luciana a abandonara! E agora Fabiano a estava ajudando a procurá-la. Ela teria de agir rápido:

— Vou lhe pedir um favor: se a senhora se lembrar de algo mais, contate-me neste número de celular. Realmente minha amiga está muito empenhada nessa busca e vou confessar-lhe uma coisa: essa menina era filha dela.

Mazé parecia alheia ao que Laís dizia e só fazia que sim com a cabeça. Laís insistiu:

— Tudo o que quero é ajudá-los. Por favor, antes de falar qualquer coisa para eles, ligue-me. Sou amiga do casal há muitos anos, e saberei dar a notícia com cuidado. Só quero o bem-estar de Luciana.

A dona da loja pegou o papel com o número de Laís, assentiu novamente com a cabeça, que só foi embora depois que Mazé lhe prometeu só contar a ela.

De volta ao hotel, Luciana demonstrou seu desânimo:

— Eu estava tão feliz! Agora sei que nunca mais veremos Leila.

— Não fique assim, meu amor. Tudo vai dar certo. Mazé vai se lembrar do país e por meio dos conhecimentos de meu pai, não será difícil descobrirmos tudo.

— Nós vamos embora amanhã?

— Sim, vamos. Aguardaremos ainda a tarde de hoje para ver se ela nos telefona. Caso contrário, iremos embora. Ela sabe onde nos encontrar caso precise, e não é bom neste momento você ficar tanto tempo fora do Rio de Janeiro.

Luciana assentiu com a cabeça e abraçou o marido buscando o conforto que tanto precisava naquele momento, e que ele oferecia com sincero amor.

Laís voltou para o hotel convencida de que não havia mais nada para fazer ali. Arrumou suas coisas e decidiu voltar para o Rio também. A mulher tinha seu número, e ela estava certa de que em pouco tempo receberia a ligação tão esperada, principalmente porque Mazé jamais esqueceria a enorme quantidade de empadinhas que ela comprou alegando que levaria para uma reunião de amigas. O que faria com os salgados? Os pobres no ônibus iriam vibrar com o lanche e ela, quem sabe, até conseguiria ficar com duas poltronas só para ela, sem ter de aguentar um desconhecido qualquer dormindo quase por cima dela.

Em pouco tempo, Laís já estava a caminho de casa e planejando a volta por cima que daria em sua vida.

trinta

Chantagem

Duas semanas haviam se passado sem que Luciana e Fabiano tivessem qualquer notícia de Mazé. A angústia tomava conta do coração deles, mas o trabalho e a preocupação com o processo que estava correndo distraíam os pensamentos do casal. Embora com o testemunho de Fabiano Luciana tenha sido inocentada, ela ainda precisava prestar alguns depoimentos.

Laís continuava sua vida visando a um único objetivo: tirar Fabiano de Luciana. Pensava em Mazé e já estava acreditando que a mulher havia mentido quando dissera que entraria em contato. Ou decerto já havia se esquecido da história e ela jamais saberia para onde levaram a filha de Luciana. Mas, para sua surpresa, seu celular tocou e mal ela atendeu ouviu do outro lado da linha:

— Olá, bom dia. Finalmente me lembrei: o casal era da Alemanha. Foi para lá que levaram a menina.

Laís sentiu-se exultante:

— Perfeito. Você fez muito bem em me avisar. Mas não esqueça: não fale sobre isso com mais ninguém. Eu mesma quero dar a boa notícia à minha querida amiga.

Imediatamente, após desligar, Laís buscou sua antiga agenda com os números de telefones de contatos importantes articulados na época que conhecera Arthur e trabalhava supostamente como relações públicas. Estava agitada e fez várias ligações. Até o entardecer provavelmente teria a resposta esperada.

Suas economias estavam sendo gastas com muita prudência, coisa com a qual ela não estava acostumada, mas sentia-se tão feliz que resolveu sair e comprar um vestido novo. Queria estar linda quando o momento de ter novamente Fabiano por perto chegasse.

Já estava anoitecendo quando o celular de Laís tocou com a notícia que tanto aguardava. Não queria esperar nem mais um minuto. De posse de nomes e endereços, ligou para o escritório de Luciana. Suzanne quase não acreditou quando ouviu a voz de Laís:

— É incrível que você tenha a audácia de ligar para cá. Falta-lhe mesmo muita vergonha na cara — disse Suzanne, não fazendo questão de disfarçar sua indignação.

Laís sentia-se poderosa. Nem se abalou com a agressividade da outra:

— Sua opinião de fato não me interessa nem um pouco. Pessoas como você são insignificantes demais para me afetar.

— Eu não sou obrigada a aguentar sua arrogância!

— Problema seu! Já disse, você para mim é um nada! Onde está sua chefe? É com ela que quero falar.

— Você acha mesmo que vou transferir essa ligação para Luciana? Esqueça; você já fez mal demais a ela.

Laís continuou impassível, e disse com segurança:

— Pode apostar que ela mesma vai querer me atender. Caso contrário, jamais obterá a informação que mais deseja na vida.

Houve um silêncio do outro lado da linha e Suzanne perguntou:

— O que você quer dizer? O que quer com ela?

— O assunto é entre mim e ela; mas saiba que Luciana jamais vai perdoá-la se você não passar a ligação.

Após alguns segundos, Suzanne mandou-a aguardar e ligou para a amiga:

— Luciana, tentei evitar, mas Laís está ao telefone e insiste em falar com você.

— Mas que abuso. Diga que não irei atender e que ela não ligue novamente para cá. Temos de avisar a polícia.

Suzanne falou com cautela:

— Ela disse que tem a informação que você espera.

Luciana ficou surpresa e não acreditou no que ouvira, mas raciocinou rapidamente e decidiu atendê-la:

— Está certo; transfira a ligação.

Apreensiva, Luciana atendeu:

— Realmente é uma grande surpresa! O que você quer? Não tenho muito tempo.

Laís respondeu:

— Você terá o tempo que eu achar que é necessário.

Luciana reconheceu aquele tom maldoso e arrogante de anos atrás, e as lembranças fizeram-na sentir-se mal. Chegou a ter uma vertigem.

— Diga logo o que quer.

— Você vai encontrar-me no restaurante que vou lhe indicar. Irá sozinha e em hipótese alguma Fabiano deve saber desse nosso encontro.

— E por que eu faria isso?

— Porque se não fizer, jamais saberá o paradeiro de sua filhinha.

Ao ouvir a menção referente à Leila, Luciana perdeu todo o controle que estava conseguindo manter.

— O que você está dizendo? O que sabe sobre isso? Está blefando!

Laís deu uma risada:

— Você sabe que não estou blefando! Como eu poderia saber que você teve uma filha e que a está procurando?

Luciana não conseguia reagir. Percebendo sua vulnerabilidade, Laís arrematou:

— Pegue papel e caneta para anotar o endereço. E não esqueça: Fabiano jamais poderá saber desse encontro.

Após fazer as anotações necessárias e terminar a ligação, Luciana sentou-se em sua cadeira e percebeu o quanto estava trêmula. Não conseguia parar de pensar: "Como ela conseguiu essa informação? Como soube a respeito de Leila? O que estará pretendendo? Meu Deus, com certeza ela vai aprontar alguma coisa. E por que Fabiano não pode saber? Preciso estar preparada para tudo;

não vou permitir que ela continue me ameaçando e nos fazendo mal. Mas, por enquanto, até ter certeza do que quer, é melhor fazer as coisas do jeito que ela pedir".

Sentiu um impulso de ligar para a polícia e avisar do encontro, mas teve receio de que com isso perdesse a chance de saber onde estava a filha. Daria um jeito depois de descobrir onde Laís se escondia.

Luciana não gostava de mentir, principalmente agora que estava conseguindo se acertar com Fabiano. Para evitar ter de dar maiores explicações, avisou à Suzanne que precisava sair e foi embora sem nenhuma justificativa. Apenas pediu que a assistente avisasse ao marido que o encontraria em casa à noite, o que deixou Suzanne bastante preocupada.

Ao chegar ao lugar do encontro, sentiu suas pernas fraquejarem diante da certeza de que em minutos estaria frente a frente com Laís. Mas teria de ser forte para enfrentar a situação. Não demorou para que a avistasse em uma mesa à sua espera. Aproximou-se vacilante e de imediato percebeu o ar arrogante que tanto conhecia. Laís começou a falar:

— Você não demorou, o que prova que possui de fato bom-senso.

— Acho que não estamos aqui para ficar de conversinhas. Diga logo o que quer; não é prudente que você fique se expondo assim.

Laís fez uma cara de descaso:

— Não vejo problema nenhum. Quem esteve presa foi você, não eu.

Luciana percebeu que a mulher não estava a par dos últimos acontecimentos, e queria ao menos sentir o prazer de dar a má notícia:

— Você tem razão, realmente eu estive presa injustamente, mas minha liberdade me foi devolvida após provar que sou inocente. Já você...

— Eu o quê?

— Você é uma foragida da justiça, por essa razão eu disse que deveria tomar cuidado ao se expor — explicou Luciana sentindo grande satisfação ao ver a cara de espanto de Laís.

— O que você está dizendo? É sua palavra contra a minha. Vou esclarecer tudo para a polícia.

Luciana riu:

— É a palavra da vítima contra a sua. Acho que é mais do que suficiente.

Laís arregalou os olhos e Luciana continuou:

— Assim que Fabiano saiu do hospital, foi até o delegado e a acusou formalmente de tentar nos matar. Ele inclusive mencionou que suas digitais não estavam na arma porque você usava luvas... e eu nem reparei nisso, mas ele sim. O juiz já expediu seu mandado de prisão. Você é uma fugitiva. Então, fale logo o que tem a falar antes que eu resolva ligar para a polícia e avisar onde você está.

A outra estremeceu de pavor e raiva, mas tinha um trunfo e o usaria:

— Você não vai fazer nada; caso chame alguém, jamais saberá onde está sua filha.

— Você é um monstro; vamos, diga logo o que sabe.

— Claro que não! Antes tenho de impor uma condição para só depois lhe passar a informação.

Luciana sabia que algo muito ruim estava por vir. Continuou ouvindo em silêncio:

— Você vai se separar definitivamente de Fabiano!

— O quê?

— Isso mesmo. Você vai se separar dele, mandá-lo embora de sua casa, e quando eu tiver certeza de que fez tudo direitinho, entrarei em contato para dizer onde está sua filha.

— Eu não vou ceder à sua chantagem; se você descobriu, eu também posso descobrir.

— Posso lhe garantir que não foi fácil, e se você não tiver os contatos certos, talvez nem consiga. Deixe de ser teimosa... a informação já está aqui, em minhas mãos, você não terá trabalho nenhum, basta fazer o que mandei.

— Eu não vou fazer isso!

Laís começou a pegar sua bolsa simulando ir embora:

— Que pena! Bem se vê que você jamais seria uma boa mãe. Está renegando mais uma vez sua filha por causa de um homem — concluiu começando a se levantar.

Luciana agitou-se:

— Espere!

Laís se voltou para ela vagarosamente:

— Tem algo a me dizer? — seus olhos faiscavam!

— Nós nos reconciliamos. O que direi a ele?

— Diga que se enganou, que você não o ama mais.

— Ele não irá acreditar.

— Você saberá ser convincente, tenho certeza. Eu a procuro em dois dias, nem um dia a mais. Se não tiver feito o que mandei, não ouvirá mais falar de mim... nem de sua filha!

Luciana deixou o restaurante completamente perturbada pelos últimos acontecimentos. Saiu vagando pela cidade, tentando imaginar o que diria a Fabiano, se é que o faria. Se cedesse à chantagem de Laís uma vez, outras poderiam vir depois. Ela deveria ir à polícia imediatamente, mas em seguida pensou na filha e desistiu. Não tinha noção de quanto tempo ficou rodando sem direção, mas acabou inconscientemente chegando à casa de Júlia. Hesitou por alguns instantes e tocou a campainha.

Júlia a recebeu como se já soubesse de sua vinda. Carinhosamente, convidou-a para entrar. Sabia que a amiga estava muito angustiada e ofereceu-lhe um chá calmante. Sentaram-se na sala e Júlia permaneceu em silêncio dando, dessa forma, a oportunidade para Luciana se abrir e desabafar seus problemas. Ainda vacilante, sem saber o que poderia ou deveria falar, Luciana começou timidamente a expor seus sentimentos. Conforme ia falando, a emoção tornou-se cada vez mais forte e culminou na narrativa para Júlia de tudo o que acontecera em sua vida e as consequências que sofria agora pela insanidade de Laís. Concluiu seu relato dizendo:

— Júlia, eu deveria matar essa Laís agora. Tenho de impedi-la de continuar destilando seu veneno e espalhando sua maldade.

Júlia a olhou com serenidade:

— Se você alimentar esses pensamentos, estará simplesmente sendo uma pessoa exatamente igual a ela.

— Só falta você dizer que devo perdoá-la.

— É a lei do "olho por olho", não é? É nisso que você acredita, como a maioria das pessoas.

— Isso é, sem dúvida, o mais certo.

— Quem determinou o que é certo? Os primeiros homens que duelavam em nome da honra?

— Sim.

— Você, neste exato momento precisa muito da informação que ela tem para lhe dar. Não lhe restam muitas opções, a não ser fazer o que ela quer. Tudo vai acontecer como deve acontecer. Você não tem com que se preocupar. Faça o que tem de fazer e tenha fé. Se for para seu bem e de Fabiano, vocês logo estarão juntos novamente.

— Jamais vou perdoá-la.

— O tempo é o senhor da razão. Ele vai lhe mostrar o caminho. Mas não a odeie. Concordo que você deva se precaver para que ela não possa atingi-la novamente no futuro, e a polícia acabará por cumprir seu dever. Mas não a odeie. Vocês devem ter uma longa história de raiva e inveja em sua vida, e, pelo que me contou, essa relação conturbada irá continuar até que alguém desista de alimentar essa disputa. Você me parece mais evoluída do que ela, e ao espírito mais evoluído cabe encerrar esse ciclo criado e revivido durante várias encarnações, porque vocês duas não utilizaram a sabedoria divina adquirida com os acontecimentos para entender e resolver a situação sem dor ou sofrimento. E você não sabe qual a sua parcela de responsabilidade em tudo isso.

— Você disse que devo agir como se nada tivesse acontecido? Isso é impossível!

— Não estou dizendo isso. Você deve observar, sim, tudo o que está acontecendo e tirar disso o ensinamento que a vida está querendo mostrar-lhe. Utilize a situação em seu benefício, já que nesse caso, ela jamais aceitaria que você a ajudasse a compreender também. Faça sua parte. Eu lhe garanto que os sentimentos de alívio e felicidade tomarão conta de você. Nós devemos sempre nos ajudar e ajudar ao outro também, mesmo que ele seja nosso adversário, mas isso só é possível se o outro quiser compartilhar dessa busca. Caso contrário, proteja-se. Nesta vida, é importante ser amado e perdoado, porém, mais importante é nós amarmos e nos perdoarmos primeiro.

Luciana estava bastante confusa e seus sentimentos eram um turbilhão de contradições. Ficou pensativa enquanto Júlia prosseguiu:

— No momento você deve resolver esse impasse de sua filha. E a única maneira é fazendo o que Laís quer. Vá, converse com Fabiano, consiga as informações sobre o paradeiro de sua filha e confie em Deus. Ele, com certeza, colocará tudo em sua devida ordem. Nada está errado no universo.

Luciana agradeceu a ajuda de Júlia e foi para sua casa decidida a seguir seus conselhos. Ela ainda não tinha convicção de que estava fazendo o certo, mas algo a impulsionava a prosseguir: "Talvez seja meu anjo da guarda me orientando", pensou realmente mais aliviada. Sem saber, Luciana estava sendo orientada não só pelo seu mentor espiritual, mas também por sua mãe Rita, que nunca a abandonou.

Chegando a casa, Fabiano a esperava aflito pelo seu desaparecimento e a forma como saiu do escritório. Recebeu-a cheio de perguntas para as quais não conseguiu respostas. Luciana buscava forças em seu íntimo para fazer o que precisava, por mais doloroso que fosse. Pediu que Fabiano a acompanhasse até o quarto, e entrou no assunto sem mais demoras, porque corria o risco de vacilar e desistir de tudo.

— Fabiano, acho que cometemos um terrível engano. Ou melhor, eu com certeza, cometi.

— Do que você está falando?

— De tudo o que está acontecendo agora. Foi um erro tentarmos reaver um amor do passado, sentimentos de adolescentes sonhadores. Muita coisa aconteceu durante todos esses anos e não somos mais os mesmos, portanto, essa relação não pode dar certo. Estamos maduros e querendo sentir o que sentíamos há mais de vinte anos. Acho que devemos parar por aqui antes que machuquemos um ao outro.

Fabiano não entendia e começou a demonstrar nervosismo:

— O que você está dizendo? Isso não é verdade. Nós amadurecemos sim, naturalmente, mas nossos sentimentos também amadureceram e hoje podemos viver nosso amor de outra forma, muito mais intenso e verdadeiro.

Luciana sentia um nó apertando-lhe a garganta, mas continuou firme:

— Isso é inviável. Estaríamos alimentando uma ilusão baseada em lembranças de um tempo que, de certa forma, foi muito marcante para nós. E descobri que o que sinto não é amor; é um apego ao que se foi, apenas isso.

Ele a olhava incrédulo:

— Você está mentindo, vejo isso nos seus olhos.

Luciana perturbou-se e desviou o olhar dizendo:

— Desculpe se o fiz entender de outra forma, mas essa é a verdade! Eu não o amo e gostaria que você e seu pai arrumassem suas coisas para deixarem o meu apartamento.

— Luciana, pelo amor de Deus, o que está acontecendo? — inquiriu Fabiano arrasado.

Ela manteve-se impassível:

— Nada além do que lhe falei. Quero que fique tranquilo e tranquilize Arthur. Comprometi-me em ajudá-lo nessa fase de recuperação e não vou deixá-lo na mão. Vocês podem procurar um bom hotel que arcarei com as despesas. E acho que seria mais conveniente que você buscasse outro trabalho; quem sabe ajudando seu pai.

— Quer que eu saia do escritório também?

— Melhor assim. Acho que não seria bom estarmos juntos todos os dias.

— Mas, Luciana...

— Por favor, Fabiano, estou exausta e com dor de cabeça. Vou me deitar no outro quarto para que você fique à vontade para arrumar seus pertences. Gostaria que vocês saíssem ainda hoje. Não existe razão para adiarmos o inevitável.

Fabiano percebeu que não adiantava insistir, pelo menos naquele momento. Conhecia a mulher o suficiente para saber quando era hora de recuar. Mas não desistiria dela assim tão fácil. Em outra ocasião voltariam a conversar.

Luciana saiu e quando chegou ao corredor não conteve o pranto. Estava feito e agora não sabia como suportaria viver longe de seu grande amor mais uma vez.

Quando Fabiano deu a notícia a Arthur, este ficou arrasado e temeroso pelo futuro, mas foi tranquilizado pelo filho que lhe contou que tinha certeza de que Luciana cumpriria sua promessa.

Naquela mesma noite eles se foram, deixando Luciana desconsolada.

Assim que se viu sozinha, ligou para Laís e disse que havia feito tudo como ela queria. A outra não perdeu a chance de lançar seu sarcasmo:

— Finalmente você agiu de forma sensata. Parabéns! Isso mostra que a empregadinha de fato evoluiu um pouco.

Luciana estava sofrendo muito e lembrou-se das palavras de Júlia. Seu sofrimento pela perda de Fabiano novamente era muito maior e mais intenso do que o sentimento que Laís lhe causava. Começava a entender o que Júlia tentou lhe dizer.

— Bem, Laís, fiz o que você mandou. Agora me passe os dados.

— Ainda não. Primeiro quero ter certeza de que você não está querendo me enganar. Mas não se preocupe, vou cumprir nosso acordo. Amanhã ou depois a procuro. E não esqueça, nada de avisar a polícia.

Luciana se desesperou:

– Chega, Laís! Já fiz o que queria, o que quer mais? Passe-me logo o endereço de minha filha...

Não havia mais ninguém do outro lado da linha. Laís desligou, deixando Luciana insegura e apreensiva.

Os dias seguintes seriam os mais longos de sua vida.

trinta e um

O encontro

Laís cumpriu o combinado e dois dias depois ligou para Luciana informando os dados de Leila.

Suzanne estava entrando no escritório da amiga quando esta desligou o telefone. Luciana estava lívida, e Suzanne perguntou:

— Meu Deus! O que aconteceu? Você está pálida!

— Era Laís. Ela acabou de me passar o endereço de Leila. Ela disse que a menina foi levada para a Alemanha, mas voltou há alguns anos e está aqui no Brasil, no Rio de Janeiro!

Suzanne ficou pasma imaginando a ansiedade pela qual Luciana estava passando.

— O que você vai fazer? Vai ligar agora?

Luciana, com o olhar perdido, respondeu:

— Não sei. O que vou dizer a ela? Como será que foi criada? Não sei se sabe que foi abandonada. Talvez quem a levou a tratasse como filha e ela nem saiba de nada. Estou com medo.

Suzanne não sabia o que dizer. Luciana continuou:

— Se ela souber de alguma coisa, será que vai me perdoar? E se não souber, como vou chegar até ela e dizer: "Sou sua mãe"? Esperei tanto por esse momento e agora não tenho coragem de prosseguir.

— Você vai ter de buscar essa coragem de qualquer jeito. Há anos você sonha em reencontrar sua filha, não pode desistir agora. Seja lá o que for que venha a acontecer, é melhor do que ficar em dúvida. Se ela não a aceitar de imediato, com o tempo você conseguirá mostrar-lhe a verdade dos fatos e ela entenderá. Tenha fé de que será assim. Não acredito que ela tenha se tornado uma pessoa fria e insensível. Ela tem "sangue bom" — completou com um sorriso tentando animar a amiga.

— Obrigada, Suzanne. Acho que você tem razão; não vou suportar saber que ela está tão perto e ao mesmo tempo tão longe de mim.

— Preciso lhe fazer uma pergunta: Fabiano esteve aqui há dois dias pegando tudo o que era dele. Não falou com ninguém e foi embora. O que está acontecendo?

Luciana hesitou, mas acabou se abrindo:

— O que vou lhe contar é sigiloso e confio na sua discrição. Em hipótese alguma Fabiano poderá saber. Essa foi a condição que Laís me impôs para me falar onde está Leila. Eu teria de romper com Fabiano definitivamente. Caso contrário, jamais encontraria minha filha.

Suzanne expressou sua revolta:

— Então eu e Arthur estávamos certos. Ela sempre foi apaixonada por Fabiano, essa era a razão de tanto ódio por você. Como não poderia tê-lo, fez de tudo para impedir que vocês fossem felizes.

— No início achei essa história muito absurda, mas agora sou obrigada a concordar. É a única coisa que faz sentido.

— Miserável! Ela merece pagar por tudo o que fez. Não podemos avisar a polícia?

— De nada vai adiantar. Eu não sei onde ela está se escondendo.

— Se você me autorizar, procuro o delegado e relato tudo o que ela está fazendo.

— Não me oponho, mesmo porque, no momento quero focar minha atenção em minha filha. Veja, ficou gravado aqui no meu celular o número do celular que ela usou. Anote aí. Como não é telefone fixo acho que não vai adiantar muito, mas passe para o delegado assim mesmo.

— Qualquer informação é fundamental agora. Acho melhor você avisar a polícia também sobre seu encontro com Leila.

Luciana foi taxativa:

— Não, isso não. Ninguém pode saber dessa história. Não sei o que Laís será capaz de fazer. Ela pode procurar Leila e inventar alguma mentira colocando-a contra mim. A polícia já vai saber sobre a chantagem, mas ninguém pode saber o paradeiro de Leila e isso não pode chegar aos ouvidos de Fabiano. Laís pode ficar com raiva. Aliás, é melhor avisar a polícia só depois do meu encontro com minha filha. Não quero que nada interfira negativamente. A situação que vou enfrentar já é bastante delicada.

— Ao menos, passe-me o endereço e o telefone de Leila. Não acho certo você ir encontrá-la sem que ninguém saiba onde você está.

— Mas nem sei onde vou encontrá-la. Não sei se é sua casa. Se mora no Alto Leblon deve estar muito bem de vida, Graças a Deus! — disse Luciana sorrindo.

— Você está muito insegura. Já vi que vai precisar de ajuda. Dê-me o número que eu mesma ligo para ela e marco um encontro, se possível para hoje ainda.

Luciana entrou em pânico:

— Não, calma! Não pode ser assim... O que vai dizer?

— Tem de ser assim — disse Suzanne de forma enérgica. — Desse encontro dependem muitas coisas. Quanto antes você resolver isso, mais rápido poderá agir contra Laís e esclarecer tudo com Fabiano. Ande, não discuta e me dê o número.

O espírito luminoso de Rita influenciava diretamente Suzanne.

Luciana espantou-se com os modos autoritários da amiga; ninguém se dirigia a ela daquela forma, porém ela sabia que Suzanne estava querendo ajudá-la, e também que estava com a razão. Pela primeira vez Luciana estava sem coragem para agir, e realmente precisava de ajuda. Estendeu o papel com os dados.

Suzanne o pegou rapidamente e fez a ligação. Parecia estar falando com alguma assistente de Leila e não teve de lhe dar explicações detalhadas. Disse apenas que a grande estilista gostaria de conversar com ela. Talvez a fama de

Luciana tenha lhe aberto essa porta, e foi com facilidade que depois de alguns segundos a moça voltou ao telefone e confirmou o encontro ainda para aquela tarde. Luciana ficou imensamente feliz, mas ao mesmo tempo muito preocupada, contudo não tinha como recuar. Avisou à Suzanne que iria para casa relaxar e se preparar para o encontro, deixando todos os contatos de Leila com Suzanne, que anotou tudo em sua agenda, inclusive a hora marcada.

Quando Luciana saiu, Suzanne, que estava inconformada com tudo o que estava acontecendo, não aguentou e ligou para Fabiano. Luciana sempre fez questão de não depender de ninguém e de resolver as coisas à sua maneira. Mas desta vez estava muito fragilizada por tudo e precisava de ajuda, gostasse disso ou não. Quando Fabiano atendeu ela disse:

— Encontre-me naquele restaurante aqui perto onde gostamos de ir. Preciso falar com você. É urgente!

Fabiano nada questionou ao sentir a determinação de Suzanne. Em menos de uma hora estavam juntos e Suzanne começou a falar decidida:

— Laís está chantageando Luciana. Foi por essa razão que ela rompeu com você.

Fabiano se revoltou e deu um murro na mesa.

— Eu sabia que existia algo muito errado. Eu e Luciana estávamos bem, unidos, e, de repente, do nada, ela rompeu comigo. Essa Laís é uma louca, totalmente desequilibrada. Temos de acabar com ela. Que chantagem é essa? Como está ameaçando Luciana?

Suzanne contou tudo em detalhes e a cada palavra, Fabiano sentia crescer a cólera em seu peito. Ela contou inclusive sobre o encontro das duas naquela tarde.

— Vou nesse encontro também — falou Fabiano impulsivamente.

— Não faça isso. Luciana não vai me perdoar se souber que lhe contei tudo.

— Chega, Suzanne! Não vou permitir que Laís continue definindo nossa vida. Vou para casa conversar com Luciana; está decidido.

Suzanne não tentou impedi-lo porque concordava com ele e estava mesmo torcendo para que os dois se acertassem e ele fosse com Luciana encontrar Leila para protegê-la e apoiá-la.

Enquanto Suzanne estava na rua com Fabiano, Laís apareceu na empresa de Luciana. Quando chegou, apenas uma funcionária nova, muito jovem, estava na recepção e não a conhecia. Laís olhou para todos os lados atentamente, e, certificando-se de que não havia mais ninguém conhecido, entrou e dirigiu-se à moça:

— Olá, eu gostaria de falar com Suzanne ou Luciana.

— Ah, sinto muito. Nenhuma das duas está neste momento. Posso ajudá-la?

— Que pena! Não, é só com elas mesmo. Estou montando meu escritório aqui perto e pedi que Luciana criasse os modelos dos uniformes dos funcionários. Ela ficou de me dar uma posição e como está demorando resolvi passar aqui — ao dizer isso, sem querer bateu os olhos na agenda aberta em cima da mesa e pôde identificar o nome de Leila numa anotação. — Você poderia, por favor, conseguir um copo com água?

— Pois não. A senhora aceita um cafezinho também?

— Pode ser.

Assim que a moça saiu, Laís virou a agenda e viu o horário marcado. Fechou de qualquer jeito a agenda e saiu em seguida.

Quando a moça trouxe a água e o café, não havia mais para quem entregar.

Luciana estava na varanda, pensativa, olhando o mar, quando a empregada se aproximou dizendo:

— Desculpe, senhora, mas tem alguém que deseja vê-la.

— Eu lhe disse que não queria ser incomodada em hipótese alguma.

— É o sr. Fabiano!

Luciana arregalou os olhos, sentiu a respiração e o coração acelerarem, e conseguiu apenas dizer:

— Faça-o entrar e vir até a varanda.

Luciana vivia uma tensão após a outra. O que a esperava agora? O que o destino iria lhe exigir mais?

Luciana não entendeu a forma como Fabiano se aproximou dela ao chegar à varanda. Ele vinha com uma expressão serena e o olhar repleto de amor. Ela levantou-se e quando ele chegou bem perto, puxou-a para seus braços dando-lhe um beijo ardente e apaixonado, ao qual ela não conseguiu resistir. Mas, de repente, a imagem de Laís veio à sua cabeça e Luciana afastou-se nervosa. Fabiano afirmou:

— Meu amor, já sei de tudo, não precisa ficar nervosa. Já fui informado sobre a chantagem que Laís fez com você, mas desta vez as armações dela não darão certo. Está acabado. Vamos encontrar nossa filha e mais cedo ou mais tarde Laís vai parar atrás das grades.

Luciana não aguentou tanta tensão acumulada e começou a chorar, sendo confortada pelo marido.

— Você não podia saber! Suzanne não tinha o direito de lhe contar, eu pedi tanto! Se Laís souber, não sei do que será capaz.

— Ela não pode mais nada contra você, contra nós. Você já sabe onde está nossa filha, estamos aqui, juntos, a polícia está atrás dela. Não fique com medo, ela não poderá nos afetar mais. Você não deveria ter mentido para mim escondendo a chantagem dela, mas eu entendo sua angústia. Agora, vamos esquecer tudo isso e pensar no futuro. Quero ir com você conhecer nossa filha.

Luciana fez um gesto carinhoso nos cabelos do marido:

— Eu compreendo sua ansiedade em conhecê-la, mas gostaria de pedir que me deixe ir sozinha. Quando eu a abandonei estava sozinha, e é assim que quero reencontrá-la. Por favor!

— Você tem certeza de que ficará bem? Eu preferia ir junto, mas se quer assim, eu respeito sua decisão. Mas me prometa que se precisar de qualquer coisa, vai me ligar e irei encontrá-la imediatamente.

— Eu lhe prometo. Fique aqui em casa — e ela deu um sorriso —, na nossa casa, e me espere. Tenho a impressão de que voltarei com grandes alegrias para nós todos. Sua presença me fortaleceu e me mostrou que podemos vencer as maldades daquela mulher se nos mantivermos unidos. Aproveite e ligue para Arthur. Conte-lhe tudo e diga que volte para casa. Com certeza, ele vai querer conhecer a neta o mais breve possível também.

Selaram aquele momento com mais um beijo e Luciana foi se aprontar para o tão esperado reencontro.

Assim que saiu do prédio, foi seguida por Laís em um táxi. Ao chegar ao prédio de Leila, Luciana foi recebida pelo porteiro, que lhe indicou a entrada do estacionamento para visitantes dentro do condomínio. Laís dispensou o táxi e ficou observando do outro lado da rua.

A empregada anunciou a chegada de Luciana, que estava tão nervosa que temia que Leila percebesse. Quando a moça apareceu, Luciana ficou encantada com a filha, que era uma jovem linda, saudável e de aparência elegante. Possuía os cabelos da mesma cor dos seus quando jovem, e a pele clarinha como a de Fabiano. Era encantadora e foi muito difícil ficar diante dela sem correr para abraçá-la.

Leila se aproximou com educação, mas muito reservadamente:

— Boa tarde, senhora. Eu a conheço muito de nome e é um prazer tê-la em minha casa. Só não entendi o motivo da visita. Mas seja bem-vinda.

Luciana não conseguia falar, e quanto mais tentava, mais nervosa ficava. Leila, como era de se esperar, não pôde deixar de perceber e achou aquilo muito estranho:

— A senhora está bem?

Com dificuldade, Luciana respondeu:

— Desculpe, no caminho para cá passei um grande susto no trânsito e ainda estou abalada. Vi que seu condomínio tem um belo e grande jardim. Poderíamos descer e caminhar um pouco? Vai me fazer bem e, com certeza, ficarei mais relaxada.

Leila estava achando tudo muito esquisito, mas como Luciana era uma pessoa muito conhecida, sabia que não havia o que temer. Ambas pegaram o elevador e se dirigiram ao jardim, onde Leila perguntou já bastante curiosa:

— Pronto, aqui vai se sentir melhor. Mas desculpe, ainda não entendi a razão de sua visita e como me conhece.

Luciana percebeu que não pensara em nenhuma desculpa para justificar sua ida até conseguir descobrir mais sobre Leila. Ficou sem jeito, sem saber o que fazer; nem parecia a Luciana que conquistou tanta coisa na vida, com tantas lutas vencidas por meio de muita determinação.

Leila já estava ficando impaciente e perguntou mais uma vez:

— Minha senhora, estou ficando incomodada com sua atitude, desculpe. Mas a senhora vem até a minha casa, pede para ter uma conversa comigo, não expõe com clareza o motivo da visita e agora permanece calada. Isso está muito desagradável.

Luciana estava à beira do pânico:

— Você vivia na Alemanha, não é?

— Sim, mas qual é o seu interesse?

Luciana respirou fundo e falou a primeira coisa que lhe veio à mente:

— Fui muito amiga de sua mãe!

Leila a olhou desconfiada:

— Minha mãe? Como? Ela veio apenas uma ou duas vezes ao Brasil; como você a conhecia? E não me lembro de tê-la visto alguma vez em nossa casa. Além do que, minha mãe era bem mais velha do que você. Como poderiam ser amigas?

Luciana não conseguiu responder. Leila então fechou a cara e disse com ar muito sério:

— Espere, acho que estou entendendo; se você está se referindo à mulher que me deu à luz, saiba que se tem algo dela para me contar não me interessa. Minha mãe se chamava Érika, era alemã, e cuidou muito bem de mim. Graças a ela e ao meu pai tive e tenho hoje uma ótima vida.

Luciana sentiu como se uma lança fosse fincada em seu peito. Mas a dor causada pelas palavras da filha acabaram lhe dando forças para falar a verdade. Precisava contar à Leila que a mãe e o pai eram boas pessoas e que haviam sido vítimas da maldade de Laís. Ela iria entender. Leila falou ainda:

— Bem, se a senhora veio aqui para falar alguma coisa daquela mulher, por favor, pode se retirar. Nada sobre ela me interessa e não me diz respeito. Já posso imaginar: ela me descobriu, está doente ou passando necessidades e, sabendo que sou muito rica, resolveu me procurar. Só não entendo sua ligação nessa história, uma pessoa tão elegante e famosa! Por acaso essa mulher trabalha para a senhora? É sua empregada ou algo assim?

Luciana ficou com os olhos marejados; como a filha estava enganada sobre tudo! Não era justo. Ela tinha de saber a verdade. Eles não podiam ser julgados de forma tão cruel e deturpada. Encheu-se de coragem e falou:

— Menina, eu não a conheço nem você a mim, mas você já sabe que não era filha legítima do casal que a criou, diga-se de passagem, muito bem pelo visto.

— Isso mesmo. Meus pais já não eram jovens quando me adotaram em uma vinda ao Brasil. Sempre me disseram que se apaixonaram por mim à primeira vista. E só retornaram à Alemanha quando conseguiram concluir minha adoção. Tive uma vida maravilhosa e, quando completei dez anos, eles conversaram comigo e me contaram a verdade. Tiveram tanto carinho e amor por mim, que jamais fiquei magoada por não terem me contado antes, e para mim não interessava mais nada. Eles eram meus pais, e eu os amava muito. Sofri demais quando morreram, mas como me deixaram muito bem de vida, para tentar sobreviver sem eles decidi me mudar para o Brasil. Mas mesmo estando aqui, não tenho interesse nenhum nessa história sobre quem me colocou no mundo. Essa pessoa me abandonou e não merece nada de mim, nem meu respeito.

— Mas você não sabe nada sobre sua mãe, nem sobre seu pai, como pode julgá-los assim?

— Minha senhora, não estou entendendo sua insistência; e se veio aqui para falar sobre isso, já disse que perdeu seu tempo. Não sei qual o seu objetivo e interesse, mas não tenho tempo para isso. Por favor, retire-se! Já disse que essa gente não me interessa. Não me obrigue a ser mais indelicada. Não é do meu feitio destratar ninguém.

Leila já ia se preparando para voltar ao apartamento, quando Luciana falou quase sem respirar:

— Leila, espere, tenho muito interesse sim nesse caso. Eu sou sua mãe!

Leila estancou, voltou-se para ela e a mediu dos pés à cabeça dizendo:

— O que disse?

Luciana sentiu a coragem esvaindo-se, mas agora era tarde demais:

— Eu disse que sou sua mãe! Eu a coloquei no mundo, você tem o meu sangue em suas veias.

Leila encheu-se de desprezo e raiva:

— Você não é ninguém. Minha mãe se chamava Érika, e infelizmente já morreu. Faça o favor de ir embora agora.

Luciana agora estava se sentindo muito injustiçada, e tinha de fazê-la entender:

— Pare, não fale assim. Você tem de me ouvir. Você não pode me julgar sem saber a verdade.

— Que verdade? O que pode ser tão impressionante que justifique uma mãe abandonar a própria filha? Vá embora, não quero ouvir mais nada!

Luciana não desistiu:

— Não grite. Você tem suas razões para reagir assim, mas se foi tão bem educada quanto parece, tem de me dar a chance de me explicar... você precisa me ouvir! Depois, faça o que quiser, irei respeitar sua decisão, mas antes você tem de conhecer a verdade.

Enquanto as duas discutiam, Laís se aproveitou da chegada do carro de um morador e, sem ser vista, conseguiu entrar na garagem. Pela escada de serviço chegou ao jardim. Naquele horário, o prédio não tinha muito movimento, e ela conseguiu se deslocar com facilidade até um ponto onde podia ver e ouvir as duas discutindo. Quando estava à espreita no prédio de Luciana e viu Fabiano chegar, deduziu que eles a haviam enganado. E pensou que eles iam pagá-la por tentarem fazê-la de boba. Ela ia acabar com a vida deles de uma vez por todas.

Mãe e filha baixaram o tom de voz e Laís não conseguiu mais ouvi-las com tanta nitidez. Mas podia perceber que as duas ainda discutiam. Luciana falava mais e Leila escutava, demonstrando contrariedade.

Um bom tempo se passou até que Laís viu Luciana chorando e Leila andando de um lado para o outro, nervosa e calada. "Será que elas vão se entender? Será que a menina vai perdoar a mãe? Não vou permitir! Eles jamais terão um final feliz! Fizeram-me sofrer, humilharam-me, perdi tudo... vão me pagar caro! Se eu não tenho Fabiano, ela não o terá. Jamais serão uma família feliz! CHEGA!", pensou Laís andando de modo firme e decidido em direção às duas. Sua expressão era pura insanidade e ódio, e, conforme caminhava, abriu a bolsa e tirou uma arma, apontando na direção de Leila, que nada percebia. Luciana olhou para o lado e, aterrorizada, viu Laís se aproximando com a arma apontada para a filha. Não teve tempo sequer de raciocinar. Luciana jogou-se na frente de Leila exatamente na hora em que Laís efetuou o disparo, que a atingiu certeiramente na barriga, fazendo-a cambalear em direção à filha. Leila entrou em pânico ao ouvir o tiro e ver Luciana atingida. Diferente de quando atentou contra a vida de Fabiano, desta vez a arma que Laís havia conseguido não tinha silenciador, e os empregados do condomínio também ouviram o disparo e correram em direção ao jardim. Laís começou a correr, ainda com a arma na mão, mas foi alcançada por dois funcionários que, rapidamente, conseguiram jogá-la no chão e tirar a arma de sua mão.

Enquanto isso, Leila olhava repleta de terror o corpo da mãe deitado no chão e sua roupa toda ensanguentada. O celular de Luciana tocou e Leila completamente trêmula o atendeu impulsivamente. Era Fabiano que ao ouvir a ligação ser atendida, falou:

— Luciana? Estou apreensivo e não aguentei esperar. Está tudo bem?

Do outro lado da linha ele ouviu algo que o deixou completamente transtornado:

— Ela está morrendo! Pelo amor de Deus, chame ajuda!

trinta e dois

Desespero

Quando Fabiano chegou ao prédio de Leila, uma grande confusão já havia se formado no interior do condomínio e na rua. Ao receber a notícia, ele ficou completamente desorientado e só conseguiu ligar para Suzanne pedindo que o encontrasse no endereço da filha. Saiu em seguida, desesperado.

A polícia já estava no local, mas, depois de se identificar, Fabiano conseguiu atravessar o cerco que impedia curiosos de se aproximarem. Ao chegar ao jardim, a cena que viu o atingiu de forma brutal. Sua mulher, a mulher a quem amava e de quem ficara tantos anos separado, estava ali deitada, banhada em sangue e desacordada. Não conseguia se aproximar; temia constatar que ela tivesse morrido. As lágrimas corriam soltas pelo seu rosto. De repente, despertou do choque e correu até ela. Tinha de fazer alguma coisa, precisava salvá-la. Leila estava ajoelhada ao lado de Luciana, e seu estado de pura perplexidade já não permitia que ela chorasse. Quando Fabiano também se ajoelhou ao lado do corpo, ela simplesmente falou:

— A ambulância já está chegando!

Fabiano mal olhou para ela. Passava as mãos nos cabelos de Luciana e dizia:

— Meu amor, acorde! Pelo amor de Deus, resista! Nós temos muito ainda para viver. Não é justo que depois de tudo o que passamos, de tantas maldades das quais fomos vítimas, você agora parta me deixando aqui. Por favor, resista! — e não conseguiu continuar impedido pelo choro convulsivo.

Ao ouvir as palavras dele, Leila o olhou com uma certeza: aquele era seu pai. Sentiu seu corpo todo arrepiar, e seus olhos ficaram marejados. Em pé, ao seu lado, Rita, Olívia e Saulo estendiam as mãos sobre sua cabeça, orando e enviando vibrações de amor para o coração da moça, que sentia essa vibração invadindo seu coração. Olhou novamente para Fabiano, depois para Luciana, e mesmo sem saber detalhes de toda a história da qual era personagem principal, comoveu-se com a dor do casal, com a dor de seus pais. Olívia aproximou-se do filho, e Rita de Luciana, continuando em suas orações.

A equipe médica de emergência chegou e Fabiano e Leila tiveram de se afastar de Luciana para que ela fosse atendida. Naquele momento, Fabiano olhou para o outro lado do jardim e viu Laís sentada em um banco, cercada por três policiais e os dois funcionários que conseguiram imobilizá-la. Movido pelo ódio, ele se dirigiu em direção a eles com uma fúria descontrolada. Sem pensar, Leila correu atrás dele, instintivamente tentando impedi-lo de fazer alguma bobagem. Já estava perto quando começou a gritar:

— Sua louca! Assassina! Vou acabar com você, miserável!

Antes que ele chegasse mais perto, um policial foi em sua direção, mas quem conseguiu contê-lo foi Leila, que o pegou pelo braço fazendo-o parar, já com o policial na sua frente:

— Senhor, por favor, acalme-se — disse a autoridade com firmeza.

Fabiano continuou gritando:

— Essa mulher é uma louca, uma criminosa! Você vai apodrecer na cadeia. Se algo pior acontecer com minha mulher, vou viver para acabar com você.

Nesse instante, ele tentou desvencilhar-se de quem o segurava, e estava tão agitado que Leila sentiu que não conseguiria contê-lo por muito tempo. O policial aproximou-se pronto para ajudá-la e Fabiano gritou:

— Solte-me! Vou acabar com essa assassina!

Leila falou:

— Controle-se. A polícia vai cuidar dela!

Ele continuou se debatendo e Leila gritou desesperada e em lágrimas:

— Por favor, acalme-se, pai!

Tudo parou! O vazio envolveu Fabiano e aquelas palavras ficaram ecoando em sua cabeça. Em fração de segundos várias imagens da época de seu namoro com Luciana desfilaram em sua mente. A mão que segurava seu braço estava ali, firme. Mal se podia ouvir a respiração de Fabiano. Ele voltou-se lentamente e, ao deparar com aquele rostinho lindo e assustado encarando-o, o amor se apoderou do lugar que antes abrigava somente ódio, e, sem conseguir dizer nada, ele abraçou a filha com intensidade e ambos choraram juntos num momento em que as palavras eram desnecessárias e o calor dos sentimentos já dizia tudo.

Suzanne chegou perto de Júlia, Augusto e Mário no exato instante em que Luciana estava sendo levada para a ambulância. Os amigos se angustiaram com a cena. Logo saíram Fabiano e Leila abraçados, o que deu um grande alento ao coração de Suzanne e Júlia. Augusto tomou a iniciativa e falou:

— Fabiano, venha comigo. Você não está em condições de dirigir. Mário, leve o carro dele. Suzanne, quem é essa moça?

Leila respondeu com a cabeça erguida e emocionada:

— Sou Leila, filha de Fabiano e Luciana!

Mário e Augusto olharam para Suzanne espantados, e ela fez um sinal que depois falariam sobre o assunto.

— Leila vai comigo e com Júlia no meu carro. Tudo bem, Leila?

A moça olhou para o pai. Ele apenas assentiu com a cabeça e deu-lhe um beijo na testa. Júlia e Suzanne ficaram comovidas.

Pouco atrás de Fabiano e Leila, saíram os policiais que levavam Laís algemada. Estava acabado. Pega em flagrante, ela ficaria detida sem direito a *habeas corpus*. Quando ela passou, todos a olharam e ela retribuiu com ódio. Apesar de sua situação, mantinha a mesma postura arrogante que lhe era peculiar. Arthur chegou a tempo de presenciar a cena e encarou a mulher com repugnância e desprezo, mas ferido por haver se envolvido com ela. Os curiosos na rua mal sabiam o que havia acontecido, qual era a história que motivara o crime, mas, levados pelo *frenesi* coletivo, gritavam:

— Assassina! Assassina!

O ambiente era assustador e Rita, Olívia e Saulo, próximos da família e dos amigos de Luciana, continuavam orando pedindo proteção para eles. Em meio à multidão eles viram vários espíritos que riam e gritavam como os encarnados, atiçando o coração e a mente deles ao ódio e à agressividade. Dois desses espíritos cercavam Laís. Quando se viraram para onde estava Olívia, ela lhes enviou um pensamento: "Não façam isso! Deixem-na em paz".

Eles gargalhavam e diziam em tom desafiador:

"Ela não quer! Ela está nos chamando. Ela sente o mesmo que nós e fará o que queremos; vamos continuar trabalhando juntos", e riam sem parar.

Saulo interveio:

"Por que tanta raiva?"

"Sofremos e precisamos de alguém que faça com que os outros sofram também. Ela sente o mesmo que nós. Roubaram nosso amor, impediram que fôssemos felizes, assim como fizeram com ela. E todos os que fazem isso merecem sofrer, padecer pelo mal que cometeram".

Só então eles perceberam que os dois espíritos eram um casal também, e entenderam que deviam ter sido separados por alguma razão. Agora, usavam Laís para extravasar o ódio que sentiam. Olívia voltou a falar:

"Mas essas pessoas não fizeram nenhum mal a vocês. Por que querem atingi-los? Eles não têm relação com a história de vocês".

O homem respondeu com agressividade:

"Isso não importa. Essa gente fez muita coisa errada, mentiu, desconfiou quando deveria confiar, foi preconceituosa e essa mulher aqui amava e foi impedida de viver seu amor. Seu ódio foi a afinidade que precisávamos para nos unirmos a ela. São todos desprotegidos, alvos fáceis, não sabem de nada e não sabem o que é fé", concluiu rindo mais alto.

Rita participou:

"Venham conosco! Podemos ajudá-los! Vocês não vão mais sofrer!"

"Não queremos ajuda; logo encontraremos outros parceiros e vamos continuar punindo a todos que nos abrirem as portas. E os parceiros são muitos, vocês sabem. O ser humano está envolvido demais pela ganância, pelo preconceito, pela inveja e pela raiva. Eles só pensam em possuir riquezas materiais e disputar posições de destaque. Ninguém mais pensa no amor. Nós nos amávamos, mas pessoas assim, preconceituosas e materialistas destruíram a possibilidade de vivermos nosso amor. O mundo inteiro vai pagar por isso."

"Mas vocês estão equivocados. Laís impediu o amor de Luciana e Fabiano. Eles não deveriam sofrer", disse Rita apoiada por Olívia.

"Eles são culpados também. Não confiaram no amor, ele agiu com preconceito e ela com desconfiança e covardia. Foram fracos, não lutaram, e então, não merecem mais viver esse amor. Eu e minha amada morremos por amor. Odiamos os fracos. E chega dessa conversa. Não se aproximem mais de nós."

Assim, eles seguiram Laís, que foi colocada no carro da polícia, e deram um último sorriso em direção à Olívia, Saulo e Rita, que continuavam orando pedindo a Deus proteção e esclarecimento para aquelas pobres almas.

Fabiano e os amigos seguiram em direção ao hospital. A preocupação agora era com a recuperação de Luciana. Ela não podia morrer, não seria justo, não naquele momento!

Todos estavam extremamente abalados ao chegarem ao hospital. Luciana foi levada para o centro cirúrgico e não havia nada a fazer a não ser esperar.

Depois, Mário e Augusto juntaram-se à Júlia em um canto, e ela, com Suzanne, explicaram aos dois toda a história de Luciana e Fabiano. Eles ficaram surpresos com o que ouviram.

Leila estava em pé em um canto da sala de espera, sentindo-se cansada e meio sem jeito diante de todos. Fabiano aproximou-se, pegou-a pela mão e a levou até o sofá onde se sentaram lado a lado. Arthur também se aproximou dos dois, feliz por conhecer a neta, e quis falar com ela:

— Minha filha, estou muito emocionado em conhecê-la. Sou seu avô Arthur, pai de Fabiano. Posso dar-lhe um abraço?

Leila levantou-se e abraçou o avô sentindo todo o carinho que ele lhe oferecia nesse momento tão difícil. Desde que os pais adotivos morreram, ela estava carente de carinho, do calor de uma família, e agora via se abrir diante dela uma nova possibilidade de reaver um convívio familiar. Arthur falou:

— Com certeza, você e seu pai têm muito a conversar. Vou deixá-los e juntar-me aos outros. Se precisarem de algo me chamem.

Fabiano também estava constrangido. Não sabia o que Luciana tivera tempo de contar, e a experiência de estar diante da filha era algo para o que ele ainda não havia se preparado adequadamente. A iniciativa de puxar a conversa foi dela:

— Estávamos discutindo quando aquela mulher apareceu e atirou. Foi horrível. Eu fui grosseira com Luciana, e em segundos ela estava caída aos meus pés, toda ensanguentada. Ela salvou minha vida — completou Leila chorando.

— Não se martirize. Essa mulher é louca. Ela está infernizando nossa vida há anos. Foi por causa dela que eu e sua mãe nos separamos. Ela chegou a lhe contar?

Leila respondeu entre soluços:

— Muito pouco, mas falou sobre essa mulher. Era casada com seu pai, não é? Ela me disse que essa tal é apaixonada por você, é verdade?

Fabiano pigarreou:

— Foi a única explicação que encontramos para tantas atitudes insanas da parte dela. Ela odeia sua mãe desde o primeiro dia em que pisou em nossa casa. Mas não vamos pensar nisso agora. Ela está presa e, de agora em diante, não poderá nos fazer mais nenhum mal.

— Eu fui tão cruel com... — olhou para Fabiano — com minha mãe, e ela não pensou antes de me proteger daquele tiro. Estou arrasada! Ela tem de ficar boa para que eu possa lhe pedir perdão pelas coisas horríveis que lhe disse.

— Ela vai ficar boa. Ela sempre foi uma mulher de muita fibra, muito forte, e Laís não vai conseguir destruí-la.

Júlia aproximou-se:

— Fabiano, vamos nos unir em uma oração pedindo a Deus e aos espíritos superiores que protejam Luciana e lhe dê forças para se recuperar. Todos nós, venham — falou dirigindo-se ao marido e aos amigos.

Todos muito comovidos aproximaram-se e Júlia iniciou sentida prece em favor de Luciana e sua saúde, mas também em favor da paz e harmonia para todos os envolvidos na situação que gerou aquela tragédia.

Leila segurou a mão de Fabiano:

— Vamos orar juntos, pai, para que minha mãe fique boa logo.

Fabiano sorriu e acompanhou a oração com fé e esperança em dias melhores.

A noite passou lentamente, cada minuto parecia uma eternidade na espera por notícias de Luciana. A madrugada já estava chegando quando a enfermeira-chefe apareceu dizendo que o cirurgião viria em seguida. Leila ficou abraçada ao pai temendo pelas notícias. Já perdera a mãe adotiva e, agora, não queria perder a mãe que acabara de conhecer.

O médico chegou com uma expressão tranquila. Disse:

— Todos podem se acalmar. A paciente está bem e o ferimento não causou nenhuma lesão grave. Em pouco tempo, estará totalmente recuperada. Passará a noite na terapia intensiva, é o procedimento normal nesses casos. Vocês devem ir para casa descansar e voltar pela manhã. Ela já deve estar acordada e poderá recebê-los, mas, a princípio, uma pessoa de cada vez e rapidamente.

Todos se abraçaram e Fabiano virou-se para Leila e afirmou:

— Vamos seguir o conselho do doutor. Vamos para casa; precisamos de um banho, de um pouco de descanso.

— Você me deixa em minha casa, pai?

Fabiano vibrava cada vez que a ouvia chamá-lo de pai:

— Não! Venha passar a noite em minha casa, comigo e com seu avô. Sei que teremos dificuldade para dormir e poderemos conversar mais. Assim, logo pela manhã voltamos para cá.

Arthur ficou entusiasmado:

— Isso, minha neta, vamos. Temos muitas coisas para lhe contar e outras para ouvir de você.

Decidido que assim seria, todos se retiraram com o coração mais aliviado.

*

Na delegacia, Laís dava trabalho aos policiais. Gritava o tempo todo que era rica, milionária, e que ia acabar com a carreira do delegado com uma simples ligação. Dizia sem parar que "aquela gente" ia pagar por toda a humilhação que a estavam fazendo passar. Até as outras detentas estavam se irritando com o escândalo. Gritavam com ela mandando que calasse a boca, e uma das prisioneiras, que era muito respeitada pelas outras, avisou que quando colocasse as mãos nela, iria matá-la sem piedade. Foi uma noite infernal. Depois de muito tempo, todos perceberam que Laís se aquietara, dando um pouco de sossego.

Ao amanhecer, o carcereiro levou um choque ao chegar à cela de Laís. Ela estava pendurada com o lençol em volta do pescoço e a outra ponta amarrada nas grades da alta janela. Aos seus pés, um banquinho tombado, como única testemunha de seu último ato.

*

Fabiano, Leila e Arthur conversaram muito antes de se deitarem. A moça finalmente soube em detalhes tudo o que acontecera. Ainda se culpava por ter sido agressiva com a mãe, e disse que só ficaria tranquila quando ouvisse da própria mãe que a perdoava.

Tomaram o café da manhã felizes por estarem juntos e fazendo muitos planos para quando Luciana voltasse para casa. A empregada chegou interrompendo a conversa:

— Senhor Arthur, ligação para o senhor. É da polícia.

Arthur fez um gesto contrariado:

— Preciso providenciar logo o divórcio. Até na cadeia essa mulher vai me dar trabalho enquanto formos casados. Dê-me aqui o telefone.

Enquanto escutava atentamente o que o homem lhe dizia do outro lado da linha, Fabiano e Leila perceberam que sua expressão foi ficando tensa, e se preocuparam. Será que Laís havia fugido?

Quando ele desligou, olhou atônito para o filho e a neta:

— Laís se matou na cadeia!

O espanto foi geral, mas nenhum deles sentiu qualquer comoção pela vida que se perdia.

Já no hospital, encontraram Júlia e Suzanne os aguardando. Júlia os recebeu muito animada:

— Queridos, bom dia! Luciana já acordou e a enfermeira nos disse que a primeira coisa que ela perguntou foi por você, Leila. Queria saber se estava bem. Disse que não se lembra de nada, apenas de ver Laís se aproximando com a arma na mão.

Fabiano chamou a enfermeira:

— Por favor, minha filha está ansiosa para ver a mãe. Ela pode entrar agora?

A enfermeira assentiu e conduziu Leila para o interior da Unidade de Terapia Intensiva. Suzanne estava muito feliz porque no fim tudo acabara bem.

— Tenho certeza de que com Laís presa, vocês finalmente terão paz. Depois do que ela fez, vai passar anos na cadeia.

Pai e filho se entreolharam e Arthur deu a notícia:

— Laís não fará mal a mais ninguém. Ela se matou.

As amigas ficaram boquiabertas. Júlia falou:

— Devemos orar para que ela se arrependa de tudo o que fez e aceite a ajuda dos bons espíritos que podem lhe prestar auxílio. Pobre Laís, como deve estar sofrendo!

Fabiano revoltou-se:

— Que é isso, Júlia? Com pena daquela mulher que quase destruiu nossa vida?

— Fabiano, todos somos irmãos e um dia você entenderá que devemos orar por aqueles que são iludidos, fracos, que se deixam conduzir no caminho do mal. O bem e a compaixão devem estar sempre em nosso coração, e o sofrimento pelo qual um suicida passa é terrível. Eu irei fazer preces para que o espírito de Laís encontre a luz e a paz. Dessa forma, o ciclo entre vocês vai se fechar; para isso devem orar por ela também e perdoar. Um dia conversaremos com mais calma sobre esse assunto. Agora, vamos nos preparar para ver Luciana.

trinta e três

Rumo à espiritualidade

Uma semana havia se passado desde o dia do trágico evento. Luciana estava pronta para ir para casa. Fabiano e Leila foram buscá-la, depois de terem estado diariamente com ela no hospital.

Enquanto isso, os amigos os aguardavam na casa do casal preparando uma alegre acolhida para ela. Estavam presentes: Júlia e Augusto, Mário e Suzanne, que agora haviam assumido o amor que nascera entre eles, e Arthur, que após a morte de Laís e o novo impulso que seus negócios estavam adquirindo, parecia ter remoçado pelo menos dez anos.

Quando a família chegou, foram recebidos com abraços e sorrisos, e a paz reinava no coração de todos.

Um belo almoço havia sido providenciado e todos se reuniram na sala para conversar antes de a refeição ser servida.

Leila era a mais agitada, no auge de sua energia juvenil:

— Mãe, meus pais... — dizendo isso, Leila ficou sem graça e ruborizada, mas Luciana a tranquilizou:

— Filha, não fique assim. É natural que você esteja confusa — disse rindo. — Que tal assumir seus dois pais e suas duas mães? A verdade é essa, e você jamais deve esquecer o que eles lhe deram, que foi muito mais do que o conforto e a segurança material que tem hoje.

— Eu os amava muito. Mas devo admitir que fui mimada demais — confessou rindo. — Sou tão jovem e não fiz uma faculdade, não tenho uma profissão, passei apenas a administrar os bens que me deixaram.

— Se você quiser pode trabalhar conosco lá na empresa. O que acha? — disse Fabiano empolgado.

Luciana apoiou a ideia entusiasmada também. Mas Leila foi muito sensata:

— Obrigada, mas não sei se tenho talento para trabalhar com moda. Talvez a parte administrativa, financeira seja mais o meu estilo.

— Pois que seja — disse Mário — vai ser ótimo ter você como assistente. Bem mais agradável do que dividir minha sala com Fabiano — todos riram e Fabiano retrucou com uma careta.

Luciana por alguns instantes ficou com o pensamento distante. Júlia aproximou-se:

— O que houve? Ficou tão pensativa de repente...

Luciana falou emocionada:

— Quanto sofrimento nesses anos todos, quanto ódio acumulado por todos, desconfianças, tudo isso para quê?

— Infelizmente, Luciana, o ser humano de modo geral age dessa forma. Precisa passar pelo sofrimento para deixar de "olhar" e começar a "ver". A vida envia vários avisos; todos os dias, se estivermos atentos, vamos perceber os sinais. Às vezes, eles vêm em forma de sensação; às vezes, de intuição. Ou então, algo acontece para nos indicar um caminho, e até mesmo uma pessoa que aparece pode nos mostrar a escolha certa. Mas quase sempre estamos mais conectados com as ilusões do mundo, a vida material, e por esse motivo não prestamos atenção. A corrida é sempre em busca para o alimento do corpo, para a beleza exterior, mas o alimento da alma e a beleza interior ficam em segundo plano. Quando acontece uma tragédia ou um grande sofrimento, que sempre vem para acordar nossa consciência, todos se lembram e buscam a espiritualidade, buscam a Deus. Poderia ser diferente...

— É uma grande verdade. Aprendi muito com tudo o que aconteceu, mas se eu tivesse dado mais atenção às coisas que você me dizia em nossas conversas, ao que José Américo me disse anos atrás, talvez eu tivesse evitado toda essa dor. Mas eu estava cega de ódio e só tinha olhos para a vingança. Essa perturbação acabou adiando muito meu encontro com a felicidade. Eu gostaria de lhe fazer um pedido.

— Claro, Luciana, peça o que quiser, se eu puder atender...

— Você acha que alguém como eu, que nunca acreditou em nada, que viveu anos e anos com sentimentos tão ruins... Você acha que posso vir a me tornar uma pessoa como você?

Júlia deu um sorriso e perguntou:

— O que você quer dizer com "uma pessoa como você"?

— Uma pessoa melhor, voltada para o bem, que sabe perdoar e compreende tudo.

— Eu não compreendo tudo, apenas procuro estudar muito e aprender mais sobre esse mundo invisível aos olhos da maioria, mas tão presente e real como esse que habitamos agora. É por meio desses estudos que compreendo que a vida verdadeira não é essa que passa diante de nossos olhos diariamente. As causas do muito que vivenciamos não estão, na maioria das vezes, ao nosso alcance, mas nas muitas reencarnações do nosso espírito imortal. Quando compreendemos isso, essa vida torna-se muito mais leve e feliz, principalmente porque descobrimos que tudo sempre está certo da maneira que está.

— Você não sofre nunca? Não sente raiva?

— Claro que sim. Eu sofro quando vejo alguém sofrendo pela ignorância, quando vejo pessoas que se aliam sem saber a outros irmãos que já estão em outra esfera, no plano espiritual, e que permanecem perdidos e desorientados.

— Mas e quando alguém a machuca, a agride?

— Sinceramente, Luciana, há muitos anos que não me sinto agredida por ninguém. Se alguém o faz, com certeza é alguém que precisa muito mais de ajuda do que eu, que sou incapaz de agredir quem quer que seja. Somos todos irmãos, todos filhos do mesmo Pai, e como uma família, devemos relevar e ajudar se possível quem ainda tem mais a aprender. Descobri que toda ofensa vem na medida exata do nosso orgulho. O Espiritismo, essa doutrina abençoada e consoladora à qual me dedico, ajudou-me a vencer esse monstro devorador.

Luciana respirou fundo:

— E Laís?

— O que tem ela?

— De acordo com sua crença, ela não está morta. Onde está?

Júlia colocou as mãos no rosto demonstrando sincero pesar:

— Laís era muito materialista e possuía vícios extremamente arraigados em sua personalidade e caráter, como a vaidade, o orgulho, o preconceito e até a inveja e o egoísmo. Deve estar sofrendo muito em um plano inferior, onde irá vivenciar e se confrontar com seus próprios monstros interiores, aqueles aos quais ela mesma alimentou durante toda sua vida na Terra. E irá encontrar criaturas terríveis que se encontram na mesma situação que ela, criaturas que parecerão humanas, outras talvez não.

Luciana estava impressionada:

— Que horror! Deus é impiedoso mesmo com os maus!

— Não Luciana, Deus é pura bondade e amor incondicional por todos os seus filhos. O que ela está passando não é um castigo divino. É fruto do seu próprio interior, de suas crenças e atitudes.

— Se é assim, por que Deus não a tira de lá?

— Se você pudesse vê-la, saberia que ela não quer sair. Ela está ainda com certeza carregando toda a sua personalidade do período da encarnação aqui entre nós.

Todos os vícios que citei fazem parte dela, que, com certeza, uniu-se a outros espíritos que ainda devotam seu tempo planejando vinganças e alimentando rancores. Alguns de nossos irmãos de planos mais elevados passam por entre esses espíritos sofredores e lhes oferecem ajuda, dispondo-se a cuidar deles. Mas a maioria não quer ou não tem condições de ser ajudada por não querer se livrar do ódio, acreditando que foram os outros os culpados pelas suas dores. Se ela quiser e se equilibrar, sairá de onde está e encontrará paz e luz. Por tudo isso lhe digo que devemos rezar por ela, para que se modifique, aceite ajuda e venha em breve a se transformar em mais uma cooperadora que ajudará outros que passarão pelo mesmo que ela passa agora.

Luciana ficou muito emocionada e concluiu:

— Eu gostaria muito de frequentar o Centro Espírita do qual você faz parte. Você me ajuda?

— Claro que sim! E isso me deixa imensamente feliz. Verá que sua vida ganhará outra cor. Eu sempre digo que o que faz nossa felicidade não são as circunstâncias nas quais nos encontramos, mas nossas atitudes diante de qualquer circunstância.

— Fabiano, Leila, venham até aqui. Tenho um convite para fazer. Quero conhecer o Centro Espírita que Júlia frequenta. Vocês vêm comigo?

Pai e filha não entenderam o convite, e Luciana apenas disse:

— Vocês me acompanham? Depois falaremos com calma sobre o assunto. O que acham? Ficarei imensamente feliz.

Os dois abraçaram Luciana e disseram:

— Se vai fazê-la feliz, claro que iremos.

Júlia presenciou a cena agradecendo a Deus por aquele momento.

Luciana perguntou para Leila:

— O que você e seu pai estavam conversando de forma tão animada?

Fabiano respondeu:

— Acho que depois de tudo o que passamos, merecemos umas férias. O que acha, meu amor?

Luciana disse:

— Férias? Sabe que acho uma boa ideia! Mas para quando?

Leila era a mais animada:

— Para breve; assim que o médico disser que você já pode viajar.

— Nossa, que pressa! — disse Luciana rindo.

Fabiano continuou:

— Precisamos descansar de verdade, e também será uma ótima oportunidade de nos conhecermos mais e melhor, não é, filha? Temos muitos anos para descobrirmos, nós três. E, Luciana, nossa filha por enquanto prefere continuar morando no apartamento dela. Acho que precisamos de um tempo para nos adequarmos à nova realidade, então, essa viagem nos fará muito bem, você não acha?

— Tem razão. Com o tempo tudo vai se ajeitar. E para onde vamos? Posso escolher o roteiro?

Pai e filha negaram com a cabeça:

— Isso não. Já sabemos para onde vamos. Vamos para a Rússia!

Luciana não escondeu a surpresa?

— Rússia? Mas por que tão longe?

Fabiano explicou:

— Não sei por que, mas sempre tive um fascínio pela Rússia, sua cultura e sua gente. E quando falei isso, Leila disse que sentia o mesmo; nem precisamos pensar muito para decidirmos.

Luciana falou:

— Engraçado, nunca havia pensado nessa possibilidade, mas agora que vocês falaram vejo que a ideia me agrada muito. Estamos combinados!

Arthur se aproximou com várias taças de vinho e afirmou:

— Eu também estou incluído nesse pacote, claro! — e sorrindo distribuiu os copos para um brinde.

E em total harmonia e felicidade, Fabiano, Luciana e Leila se abraçaram, ergueram as taças e falaram em uníssono:

— Rússia! Aí vamos nós!

Rita, Olívia e Saulo, ao lado deles, ergueram as mãos em prece, agradeceram pelas graças obtidas, sorriram e partiram juntos.

Ninguém pode escolher a quem amar, mas pode, com certeza, escolher o caminho do amor!

FIM

Romances imperdíveis!
Obras do espírito Hermes!
Psicografia de Maurício de Castro

Nada é para Sempre

Clotilde morava em uma favela. Sua vida pelas ruas a esmolar trocados e comida para alimentar o pequeno Daniel a enchia de revolta e desespero. O desprezo da sociedade causava-lhe ódio. Mas, apesar de sua condição miserável, sua beleza chamou a atenção de madame Aurélia, dona da Mansão de Higienópolis, uma casa de luxo em São Paulo que recebia clientes selecionados com todo o sigilo. Clotilde torna-se Isabela e começa então sua longa trilha em busca de dinheiro e ascensão social.

Ninguém Lucra com o Mal

Ernesto era um bom homem: classe média, trabalhador, esposa e duas filhas. Espírita convicto, excelente médium, trabalhava devotadamente em um centro de São Paulo. De repente, a vida de Ernesto se transforma: em uma viagem de volta do interior com a família, um acidente automobilístico arrebata sua mulher e as duas meninas. Ernesto sobrevive... Mas agora está só, sem o bem mais precioso de sua vida: a família.

Herdeiros de Nós Mesmos

A fazenda Boa Esperança era uma verdadeira mina de ouro. Durante anos, vinha sustentando a família Caldeiras com luxo e muito dinheiro. Mas o velho Mariano, dono de todo aquele império, agora estava doente e à beira da morte. O sobrinho Cássio, quase um filho para Mariano, agora comandava a usina. Mas a vida traz lições e ensinamentos e a história ganha contornos inesperados, graças ao sigiloso testamento que Mariano preparou antes de morrer. Uma emocionante obra que nos mostra as consequências do apego aos bens materiais, sobretudo quando ele contamina o amor entre as pessoas, gerando discórdia e desarmonia.

O Preço de uma Escolha

Neste emocionante romance, uma trama repleta de momentos de suspense, com ensinamentos espirituais que vão nos ajudar no decorrer de nossa vida a fazermos sempre as escolhas certas sem prejuízo ao semelhante.